Hedwig Courths-Mahler · Griseldis

Hedwig Courths-Mahler

Griseldis

Roman

NAUMANN & GÖBEL

Sonderausgabe der Naumann & Göbel
Verlagsgesellschaft, Köln

Schutzumschlag: Rincón Partners, Köln
Gesamtherstellung: Mainpresse Richterdruck Würzburg
Printed in West Germany

ISBN 3-625-20122-4

Der Sturm heulte und brauste über Wälder und Felder, beugte die stärksten Bäume, daß sie ihre Kronen schüttelten, die noch keine grünen Blätter trugen, und knickte in den Forsten junge Bäumchen.

Ein solcher Sturm, der den Regen schräg niederprasseln ließ, machte einen Aufenthalt im Freien nicht angenehm. Dieser Ansicht war auch der Kraftwagenlenker, der ein Gefährt durch den sturmzerwühlten Wald lenkte. Der Kraftwagen fuhr langsam und vorsichtig, denn die Dunkelheit war bereits hereingebrochen, und hie und da lag ein vom Sturm geknickter Baumstamm über dem Weg.

Neben dem Fahrer saß ein Diener. Dieser mußte wiederholt aussteigen, um die Hindernisse aus dem Weg zu räumen.

„Es ist, als wären heute alle Teufel los“, sagte er ärgerlich.

„Das reine Höllenwetter.“

Sie sahen scheu nach dem Kraftwagen, der indessen am Weg stand. Einen Augenblick war an dem Fenster des Gefährtes ein blasses Männerantlitz erschienen, aus dem die Augen düster schauten. Der Insasse des Wagens hatte sich anscheinend wieder teilnahmslos in die Kissen zurückgelehnt, als der Weg wieder frei war. Und bald darauf fuhr der Wagen aus dem Wald und einen allmählich ansteigenden Berg hinan.

Dort oben lag das Schloß Treuenfels.

Wie eine gewaltige Silhouette hob es sich mit seinen Zinnen und Türmen, mit seinen Erkern und

Säulen gegen den von zerrissenen Wolken bedeckten Himmel ab. Zuweilen lugte der Mond zwischen Wolkenfetzen und beleuchtete matt die Gegend.

Wie ein Märchenschloß lag Schloß Treuenfels auf dem Berg, als sei kein Leben in seinen gewaltigen Mauern.

Der Sturm umtobte das Schloß, als wolle er es in seinen Grundfesten erschüttern. Aber seine starken, festen Mauern spotteten des wüsten Wetters.

Als das Gefährt das Bergplateau erreicht hatte, ließ der Fahrer einige Male laut die Hupe ertönen. Und auf dieses Zeichen hin wurde es plötzlich in dem stillen Schloß lebendig. Die großen Bogenlampen vor dem Tor flammten auf und warfen über den freien Platz helles Licht. Die hohen Flügel des Tores sprangen auf und gestatteten einen Einblick in die große Schloßhalle, die ebenfalls hell erleuchtet war. Auch Fenster im Schloß wurden hell, man sah die Schatten von Menschen daran vorüberhuschen. Aber alles geschah seltsam lautlos. In der Halle standen die Beamten und Diener des gräflichen Hauses, um ihren heimkehrenden Herrn zu erwarten. Scheu blickten aller Augen nach dem geöffneten Tor. An der Treppe, die breit und wuchtig gebaut war, stand Mademoiselle Perdunoir mit einem schier entsetzten Ausdruck in dem hübschen, etwas spöttischen Gesicht. „Mademoiselle" war die Gouvernante der kleinen Komteß Gilda, des einzigen Kindes des Grafen Harro Treuenfels.

Dieser war langsam ausgestiegen, mit müden Bewegungen, nach denen man ihn hätte für einen alten Mann halten können. Er stieg die Freitreppe empor und trat in die hell erleuchtete Halle.

Sonst, wenn er nach längerer Abwesenheit nach Hause gekommen war, hatten ihn seine Leute mit freudigen Gesichtern begrüßt. Heute blieb alles stumm. Sein schönes, charakteristisches Männerantlitz mit edlen, festen Zügen wurde noch einen Schein bleicher, als er seine Leute mit bestürzten Gesichtern stehen sah. Der herbe Leidenszug um seinen Mund vertiefte sich, und die Augen blickten gequält und düster geradeaus.

Ein leises Murmeln der Leute, das einen Gruß bedeuten sollte, schlug an sein Ohr. Es war, als sei eine Trauerversammlung zusammengekommen. Nur scheu blickten sie alle in das versteinerte Gesicht ihres Herrn, das sie ganz anders gekannt hatten, leuchtend und lebensfroh, und das sie geliebt hatten.

Aber nun war alles, alles anders geworden – seit das Furchtbare in Schloß Treuenfels geschehen war.

Ihr Herr stand nicht mehr vor ihnen, wie sie ihn zu sehen gewohnt waren. Es war, als sei seine hohe Gestalt niedergebeugt worden von einem schweren Schicksal – oder von schwerer Schuld.

Niemand wagte zu entscheiden, ob Schuld oder Verhängnis ihn gebeugt hatte. Hatten doch nicht einmal seine Richter Licht in die geheimnisvolle Begebenheit bringen können, die aus Schloß Treuenfels ein Trauerhaus gemacht hatte. Graf Harro war aus dem Gefängnis entlassen worden. Wohl war er nach der Verhandlung freigesprochen worden – aber nur aus Mangel an Beweisen. Seine Schuld konnte so wenig bewiesen werden wie seine Unschuld.

Aus Mangel an Beweisen! War das wirklich ein Freispruch?

Man sah es Graf Treuenfels an, daß er Ketten hinter sich herschleppte, die man ihm nicht hatte abnehmen können. Er hielt dieses Urteil nicht für einen Freispruch. Es hatte ihm den stolzen Nacken gebeugt.

Erst hatte er jede Schuld stolz und heftig geleugnet, zornig seine Ankläger angesehen und für seine

Worte Glauben verlangt, als sein gutes Recht. Aber während der nervenzermarternden Untersuchung, nach der Folter der endlosen Verhöre war er immer matter und stumpfsinniger geworden. Er konnte nicht begreifen, daß man seinen Worten nicht glaubte, und sah doch selbst entsetzt, daß immer neue Verdachtsmomente gegen ihn zu zeugen schienen.

Furchtbare Tage hatte er verlebt, bis er lernte, sich in das Unvermeidliche zu fügen! Aus Mangel an Beweisen! Dieser fürchterliche Urteilsspruch klang ihm immerfort in den Ohren. Man hatte ihn nicht schuldig und nicht unschuldig sprechen können. Aber jeder, der ihm fortan gegenüberstand, durfte denken: „Du wirst wohl doch schuldig sein, und nur ein Glücksumstand hat dich gerettet."

Und all seine Leute, die ihn gern schuldlos gesehen hätten, wagten nicht an seine Unschuld zu glauben, aber niemand konnte sie beweisen: Er ist unschuldig.

Graf Harro war angeklagt worden des Mordes an seiner jungen Gemahlin, der Gräfin Alice.

Wenige hatten der schönen, aber launischen und oft boshaften Gräfin nachgeweint. Sie war eine jener verzogenen, eigensinnigen Frauen, die für sich den Wahlspruch in Anspruch nahmen: „Erlaubt ist, was gefällt", und die ihren Mitmenschen nur soweit Daseinsberechtigung zuerkannten, als sie ihren Launen Vorschub leisteten.

Er hatte neben dieser Frau die Hölle auf Erden gehabt, und ihre Umgebung war der Ansicht, daß sie ihr tragisches Ende verdient hatte.

Wer ihr nicht nahestand, hielt sie für eine bezaubernde Frau. In der Gesellschaft gab sie sich immer liebenswürdig. Graf Harro hatte, ehe sie seine Frau war, auch nur das liebenswürdige Gesicht gesehen, und sich darin verliebt. Sie verstand es, Männer zu bezaubern, denn sie war schön und voll Anmut. Sobald es ihr paßte, nahm sie es auch nicht genau mit der ehelichen Treue.

Graf Harro hatte während seiner Ehe vergeblich versucht, sie zu ändern, aber es war alles vergeblich gewesen. Sagte er etwas, das ihr nicht gefiel, hielt sie sich die Ohren zu, stampfte mit den Füßen auf oder warf mit zorniger Gebärde gar irgendeinen Gegenstand nach ihm, wie sie sich auch ihren Untergebenen gegenüber nicht selten zu Tätlichkeiten hinreißen ließ. Es schien ihr Bedürfnis zu sein, ihren Mann zu ärgern, zu quälen, und aus diesem Grund, als aus wirklichem Bedürfnis, verstrickte sie sich in allerlei Koketterien und lachte häßlich auf, wenn er es ihr untersagte. Es war deshalb zu vielen Szenen gekommen, unter denen Graf Harro mehr litt als seine herzenskalte Frau. Gräfin Alice ging immer als Siegerin aus solchen Situationen hervor, denn meist ergriff ihr Gemahl schließlich vor ihrer Heftigkeit die Flucht.

Im Sommer lebte das Paar auf Schloß Treuenfels, im Winter ging es nach der Residenz, Gesellschaften und Hoffestlichkeiten mitzumachen. Dann strahlte Gräfin Alice im Schmuck der berühmten Treuenfelsschen Familiendiamanten und Perlenschnüre.

Sie wohnten dann im Palais Treuenfels, das seit Jahrhunderten, gleich Schloß und Grafschaft Treuenfels, dem Geschlecht gehörte. Hier veranstaltete die Gräfin glänzende Feste.

Sie, die stets mit ihrer Nervosität kokettierte, schien Nerven von Stahl und Eisen zu haben, solange sie ein Vergnügen vor sich hatte.

Gräfin Alice stammte selbst aus einem sehr reichen Grafengeschlecht, und ihr Gemahl gehörte zu den begütertsten Edelleuten des Herzogtums. Er hatte nichts dagegen, wenn sie Geld mit vollen Händen ausstreute, wenn er es auch nicht billigte. Sein Charakter war zu gediegen, als daß er daran hätte Gefallen finden können. Er konnte nicht verstehen, daß sie einer flüchtigen Laune Unsummen opferte. Aber nie machte er ihr einen Vorwurf. Niemand hätte überhaupt sagen können, daß er seiner Frau irgendeinen Zwang auferlegte. Aber kokette Manöver untersagte er ihr als unwürdig. Sie verhöhnte ihn und tat, was sie wollte.

So war es auch im letzten Winter wieder gewesen. Aber diesmal überschritt sie die Grenzen seiner Langmut. Ein junger ausländischer Prinz, der am herzoglichen Hof weilte, hatte sich in die schöne Gräfin Alice verliebt, und es reizte sie, ihn zu begünstigen und ihm mehr Freiheiten zu gestatten als ihren übrigen Verehrern. Ihr Herz blieb auch hier frei, es schmeichelte ihrer Eitelkeit, den Prinzen an ihren Triumphwagen zu spannen.

Eines Abends, als Graf Harro aus einer Herrengesellschaft zeitiger nach Hause kam, als man erwartete, fand er seine Gattin in einer sehr zärtlichen Stellung mit dem jungen Prinzen.

In seinem Zorn machte er dem Prinzen gegenüber von seinem Hausrecht Gebrauch – man wollte wissen, daß er ihn mit einer Reitpeitsche ins Gesicht geschlagen hatte, um den ihm angetanen Schimpf zu vergelten.

Jedenfalls hörte die Dienerschaft eine erregte Szene zwischen dem gräflichen Paar, und Graf Harro hatte in seinem Zorn fürchterliche Drohungen hervorgestoßen. Er zwang seine Gemahlin, noch an demselben Abend mit ihm nach Schloß Treuenfels zurückzukehren.

Er war sonst immer beherrscht und ruhig. Aber an jenem Abend war er wie außer sich gewesen, und einige hatten deutlich gehört, daß er gerufen hatte: „Lieber töte ich dich und mich, als daß du meinen Namen mit Schmach bedeckst." Sie mußte diesmal Angst bekommen haben, sie war ganz still und fügte sich willenlos in die Abreise.

So kehrte das gräfliche Paar unerwartet an jenem Abend nach Treuenfels zurück. Dort war die kleine Komteß Gilda mit ihrer Schweizer Gouvernante und ihrer Wärterin zurückgeblieben, denn die Gräfin liebte es nicht, sich durch Mutterpflichten in ihrem Vergnügen stören zu lassen. Außerdem weilte im Schloß noch die Komteß Beate von Treuenfels, eine Verwandte des Grafen Harro. Diese war dreißig Jahre und entstammte einer verarmten Seitenlinie des Geschlechtes. Graf Harro hatte sie mitleidig aufgenommen und ihr eine Heimat geboten.

Als nun an jenem Winterabend das gräfliche Paar so unerwartet aus der Residenz zurückkam, wußte Komteß Beate sofort, daß es wieder einen Sturm zwischen den Eheleuten gegeben hatte. Es kam auch nochmals zu einer heftigen Szene zwischen Harro und seiner Gemahlin. Die Dienerschaft hatte gehört, daß der Graf ausrief: „Das muß ein Ende haben – und müßte es ein Ende mit Schrecken sein!"

Danach war die Gräfin allein geblieben, niemand war in ihren Zimmern gewesen als die Zofe der Gräfin, die bis zum Morgen im Vorzimmer blieb und vergeblich wartete, daß die Gräfin ihr die Erlaubnis gab, zur Ruhe zu gehen. Solche Rücksichtslosigkeiten waren der Zofe nichts Neues.

Und am nächsten Morgen fand man die Gräfin Alice tot auf ihrem Lager. Die Untersuchung ergab, daß sie vergiftet war.

Gräfin Alice trank jeden Abend ein Glas schweren Weines, weil sie glaubte, anders nicht einschlafen zu können. Auch an jenem Abend. Die Zofe hatte das Glas gefüllt und dieses auf das Nachtschränkchen neben dem Bett der Gräfin gestellt, damit es für sie bereitstehe.

In der Flasche, aus der die Zofe den Wein gegossen hatte, war nur noch ein Rest geblieben, und diesen Rest hatte die Zofe in die Küche hinuntergeschickt. Dort war er später von der Untersuchungskommission beschlagnahmt worden, und die Untersuchung hatte ergeben, daß in diesem Rest Wein kein Gift enthalten war.

Aber in dem fast geleerten Weinglas neben dem Lager der Gräfin hatte man ein exotisches Gift festgestellt. Zwar hatte Graf Harro, als man ihn an das Lager seiner Gemahlin rief, in der Erregung das Weinglas umgestoßen, so daß der Rest aus dem Glas herausfloß, aber man hatte diesen Rest doch noch untersuchen können und hatte den Grafen beschuldigt, das Weinglas mit Absicht umgestoßen zu haben, um die Spuren seines Verbrechens zu verwischen. Denn er war des Giftmordes an seiner Gemahlin beschuldigt worden. Das Gift, dessen Spuren man in dem Weinglas fand, stammte aus dem Besitz des Grafen. Er hatte es von einer Reise nach Indien mitgebracht und hielt es stets in einem Geheimfach seines Schreibtisches unter Verschluß. Niemand als er wußte, wo sich dieses Geheimfach befand und wie es zu öffnen war. Das Gift befand sich in einem kostbaren Kristallfläschchen.

Graf Harro mußte zugeben, daß dieses, als er es erwarb, bis oben hin mit dem Gift angefüllt war. Wenige Wochen vor dem Tod seiner Gemahlin hatte er es einigen Personen gezeigt, und zwar seiner Gattin, seinem Freund, Baron Fritz Dalheim, und seiner Base, Komteß Beate.

Baron Dalheim hatte vor Gericht bezeugen müssen, daß an jenem Tag das Fläschchen noch ganz gefüllt gewesen war, während die Komteß, als Verwandte des Grafen, jede Zeugenaussage verweigert hatte. Als man das Fläschchen beschlagnahmte, war es nur noch zu zwei Dritteln gefüllt, es war zweifellos, daß jemand davon genommen hatte. Da nun niemand existierte, der das Geheimfach kannte und Graf Harro zugeben mußte, daß er das Fläschchen nie in andre Hände gegeben habe, und am Abend vorher von seiner Gattin schwer gereizt worden war und allerlei Drohungen ausgestoßen hatte, waren genug Momente vorhanden, um ihn anzuklagen.

An einen Selbstmord der Gräfin war auch nicht zu denken, denn erstens war sie eine sehr lebenslustige Frau, und zweitens war ihr das Gift nicht zugänglich gewesen.

So hätte sich die Kette der Beweise gegen den Grafen schließen lassen, wenn nicht ein Umstand zu seinen Gunsten gesprochen hätte. Die Zofe der Gräfin sagte unter Eid aus, daß sie den Wein erst in das Glas gefüllt habe, nachdem Graf Harro seine Gattin verlassen hatte. Sie behauptete, der Graf sei nicht noch einmal zurückgekehrt, es sei auch sonst niemand mehr in den Zimmern der Gräfin gewesen, sie habe die Nacht im Vorzimmer gesessen, und einen anderen Eingang als durch dieses Vorzimmer hatten die Gemächer der Gräfin nicht. Aber die Richter zweifelten doch, ob die Zofe nicht ein wenig geschlafen hatte. Dann konnte der Graf unbemerkt nochmals zurückgekehrt sein. Aufgrund dieser Aussage konnte er jedoch nicht als überführt angesehen werden.

So wurde er aus Mangel an Beweisen freigesprochen.

Immerhin, sagte der Verteidiger, sei es doch möglich, daß die Gräfin Selbstmord verübt und sich den Zugang zu dem Geheimfach, ohne Wissen ihres Gemahls, verschafft habe. Aber niemand in der Gesellschaft glaubte an einen Selbstmord der schönen Gräfin Alice, trotzdem mancherlei in der Verhandlung zutage gekommen war, was auf ihre „Liebenswürdigkeit“ ein seltsames Licht warf. Etwas Geheimnisvolles lag jedenfalls über der Angelegenheit, und man raunte sich schließlich zu, daß die Untersuchung wohl niedergeschlagen wurde, weil in die Sache sonst schließlich der ausländische Prinz mit hineingezogen worden wäre. Das durfte aber nicht sein. Es war ohnedies eine für die höheren Kreise sehr fatale Angelegenheit.

So bildeten sich in der Gesellschaft zwei Parteien. Die eine sprach zugunsten des Grafen, die andre nahm die Möglichkeit seiner Schuld an. Aber auch diese zweite Partei fand eine Entschuldigung für die schlimme Tat.

Trotzdem war Graf Harro Treuenfels jetzt für die Gesellschaft ein toter Mann. Und das wußte er ganz genau. Diese Gewißheit trieb ihn nach seiner Haftentlassung aus dem Untersuchungsgefängnis nach Treuenfels. Er sehnte sich nach der Einsamkeit seines Schlosses und nach seiner zärtlich geliebten, kleinen Tochter, die er in all der Zeit nicht mehr wiedergesehen hatte.

Und nun stand er unter seinen Untergebenen – ein Verfemter – ein Ehrloser in den Augen der Welt. Er sah, daß auch seine Leute nicht an seine Unschuld glaubten, und das krampfte ihm das Herz zusammen, während er ihnen gegenüberstand. Ohne ein Wort zu sprechen, grüßte er kurz und ging durch die Reihen nach der Treppe im Hintergrund der Halle.

Bleich war sein Antlitz, in seinen Augen lag ein Ausdruck der Pein. An der Treppe stand noch immer Mademoiselle Perdunoir, die Gouvernante seiner Tochter, und sah ihn mit entsetzten Augen an. Und als er nun mit seinem düster brennenden Blick auf sie zukam, wich sie aufkreischend vor ihm zurück. Graf Harro zuckte zusammen. Er verhielt seinen Schritt.

„Mademoiselle!" rief er hart und rauh.

„Herr Graf wünschen?" stotterte sie.

„Sie verlassen morgen früh Schloß Treuenfels, Mademoiselle. Ich will meiner Tochter eine deutsche Erzieherin geben."

„Oh, ich gehen von selbst – ich bleiben nicht in diese Haus, wo eine solche schlimme Tat geschehen."

„Schweigen Sie! Lassen Sie sich morgen früh auf dem Rentamt Ihr Gehalt auszahlen." Nach diesen Worten wandte er sich an den Rendanten, der hinter ihm stand. „Herr Rendant, Mademoiselle bekommt ein Vierteljahresgehalt und Verpflegungsgeld für diese Zeit."

„Sehr wohl, Herr Graf."

Und nun richtete sich der Graf empor. Mit erhobener, fester Stimme sagte er ruhig:

„Ich halte niemand in meinen Diensten. Wer Schloß Treuenfels verlassen will, soll es ungehindert tun. Ich löse hiermit alle Verträge und gestatte jedem, sofort zu gehen. Wer nicht bleiben will, erhält ein Vierteljahresgehalt auf dem Rentamt."

Damit wandte er sich wieder der Treppe zu und wollte hinaufsteigen. Da kam plötzlich etwas Weißes die Treppe herab. Es war die kleine Komteß Gilda, ein reizendes, fünfjähriges Kind mit blonden Locken, tiefblauen Augen. Sie war barfuß und in ein langes, weißes Nachtkleid gehüllt. Eilig lief sie die Treppe herab und streckte sehnsüchtig die Arme aus.

„Papa! Mein lieber, guter Papa!"

Er fing sie in seinen Armen auf und drückte sie fest an sich. Aus seiner Brust kam es wie ein Stöhnen. „Meine kleine Gilda – mein liebes Kind“, sagte er mit rührender Zärtlichkeit und stieg mit ihr die Treppe empor.

Oben stand die Wärterin der Komteß.

„Herr Graf verzeihen – ich konnte die Komteß nicht halten.“

Der Graf winkte ihr ab.

„Bist du Henriette entwischt, Gilda?“ fragte er zärtlich, als sich das rosige Körperchen an ihn schmiegte. Beglückt fühlte er, daß sich zwischen seine Tochter und ihn nichts trennend drängen konnte.

„Henriette wollte mich im Bett festhalten, ich sollte schlafen und nicht auf dich warten. Aber Beate hat mir doch gesagt, daß du heute abend kommst, und da habe ich die Augen weit aufgemacht, damit ich nicht einschlief. Hab’ dich doch so lange nicht gesehen, Papa, warst so lange auf Reisen. Ich bettelte bei Beate, sie sollte mich auflassen, bis du kämst, aber sie ließ mich doch ins Bett stekken. Aber als ich deine Stimme hörte, bin ich, eins, zwei, drei, aus dem Bett und die Treppe hinab. Und nun hab’ ich dich.“

Er strich zärtlich über das blonde Köpfchen.

„Mein kleiner Sonnenschein“, flüsterte er halberstickt und barg sein Antlitz in den weißen Falten des Nachtgewandes seiner Tochter.

Er trug sie in ihr Schlafzimmer zurück in ihr Bett. Sorglich deckte er sie zu. Und da sah die kleine Komteß, daß der Vater Tränen in den Augen hatte. Mit einem Ruck setzte sie sich auf. Blaß und betroffen sah sie ihn an.

„Papa – lieber Papa – du weinst!“ rief sie erschrocken.

Er kniete an ihrem Lager nieder und umschlang sie mit beiden Armen, als könne sie ihm entrissen werden.

„Es ist nichts, mein Kind – nur ein paar Tränen."

„Warum weinst du, Papa? Bist du böse, daß ich dir entgegenlief?"

„Nein, o nein. Ich weine vor Freude, daß du es tatest, weil du Sehnsucht nach mir hattest."

„Große, große Sehnsucht hatte ich nach dir. Als du mit den fremden Herren fortreistest, habe ich so lange weinen müssen. Und keiner war da, der mich tröstete. Mademoiselle sprach so dummes Zeug. Sie sagte, sie wüßte nicht, ob du jemals wiederkämst. Und Beate hat sich die Ohren zugehalten, wenn ich weinte. Henriette aber hat selber mitgeweint. Die konnte mich auch nicht trösten. Und Mama – ach – du weißt doch, daß sie drüben in der Gruft schläft und nie mehr aufwacht. Sie kann nun nicht mehr zanken und ist nicht mehr nervös. Weißt du, Papa, nach Mama habe ich kein bißchen Sehnsucht gehabt. Aber nach dir – oh – davon hat es mir hier ganz weh getan."

Sie zeigte auf ihr Herz, und ihre Augen sahen ihn an, wie Kinder blicken, die überwach sind.

„Mein süßes Kleines – so weh hat es getan, dein armes Herzchen?"

„Ja, sehr weh. – Und nun gehst du nicht wieder fort?"

„Nein, mein Kind, nie mehr."

„Wie – gehst du auch nicht mehr zu Hof? Oder nimmst du mich dann mit nach dem Palais Treuenfels, wohin mich Mama nie mitnehmen wollte?"

Zum ersten Male erwog er, daß das Unglück, das ihn betroffen hatte, auch Schatten auf das Schicksal seiner Tochter werfen würde. Es würde ihr anhängen, daß sie die Tochter eines Mannes war, dem man nur aus Mangel an Beweisen seine Freiheit wiedergegeben hatte. So wie er in der Welt als Gattenmörder galt, würde man in seiner Tochter das Kind eines Mörders sehen – wenn es ihm nicht gelang, Licht in die geheimnisvolle Angelegenheit zu bringen, aber wie sollte er ergründen, was aller Scharfsinn seiner Richter nicht hatte ergründen können?

„Ich bleibe immer hier bei dir und gehe nie mehr zu Hof, mein armes Kleines“, sagte er gequält.

„Warum sagst du armes Kleines zu mir? Alle sagen das jetzt immer zu mir. Und du nun auch? Ich weiß, warum es alle sagen. Mademoiselle hat es mir gesagt. Weil Mama tot ist, und weil etwas Schreckliches passiert ist, wovon Mademoiselle aber nicht sprechen darf. Beate hat es ihr verboten. Was ist es nur, das Schreckliche, Papa? Willst du es mir nicht sagen?“

„Das ist törichtes Geschwätz von Mademoiselle, Gilda, darauf mußt du nicht hören. Das Schreckliche ist, daß Mama tot ist, sonst nichts weiter.“

„Ach, wenn ich dich nur habe, Papa, dann ist alles gut, und dann bin ich auch nicht mehr ein armes Kleines. Das will ich nicht hören“, sagte sie leise, nun doch ein wenig schläfrig.

„Nun schlaf, mein Liebling.“

„Ja, Papa! Hörst du den tollen Sturm? Bin froh, daß du zu Hause bist. Morgen früh darf ich doch mit dir frühstücken?“

„Ja, das darfst du. Gute Nacht, mein Kind.“

„Gute Nacht, Papa. Und alle Englein mögen dich behüten“, sagte Gilda ihr frommes Sprüchlein.

„Dich auch, mein Liebling.“

Gilda kuschelte sich in ihr Bettchen, und wenige Minuten später war sie fest eingeschlummert.

Mit einem Seufzer entfernte sich der Graf, nachdem er die Wärterin auf ihren Posten gerufen hatte.

Er suchte seine Gemächer auf. Sein Diener, der schon bei seinem Vater in Diensten gestanden hatte, erwartete ihn hier.

„Grollmann – ich sah dich nicht unten in der Halle.“

„Ich wollte den Herrn Grafen hier oben erwarten.“

„Nun, so hast du nicht gehört, was ich unten zu den andern sagte. So will ich es dir wiederholen: Wer mir nicht mehr dienen will, kann gehen.“

Der Diener, der sich trotz seiner fünfzig Jahre straff und aufrecht hielt wie ein Junger, sah in sein blasses Gesicht. „Das werden der Herr Graf doch nicht von Grollmann glauben? Ich diene Herrn Grafen, bis er mich selber gehen heißt. Ich weiß, daß der Herr Graf jetzt treue Diener braucht. Und wehe, wenn in meiner Gegenwart jemand ein böses Wort über meinen Herrn sagt – der soll meine Fäuste spüren.“

„So willst du für mich eintreten, Grollmann?“

„Das ist selbstverständlich, Herr Graf.“

„Glaubst du denn an meine Unschuld, Grollmann?“

„Wie an meine eigene, Herr Graf. Man könnte ja keinem Menschen trauen, wenn Herr Graf imstande sein sollte, so ein Verbrechen zu begehen.“

„Ich danke dir, Grollmann! Du wirst wohl der einzige sein, der an mich glaubt.“

„O nein, Herr Graf. Auch Komteß Beate glaubt an die Unschuld des Herrn Grafen. Sie hat es mir gesagt. Und sie hat hier gut für Ordnung und Ruhe gesorgt in der Abwesenheit des Herrn Grafen, obwohl sie krank und elend war von all den Aufregungen und so schreckhaft, daß es einen erbarmen konnte. Sie hat den Leuten auch streng verboten, über die ganze Angelegenheit zu sprechen, damit unser Komteßchen nicht durch ein ungutes Wort erschreckt würde."

„Wo ist Komteß Beate? Ich sah sie noch nicht", erwiderte der Graf.

„Komteß will im Speisezimmer auf den Herrn Grafen warten. Sie wollte nicht unten zwischen den Leuten stehen und wird wohl Herrn Grafen zuerst allein begrüßen wollen."

Weiter sprach Graf Harro nichts mit seinem Kammerdiener.

Dieser betrachtete ihn bekümmert. Wie schmal und blaß das Antlitz seines jungen Herrn in der langen Untersuchungshaft geworden war.

Vor seiner Verheiratung war Graf Harro vergnügt gewesen, und mit seinen Eltern lebte er in herzlichster Eintracht. Dann war erst der alte Herr Graf gestorben, und ein Jahr darauf hatte Graf Harro die Gräfin Alice heimgeführt. Mit der war der Unfriede ins Schloß gezogen. Alle Tage Zank und Streit. Ein Höllenleben war das für seinen friedliebenden, jungen Herrn gewesen.

Die Frau Mutter war im Herzeleid und in großer Sorge um ihren Sohn ihrem Gatten bald ins Grab gefolgt. Selbst am Todestag seiner Mutter hatte Gräfin Alice keine Ruhe gegeben. Den ersten Anlaß zu ehelichen Streitigkeiten hatte der Umstand gegeben, daß die junge Gräfin sich Mutter fühlte und keine Festlichkeiten besuchen konnte. Sie betrachtete die Ehe nur als einen Freibrief für all die Dinge, die man als Mädchen nicht tun durfte. Es hatte schreckliche Szenen gegeben, Graf Harro war die Güte und Nachsicht selbst gewesen. Er hatte geglaubt, das hänge alles nur mit dem Zustand seiner Frau zusammen und sie müsse geschont werden.

Und in dieser gütigen Nachsicht hatte er alles verdorben. Die eigensinnige Frau nahm ihm das Heft aus der Hand, und er verlor alle Macht über sie.

Nach der Geburt der kleinen Komteß wurde es noch schlimmer. Das Kind war der Gräfin nur eine Last. Tagelang sah sie überhaupt nicht nach dem Kind und überließ es der Amme, und schließlich der französischen Gouvernante. Denn eine französische mußte es sein. Ihre Tochter sollte „französischen Schick" bekommen, wie sie sagte. Graf Harro wünschte eine deutsche Erzieherin für seine Tochter, wenn die Mutter nicht selbst die Erziehung übernehmen wollte. Sie lachte spöttisch auf, als ihr der Graf das sagte, und setzte mit ihren Szenen die französische Gouvernante durch.

Mademoiselle Perdunoir kam und fand Gnade vor den Augen der Gräfin, wenn sie auch sonst niemand im Haus leiden mochte. Auch dem Grafen war sie widerwärtig, und er beschäftigte sich selbst viel mit der kleinen Komteß.

Dann saß Mademoiselle Perdunoir im Wohnzimmer der Gräfin und erzählte dieser pikante Histörchen aus der Gesellschaft. Sie machte sich über die Ehemänner lustig, mit ihrem frivolen Geplauder amüsierte sie die Gräfin. Eine gute Erzieherin war Mademoiselle ganz gewiß nicht. Graf Harro behielt seine Tochter soviel wie möglich in seiner Nähe. So war zwischen Vater und Tochter ein viel zärtlicheres und innigeres Verhältnis entstanden als zwischen Mutter und Kind.

Gräfin Alice hatte für ihr Töchterchen gar nichts übrig, weder Zeit noch Geduld – noch Liebe. War sie einmal sehr gut gelaunt, spielte sie wohl mit dem Kind, wie man etwa mit einem Kätzchen spielt. Wurde es ihr lästig, schob sie es ungeduldig fort und überließ es den Dienstboten.

Einen geregelten Haushalt hatte es in Schloß und

Palais Treuenfels auch nicht gegeben, Gräfin Alice kümmerte sich nur um ihr Vergnügen, ihre Toiletten und ihre Verehrer. Zum Glück war gutgeschultes Personal im Haus. Und bald nach dem Tod von Harros Mutter kam Komteß Beate nach Treuenfels und nahm sich des Hauswesens an.

Sehr entzückt war Gräfin Alice nicht gewesen, als sie in Komteß Beate eine neue Hausgenossin bekam. Das stille, herbverschlossene Wesen der Komteß langweilte und reizte die Gräfin. Sie quälte die Komteß und ließ ihren Launen die Zügel schießen.

Komteß Beate schwieg zu alledem, aber zuweilen sah sie der Gräfin mit einem Blick nach, der verriet, daß sie der Gräfin so wenig zugetan war wie diese ihr.

Als Graf Harro sich umgekleidet hatte, ging er hinab in das Speisezimmer. Bei seinem Eintritt wandte sich eine hohe Frauengestalt in schwarzen Kleidern nach ihm um. Sie hatte am Fenster gestanden und mit starren Augen in das tobende Unwetter hinausgesehen. Es war Komteß Beate.

Ihr Antlitz war bleich bis in die Lippen. Es war nicht unschön, aber ihre Züge hatten etwas Hartes, fast Männliches durch die große, kühn vorspringende Nase und den herb geschlossenen Mund. Zu dem tiefschwarzen Haar paßten die schwarzen Augen, die sich jetzt mit einem brennenden Blick auf Graf Harro richteten. Sie verrieten, daß viel ungebändigte Leidenschaft in der Seele dieses Mädchens wohnte.

Komteß Beate zählte reichlich dreißig Jahre, und da sie arm war, hatte nie ein Mann sie zur Frau begehrt. Bis sie in das Haus ihres Vetters kam, hatte sie auch noch nie für einen Mann mehr empfunden als ein vorübergehendes Wohlgefallen. Aber als sie Graf Harro sah, flammte etwas in ihr auf, was ihre ganze Seele in Aufruhr brachte. Mit der ganzen Leidenschaftlichkeit ihres Charakters verliebte sie sich in ihn.

Es nutzte nichts, daß sie sich sagte, er sei der Gatte einer andern. Nur immer tiefer brannte sich diese Liebe in ihre einsame Seele. Sie sagte sich, daß niemand etwas von ihren Gefühlen ahnen dürfe, am wenigsten Graf Harro selbst.

Wäre Graf Harro glücklich verheiratet gewesen, hätte sie es auf die Dauer nicht mit ansehen können. Aber so sah sie, daß sich die Eheleute mehr und mehr auseinanderlebten, und versuchte, Graf Harro etwas zu sein. Sie zeigte ihm, daß er Teilnahme und Verständnis bei ihr finden würde. Aber er suchte beides nicht bei ihr und kam ihr nicht entgegen, da sie ihm nicht einmal sonderlich sympathisch war. Er empfand für sie nichts und hatte sie nach dem Tod ihres Vaters nur in seinem Haus aufgenommen, weil er nicht wollte, daß eine Komteß Treuenfels ihr Brot bei fremden Leuten verdiente.

Beate aber betete ihn heimlich an und haßte seine Frau, die ihn quälte. Sie haßte sie, weil sie alles besaß, was sie selbst zu besitzen begehrte. Aber nie verriet sie etwas von ihrem Haß und ihrer Liebe.

Was sie Graf Harro an den Augen absehen konnte, tat sie, und wenn er sich einmal mit seinem guten Lächeln teilnahmsvoll nach ihrem Ergehen erkundigte und mit ihr plauderte, sie hätte vor ihm niedersinken und um seine Liebe betteln mögen. Nur ihre Augen senkte sie dann, damit sie nicht zu Verrätern würden.

Und nun war Gräfin Alice tot – gleichviel, auf welche Art es geschehen war. Graf Harro war frei, war als verfemter Mann nach Hause zurückgekehrt.

Sie wußte, daß er von seinen Standesgenossen gemieden werden würde. Aus Mangel an Beweisen – das war nicht viel besser als ein „schuldig".

Er würde nun allein leben müssen, niemand haben, an den er sich halten konnte. Nur sie allein würde ihm treu zur Seite stehen. Jetzt stand er nicht mehr unerreichbar über ihr. Der stolze Mann war gedemütigt, und sein Reichtum half ihm nichts. Wenn sie jetzt klug vorging, trieb ihn vielleicht die Einsamkeit seines Herzens in ihre Arme.

Und in ihren Armen sollte er alles, alles vergessen.

Nun stand sie ihm Auge in Auge gegenüber, und einen Moment fühlte sie den Boden unter ihren Füßen wanken, als sie in sein bleiches, schmalgewordenes Antlitz sah. Aber sonst hatte sie sich in der Gewalt.

Graf Harro sah die Komteß betroffen an. Es fiel ihm auf, wie sehr sich diese in der Zeit seiner Abwesenheit verändert hatte, als sei sie schwer krank gewesen.

„Guten Abend, Beate! Ich glaubte schon, du habest Treuenfels verlassen, um nicht mit einem Verfemten unter einem Dach leben zu müssen."

„Wie konntest du das denken, Harro? Sollte ich deine Güte mit so schreiendem Undank lohnen?"

„Die Dankbarkeit hielt dich hier fest? Nun, deshalb sollst du nicht an dieses Haus des Schreckens gefesselt sein. Ich entbinde dich jeder Pflicht der Dankbarkeit, werde gern in andrer Weise für dich sorgen, wenn du Treuenfels lieber verlassen willst. Ich kann und will dich nicht hier festhalten, denn alle, die zu mir stehen, partizipieren an dem Fluch, der auf mir lastet. Ich will dir nicht meine Hand reichen. Vielleicht schauderst du davor zurück."

Da kam sie rasch um den Tisch herum auf ihn zu

und reichte ihm die Hand – eine etwas große und kräftige, aber schön geformte Hand.

„So reiche ich dir die Hand zum Willkommen, lieber Harro. Und wenn du gestattest, bleibe ich immer in Treuenfels."

Zögernd ergriff er ihre Hand. „Es ist kein Blut an meinen Händen, Beate."

Sie lächelte und drückte fest und warm seine Rechte.

„Ich glaube an dich, Harro! Und wenn die ganze Welt wider dich wäre. Selbst wenn du verurteilt wärest, wenn du selbst es gesagt hättest, du seist schuldig, ich hätte es nicht geglaubt."

„Ich danke dir für diesen Glauben, Beate, und wenn du in Zukunft wirklich dein Leben mit mir teilen willst, so will ich dir herzlich dankbar sein. Es wird jetzt ein ernstes, stilles und freudloses Leben in Treuenfels beginnen. Ich selbst bin als ein verbitterter, bedrückter Mensch heimgekehrt. Was ich in diesen Monaten erlebt und erlitten habe, kannst du nicht ermessen. Mir ist zuweilen gewesen, als müßte ich meinen Kopf an den Gefängnismauern einrennen, wenn sich scheinbar Beweis an Beweis für meine Schuld aneinanderreihte, um eine Kette zu bilden, die mich zu erdrücken drohte. Und mit gebundenen Händen nichts tun können, als stillhalten – das ist Qual ohnegleichen für einen Mann wie mich. Viel lieber hätte ich mir eine Kugel durch den Kopf geschossen. Aber ich dachte an mein Kind – und dann – der heiße Wunsch, das Geheimnis aufzuklären, das über dem Tod meiner Frau liegt, hätte mich auch nicht sterben lassen."

„Wenn es aufzuklären wäre, hätten es wohl die Herren vom Gericht getan", sagte sie tonlos.

„Trotzdem – ich muß versuchen, die Wahrheit zu

ergründen. Keinen andern Lebenszweck habe ich mehr als diesen."

„Und das Kind?" sagte sie leise.

„Meine kleine Gilda! Für sie muß ich in erster Linie leben. Sie braucht mich. Ihr Schicksal ist mit dem meinen verbunden. Und ich muß sie so erziehen, daß sie stark genug wird, zu ertragen, daß sie die Tochter eines Mannes ist, dessen Schmach auch ihr junges Haupt treffen wird, wenn sie einst ins Leben hinaustritt. Übrigens – das erste, was ich tat, als ich heute abend zurückkehrte, war, daß ich Mademoiselle Perdunoir entließ. Sie ist mir nie als die geeignete Person erschienen, die Erziehung meiner Tochter zu leiten. Ich will Gilda eine deutsche Erzieherin geben."

„Ich kann deinen Schritt nur billigen. Mademoiselle ist eine leichtfertige Törin, und ich habe ihr in deiner Abwesenheit sehr auf die Finger sehen müssen."

„Du hattest in dieser Zeit das schwere Amt, in Treuenfels auf Ordnung zu halten. War es dir zuviel? Du siehst sehr leidend aus, Beate. Bist du krank gewesen?"

Ein schnelles Rot stieg in ihr Gesicht. „Nein, das nicht. Aber – du kannst dir denken, daß ich mit dir litt – daß ich mich namenlos um dich bangte. Da war jeder neue Tag mit einer neuen Qual erfüllt. Ich werde mich nun schnell wieder erholen."

Er reichte ihr über den Tisch die Hand. „Ich danke dir für deine Teilnahme, Beate. Es beschämt mich fast – denn ich habe wenig an dich gedacht."

„Das ist ja so verständlich. Du hattest andere Dinge im Kopf."

„Allerdings – und keine erfreulichen. Ich möchte wissen, Beate, was du dir für Gedanken gemacht hast über den Tod meiner Frau. Hast du dir denselben zu erklären versucht?“

„Allerdings, Harro. Das kannst du dir wohl denken“, sagte sie heiser.

„Und bist du zu einem Resultat gekommen?“

„Es ist meine feste Überzeugung, daß Alice sich selbst den Tod gegeben hat.“

„Aber warum sollte sie das getan haben?“

Sie zögerte. Dann sagte sie rasch: „Alice war eine sehr überspannte und unberechenbare Frau. Sie benahm sich oft ganz unsinnig. Solche Personen verlieren in der Erregung jeden klaren Gedanken. Sicher war sie an jenem Abend nicht zurechnungsfähig. Sie wußte, daß sie etwas getan hatte, was du ihr nicht verzeihen konntest. Sie war von dir überführt worden, und du warst zum ersten Male hart und zornig zu diesem verwöhnten Geschöpf gewesen. Da faßte sie wohl im eigensinnigen Trotz, der mit Beschämung gepaart war, spielerisch den Gedanken zu sterben. Vielleicht wollte sie dir Schrecken einjagen, vielleicht glaubte sie nicht recht an die Wirkung des Giftes. Du erinnerst dich doch, daß sie diese Wirkung spöttisch anzweifelte, als du uns das Gift zeigtest, und daß sie es Zuckerwasser nannte. Vielleicht hatte sie die Meinung, es würde sie nur ein wenig betäuben, und stellte sich das alles ganz romantisch vor.“

„Wie du das ausführst, sieht es bei Alices Charakter gar nicht unwahrscheinlich aus. Aber – du vergißt eins. Wie kam sie in den Besitz des Giftes?“

„Nun – sie entwendete es dir.“

„Aber sie wußte doch nicht, wo es sich befand.“

„Kann sie dich nicht belauscht haben, als du einmal das Geheimfach deines Schreibtisches öffnetest? Daß du es darin verwahrtest, wußte sie doch.“

„Das wäre eine Möglichkeit. Aber ich kann mir nicht denken, daß sie das getan hat.“

„Warum nicht? Frauen sind immer neugierig, und es ist doch ein sehr reizvoller Gedanke, Gift zu besitzen – ich meine natürlich für einen so bizarren Charakter, wie Alice ihn hatte.“

„Hätte ich euch doch das Fläschchen nie gezeigt.“

„Ja – das wäre wohl besser gewesen.“

„Wenn es wirklich so wäre, wie du dir das ausgedacht hast, dann habe ich natürlich keine Aussicht, meine Unschuld jemals zu beweisen. Die Toten schweigen. Aber – lassen wir heute abend das Thema. Ich wollte Dir noch dafür danken, daß du so umsichtig dafür gesorgt hast, daß Gilda nichts von all diesen schlimmen Dingen erfuhr. Grollmann sagte mir, du habest streng verboten, vor dem Kind über diese Angelegenheit zu reden.“

„Ich glaubte in deinem Sinn zu handeln. Gilda durfte nicht durch törichtes Gerede erschreckt werden.“

„Das war sehr umsichtig von dir. Eines Tages muß ja meine Tochter freilich alles erfahren, was geschehen ist. Aber sie soll es nur von mir selbst hören.“

„Denke nicht mehr daran, Harro – suche zu vergessen, was törichte Menschen dir getan haben. Hier in Treuenfels ist Ruhe und Frieden, hier kannst du unbehelligt leben. Und mich wirst du immer und unentwegt an deiner Seite finden. Jedem, der es hören will, werde ich deine Unschuld verkünden. Und wehe, wenn einer von den Leuten über dies schlimme Ereignis spricht. Sie wissen es alle, daß sie in derselben Stunde entlassen werden. Verlaß dich ganz auf mich. Ich helfe dir mit all meinen Kräften.“

„Liebe, treue Beate, wie herzlich danke ich dir. Und nicht wahr, solange ich keine Erzieherin für Gilda habe, nimmst du dich ihrer ein wenig an. Ich werde sie ja möglichst viel um mich haben, aber ich kann ihr nicht alles sein und geben."

„Du kannst dich ganz auf mich verlassen, Harro. Ich werde wie eine treue Mutter für dein Kind sorgen. – Aber nun will ich erst einmal das Essen auftragen lassen. Du wirst hungrig sein."

Als der Diener dann mit einem Tablett eintrat und die Tür nicht gleich wieder schließen konnte, drang der Sturmwind heulend ins Zimmer, als habe er nur darauf gewartet. Ein Fenster, das nicht fest verschlossen war, sprang auf, die Enden des Tafeltuchs wurden aufgebläht. Das eine Ende schlug klatschend in Komteß Beates Gesicht. Sie stieß einen leisen Schreckensruf aus. Graf Harro sprang auf und schloß das Fenster, an dem die Gardinen emporgewirbelt worden waren.

Und draußen heulte und krachte es, als sei die wilde Jagd in den Lüften. An solchen Tagen gehen die Geister um, heißt es im Volksmund.

„Du hast dich erschreckt, Beate", sagte Graf Harro, an den Tisch zurückkehrend.

„Ich kann den Sturmwind so wenig vertragen, er macht mich nervös", sagte sie leise.

Er sah sie besorgt an. Sie schien wirklich mit ihren Nerven sehr herunter zu sein.

Fast schweigend nahmen sie das Mahl ein, und als es beendet war, erhob sich Graf Harro.

„Verzeihe, daß ich so schweigsam war, Beate, aber ich habe in diesen Wochen in der Untersuchungshaft fast das Sprechen verlernt. Gute Nacht, Beate – ich möchte mich zurückziehen. Und habe nochmals Dank für deine Treue und deinen Glauben an mich."

Damit verneigte er sich und verließ das Zimmer. Trotzdem ihm Beate so freundlich entgegengekommen war, konnte er in ihrer Gesellschaft kein Genügen finden. Er machte sich zwar Vorwürfe darüber, aber sie war ihm nicht sympathisch.

Eine lange Weile saß sie wie ein Steinbild, in dem nur die Augen lebten. Sie starrte auf einen Punkt, als sähe sie da etwas Furchtbares, Quälendes.

Es pfiff durch die Kamine und durch die Fensternischen, und die Tür sprang auf, wie von unsichtbaren Händen geöffnet.

Komteß Beate sah sich mit verstörtem Gesicht um. Der Diener erschien und schloß die Tür.

Sie faßte sich und biß die Zähne zusammen.

„Räumen Sie den Tisch ab, Heinrich, und dann sehen Sie Fenster und Türen noch einmal gut nach. Das ist ja ein gräßliches Unwetter."

„Ja, gnädigste Komteß, so einen Sturm habe ich noch nicht erlebt. Man könnte sich fürchten."

„Wenn man eine Memme ist, Heinrich, dann fürchtet man sich. Sonst nicht."

Der Diener sah ihr achselzuckend nach. Sehr beliebt war die Komteß bei der Dienerschaft nicht.

„So ein Mannweib! Diese Sorte Weiber fürchtet nicht Tod und Teufel", brummte er vor sich hin.

Er tat, was ihn die Komteß geheißen hatte, drehte das Licht aus und ging dann hinunter in das Kellergeschoß des Schlosses. Im Zimmer neben der Küche saß die Dienerschaft eng beieinander. Die Köchin hatte heißen Tee aufgebrüht und einen guten Schuß Rum hineingeschüttet. Dazu stiftete sie kleine Kuchen.

Irgendwie mußte man doch die Rückkehr des Herrn Grafen feiern, wenn auch keine Veranlassung zu einer lauten Feier vorlag. Man sagte sich, daß es sich doch in Treuenfels recht behaglich leben ließ. Sollte man da so töricht sein, seinen guten, sicheren Posten aufzugeben?

Wenn der Herr Graf wirklich schuldig war und

ein böses Gewissen haben mußte, was ging das seine Diener an? Und wenn die hochselige Gräfin wirklich herumgeisterte, weil sie keine Ruhe im Grab fand, solange der Mord an ihr seine Sühne nicht gefunden hatte, so mochte sie sich an den Schuldigen halten. Und so ein ungutes Wesen, wie sie im Leben gehabt hatte, konnte sie als böser Geist auch nicht mehr übertreffen.

Harro hatte, nachdem er sich von Beate verabschiedet, nochmals das Schlafzimmer seines Töchterchens betreten. Sie schlief fest, trotz des heulenden Sturmes, und atmete ruhig und wohlig. Still setzte er sich eine Weile an ihr Bettchen, nachdem er stumm die Wärterin hinausgewiesen hatte, und sah bei dem schwachen, flackernden Schein des Nachtlichtes auf das reizende, blonde Kinderköpfchen hinab.

Zum ersten Male seit langen Monaten war wieder ein Gefühl stillen Friedens in seiner Brust, vergaß er auf kurze Zeit, was ihn bedrückte und quälte.

Dann ging er in seine Zimmer hinüber. Die Zimmer seiner Tochter lagen zwischen den seinen und denen, die seine Frau bewohnt hatte.

Langsam schritt er durch seine Räume, zwischen denen alle Türen weit aufstanden. Es tat doch wohl, wieder ein freier Mann zu sein, nicht mehr eingesperrt in einem engen Raum, in dem er die Untersuchungshaft hatte verbringen müssen.

Morgen früh wollte er hinaus in den Wald – in seinen Wald. Es schien eine Ewigkeit her zu sein, seit er das nicht mehr hatte tun dürfen. Bis er müde war, ging er auf und nieder.

Dann trat er an seinen Schreibtisch. Da stand eine

Fotografie seiner Frau. Sie war im vorigen Winter in der Residenz aufgenommen worden.

Diese Fotografie hatte ihm seine Frau am vorigen Weihnachtsfest in einem kostbaren Rahmen geschenkt, in dem sie dann auf seinem Schreibtisch aufgestellt worden war.

Harro nahm das Bild empor und betrachtete es lange.

Einmal hatte er dieses reizvolle Geschöpf geliebt, als er noch geglaubt hatte, daß in einem schönen Körper eine schöne Seele wohnen müsse. Ihr Antlitz, ihr sprühendes, lebhaftes Wesen, ihre elegante Grazie hatten ihn entzückt.

Damals ahnte er nichts von ihrem unleidlichen Wesen, von ihrer Herzenskälte und Launenhaftigkeit. Diese und jene kleine Kaprize schienen ihm zu ihr zu gehören. Er war sogar in diese Kaprizen verliebt. Es gab keine Hindernisse zu bewältigen. Auf beiden Seiten tat man alles, die beiden jungen Leute miteinander zu vereinen, und so war Alice sehr bald seine Frau geworden.

Zu bald, als daß es ihm möglich gewesen wäre, einen tieferen Einblick in ihr Wesen zu erhalten. Das war erst später geschehen – als es zu spät gewesen. Er gedachte all der Kämpfe, der tausend Bitterkeiten und Kränkungen, die er von ihr hatte erdulden müssen. Wie schnell war da die Leidenschaft für sie erloschen, hatte er erkannt, daß er einen großen Irrtum begangen, als er um sie freite.

Und dann gedachte er des Abends, da er sie in den Armen des ausländischen Prinzen überrascht hatte. Wie ein Unsinniger war er auf diesen losgestürzt. Ja – er hatte ihn mit der Reitpeitsche gezüchtigt, weil er nicht wußte, ob sich der Prinz ihm im Zweikampf stellen würde, und weil er einen Schimpf mit dem andern vergelten mußte.

Und dann war er mit seiner Gattin abgereist nach Treuenfels, weil er mit seiner Schmach nicht unter Menschen weilen wollte. Was dann geschehen sollte, wie sich sein Verhältnis zu seiner Frau gestalten würde, hatte er sich noch nicht überlegt. Zorn und Schmerz hatten ihn unfähig gemacht, seine Lage klar zu überdenken. Nur eins stand bei ihm fest – so wie bisher konnte, durfte es nicht weitergehen.

Er war nicht mehr dazugekommen, einen entscheidenden Entschluß über die Zukunft zu fassen. Nach einer schlaflos verbrachten Nacht rief man ihn an das Totenlager seiner Frau. Das Schicksal hatte selbst den Faden zerschnitten, der sie aneinander band.

Lange sah er jetzt hernieder in das lächelnde, kapriziöse Frauengesicht, aus dem die Augen so klar und hell herausschauten, daß man nicht tausend Teufelchen dahinter vermuten konnte.

„Hast du es selbst getan, Alice? Warst du schuldiger noch, als ich ahnte, und sprachst du dir selbst das Urteil? Oder war es so, wie Beate vermutet, triebst du nur ein gefährliches Spiel, ohne an den vollen Ernst zu glauben? Wie aber kamst du in den Besitz des Giftes?"

Er stellte es wieder hin und beugte sich dann über den Schreibtisch, um das Geheimfach zu öffnen.

Dann sah er nach der Tür. Konnte jemand, wie Beate von der Gräfin angenommen hatte, ihn belauscht haben, wenn er das Geheimfach öffnete? Ja – von der Tür aus konnte man das sehen. Aber wenn jemand an der Tür gestanden und ihn belauscht hätte, dann hätte er diesen Jemand doch erblicken müssen.

Scharf abwägend sah er zur Tür. Und dann schüttelte er den Kopf. Aber da stutzte er plötzlich – da drüben im Nebenzimmer stand doch auch ein

Mensch und schüttelte den Kopf. Er sah genauer hin und richtete sich betroffen auf. Das war ja sein Spiegelbild. Richtig – da drüben im Nebenzimmer im Spiegel, da war er zu sehen. Und in diesem Spiegel mußte sich sein Schreibtisch abspiegeln. Schnell schritt er hinüber und schaute von drüben in den Spiegel. Richtig, von hier aus konnte man den ganzen Schreibtisch übersehen, er spiegelte sich wider. Und wenn hier im Nebenzimmer jemand gestanden und ihn belauscht hatte, dann hatte dieser auch das Geheimnis des Schreibtisches erspähen können.

Langsam und nachdenklich über diese zufällige Entdeckung ging er an seinen Schreibtisch zurück. Natürlich war ihm das Geheimfach jetzt wertlos geworden, denn er hatte es den Herren vom Gericht zeigen müssen. Man hatte das kostbare Fläschchen mit dem Gift herausgenommen und es zu den Akten gelegt. Das Gift hatte man dem Chemiker zur Verfügung gestellt, das Fläschchen ihm leer heute wieder zurückgegeben, weil es sehr kostbar war. Er legte es jetzt wieder in das Geheimfach. Mochte es da liegenbleiben. Er betrachtete erst einen Moment die kostbare, künstlerisch schöne Fassung. Sie hatte ihn entzückt vom ersten Moment an, da er dieses Fläschchen gesehen hatte. Wegen dieser Fassung hatte er es gekauft, und das Gift hatte er gewissermaßen nur als Kuriosität darin gelassen.

Nun war es leer. Nach Aussagen des Gerichtschemikers hätte der Inhalt genügt, ein Dutzend Menschen umzubringen. Einige Tropfen davon waren ausreichend, um den Tod eines Menschen herbeizuführen.

Harro hatte gewußt, daß es ein starkes Gift war. Er hatte vor einigen Jahren einem alten, kranken Jagdhund mit zwei Tropfen dieses Giftes ein schnelles, leichtes Ende bereitet. Das Gift lähmte sofort die

Herztätigkeit und wirkte schnell und schmerzlos. Für ähnliche Fälle hatte er es auch verwahrt, und weil er wußte, wie gefährlich es war, hatte er es an diesem, seiner Meinung nach sichersten Ort geborgen.

War Alice wirklich hinter sein Geheimnis gekommen, hatte sie ihn durch den Spiegel belauscht und sich dann, vielleicht in spielerischer Laune, etwas von dem Gift angeeignet?

Aber wie mußte sie es dann aufbewahrt haben? Man hatte in ihrem Schlafzimmer kein Fläschchen, keinen Behälter gefunden, aus dem das Gift in das Weinglas gelangt war.

Ob die Herren vom Gericht auch gründlich genug geforscht hatten? Wie, wenn er einen solchen noch irgendwo in den Sachen seiner Frau auffand? Dann hätte er doch einen Beweis dafür, daß seine Gattin durch Selbstmord geendet hatte.

Auch jenen Tag rief er sich ins Gedächtnis zurück, an dem er seiner Frau, seinem Freund, Baron Dalheim, und Beate das Fläschchen gezeigt hatte. Er hatte vorher von Indien erzählt und dabei das Fläschchen erwähnt. Da wollten die drei Zuhörer es sehen. Er war in sein Zimmer gegangen und hatte es geholt. Alle waren davon entzückt gewesen, und seine Frau hatte ihn gebeten, das Fläschchen zu entleeren und es ihr zu schenken. Aber er hatte es ihr abgeschlagen, hatte ihr gesagt, er sei zu besorgt, Spuren des Giftes könnten auch an der Fassung haften, und es könne ein Unheil entstehen, wenn es jemand anfasse, der eine Verletzung am Finger habe.

Baron Dalheim hatte gelacht. „Es ist sicher nichts weiter darin als Zuckerwasser mit etwas Opium. Der Verkäufer hat dir das Fläschchen interessant machen wollen“, hatte er gesagt.

Nur Beate war still gewesen. Sie hatte ja damals

mit angesehen, wie er den Jagdhund mit dem Gift tötete.

So deutlich erinnerte sich Graf Harro jenes Abends. Sie hatten alle drüben im Salon seiner Frau gesessen. Nachdem er das Fläschchen herumgezeigt hatte, war er wieder in sein Arbeitszimmer gegangen, um es fortzuschließen.

Als er zurückkam, saß Alice übellaunig in einem Sessel, und Baron Dalheim empfahl sich. Beate aber war nicht mehr dagewesen.

Als Dalheim fort war, hatte ihm Alice eine Szene gemacht wegen des verweigerten Fläschchens.

Wie gut, daß er trotzdem fest geblieben war. So brauchte er sich wenigstens nicht einmal den Vorwurf der Fahrlässigkeit zu machen.

Wieder sah er auf ihr Bild hernieder. So jung und so schön hatte sie sterben müssen. Ihr Tod hatte allen Zorn und Groll in seiner Seele ausgelöscht. Er wollte vergessen, daß sie seine Ehre mit Füßen getreten hatte. Sie hatte gebüßt und mochte in Frieden schlafen.

Er aber ging nun wieder unruhig auf und ab und grübelte, wie er schon all die Wochen in seiner Untersuchungshaft gegrübelt hatte, wie seine Frau gestorben sein mochte.

Und er konnte fast nicht mehr zweifeln, daß sie aus einem ihm unbekannten Grund Selbstmord verübt hatte. Anders konnte es nicht sein. Und wenn, dann kam seine Unschuld nie ans Licht. Die Toten schweigen. Seine Unschuld konnte höchstens bewiesen werden, wenn ein anderer Mensch den Mord begangen, wenn dieser andre überführt werden konnte. Sonst blieb er gebrandmarkt bis an sein Ende.

Und seine Tochter war dann die Tochter eines Ehrlosen.

Aber dann richtete er sich jäh auf. Vielleicht fand

er doch in den Zimmern seiner Frau irgendeinen Anhalt, einen Beweis, daß sie Selbstmord verübt hatte. Er wollte jedenfalls alles durchsuchen, jedes Fältchen, jedes Winkelchen. Seine Augen würden schärfer blicken als die der Herren vom Gericht, denn diese suchten nur die Spuren eines Mörders – er aber würde Spuren seiner Unschuld suchen. Ohne zu zögern, gleich heute abend noch, wollte er beginnen.

Schnell ging er hinaus. Aber die Zimmer seiner Gemahlin waren verschlossen.

Da kehrte er in seine Gemächer zurück und klingelte seinem Diener.

„Grollmann, geh zu Komteß Beate. Ich lasse bitten um die Schlüssel zu den Zimmern meiner Frau."

Grollmann ging zu Komteß Beate. Sie hatte sich auch schon in ihre Zimmer im zweiten Stock zurückgezogen, war aber noch nicht zur Ruhe gegangen.

Als ihr Grollmann ausgerichtet hatte, was ihm sein Herr aufgetragen, zuckte sie leise zusammen.

„Wie? Die Schlüssel zu den Zimmern der Gräfin?" fragte sie mit heiserer Stimme. „Was will der Herr Graf damit?"

„Ich weiß es nicht. Vermutlich will der Herr Graf die Zimmer betreten."

Die Komteß zwang ein Lächeln in ihr Gesicht.

„Nun – warum soll er es schließlich nicht tun, Grollmann. Warten Sie einen Augenblick, ich gebe Ihnen die Schlüssel. Grollmann, falls der Herr Graf heute abend noch in die Zimmer gehen will, bitten Sie ihn, er möge darauf achten, daß Fenster und Türen gut verschlossen sind. Bei dem Sturmwind könnten sie aufspringen und – die Dienstboten sind so schreckhaft – man muß sie nicht ängstlich machen."

„Sehr wohl, gnädige Komteß, ich will es ausrichten. Komteß denken an alles."

Die Komteß schloß hinter ihm die Tür, schob den Riegel vor und drehte den Schlüssel herum. Und dann stand sie und lauschte hinaus. Der Sturm hatte jetzt etwas nachgelassen, und sie hörte unten Türen öffnen und schließen – die Türen von den Gemächern der Gräfin.

Grollmann hatte seinem Herrn die Schlüssel gebracht, und dieser ging nun abermals hinüber nach den Zimmern seiner Frau und öffnete sie.

Langsam ging er durch die großen Räume. Es war eine ganze Zimmerflucht, und eines dieser Zimmer war immer kostbarer eingerichtet als das andre. Es waren die einzigen Zimmer im ganzen Schloß, die nach modernem Geschmack und mit neuen Möbeln ausgestattet waren.

Gräfin Alice hatte unbarmherzig die schönen und kostbaren alten Möbel, die früher in diesen Zimmern, vielleicht schon seit Jahrhunderten, auf ihrem angestammten Platz ausgehalten hatten, ausräumen lassen. Die standen nun in dem wenig bewohnten Ostflügel in Verbannung. Dafür hatte sie ganz moderne Einrichtungen für ihre Zimmer ausgesucht und hatte ihren kapriziösen Geschmack walten lassen. An einen bestimmten Stil hatte sie sich nicht gebunden. Die Hauptsache waren ihr mollige, warme Farben und Originalität. Sie wollte immer alles gerade anders haben als ihre Mitmenschen. In einem Salon standen zum Beispiel eine Anzahl Sessel, von denen jeder eine andere Farbe und eine andre Form hatte. Aber dabei wirkte doch alles sehr hübsch und harmonisch, und vor allem zart und duftig, der blonden Schönheit der Gräfin angepaßt.

Graf Harro wandelte durch all diese reizenden Räume, und ihm war, als müsse aus irgendeinem der molligen Winkel die helle, meist etwas scharfe und schrille Stimme seiner Gattin heraustönen. Ihr Geist lebte noch in diesen Räumen, die in dem Zustand belassen waren wie zu ihren Lebzeiten. Sie schienen noch von ihrem Wesen erfüllt.

So kam er endlich auch in das Schlafzimmer, in dem Gräfin Alice gestorben war. Es war das letzte der Zimmerflucht. Da stand das spitzenüberrieselte, mit seidenen Kissen und Decken gefüllte Bett, in dem man sie tot aufgefunden hatte.

Graf Harro trat an das Bett heran und ließ seine Augen darüber hinschweifen. Im Geiste sah er seine Frau hier liegen, wie an jenem entsetzlichen Morgen, als man ihn zu ihr rief. Ganz weiß hatte das schöne Gesicht ausgesehen, und die Lippen hatten einen leisen bläulichen Schein gehabt – das sichere Merkmal für das exotische Gift, das sie getötet hatte. Und die Augenlider waren fast durchsichtig gewesen und hatten die blauen Augensterne durchschimmern lassen.

„Wie bist du gestorben, Alice? Kann mir dein verklärter Geist nicht helfen, das Geheimnis zu ergründen? Hilf mir doch! Nicht meinetwegen bitte ich darum, aber unseres Kindes wegen. Hilf mir, die Wahrheit ans Licht zu bringen, damit diese Schmach von dem Vater deines Kindes genommen wird“, sagte er laut, als liege sie vor ihm und müsse ihn hören.

Und der Sturmwind rüttelte wieder an Fenster und Türen, als wolle jemand herein. Er seufzte auf und sah sich im Zimmer um. Die Wand zeigte zu zwei Drittel Höhe eine kostbare Holzvertäfelung, die mit Intarsien von wunderbarer Feinheit verziert war. In regelmäßigen, etwa ein Meter breiten Abständen waren geschnitzte Pilaster angebracht, die ein breit ausladendes Paneel stützten.

Zu dieser wohl schon sehr alten, aber wunderbar erhaltenen Holzvertäfelung wollten die hellen, modernen Schlafzimmermöbel gar nicht passen, und deshalb hatte Gräfin Alice die Wand oberhalb der Vertäfelung und die Decke zeltartig mit lichtblauer Seide bespannen lassen, um eine duftigere und lichtere Wirkung zu erzielen.

Harro war an solche Widersprüche in der Umgebung seiner Frau gewöhnt gewesen. Es fiel ihm auch jetzt kaum noch auf. Nur darüber mußte er nachdenken, warum aus diesem Zimmer keine Verbindungstür nach dem runden Turm führte.

Schloß Treuenfels hatte zwei viereckige Türme an den Flanken des großen Mittelbaues, die zu dem Stil und der Architektur paßten, und einen runden Turm, der am Ende des Westflügels lag und eigentlich gar nicht zu dem Ganzen passen wollte.

Es war das erstemal, daß er darüber nachdachte. Lange beschäftigte ihn das auch heute nicht. Er wandte sich um und ging wieder zurück, bis in das Zimmer, wo der Schreibtisch der Gräfin Alice stand.

An dem Schlüsselbund, das ihm Grollmann von Komteß Beate geholt hatte, befand sich auch der Schreibtischschlüssel. Er ließ sich in dem Sessel vor dem Schreibtisch nieder und öffnete ihn. Bedächtig und sorgsam untersuchte er den Inhalt bis auf das letzte Blättchen Papier. Er fand eine Anzahl Briefe, große Mengen elegantes Briefpapier, allerlei Notizen und auch ein Tagebuch. Daß seine Gattin ein solches geführt hatte, ahnte er nicht. Hastig öffnete er es, hoffend, daß ihm vielleicht das Tagebuch einen Aufschluß geben könne. Er schlug die letzte beschriebene Seite auf und las das Datum über der letzten Aufzeichnung. Diese Aufzeichnung stammte noch aus der Mädchenzeit seiner Gattin, sie war am Vorabend ihrer Hochzeit geschrieben.

Damit schloß das Tagebuch. Er schlug es zu und legte es beiseite. Weiter wollte er nicht in die Geheimnisse ihrer Mädchenzeit eindringen. Aufschluß über ihren Tod gab ihm das Buch sicher nicht, da sie es in der Ehe nicht weitergeführt hatte.

Auch die meisten Briefe legte er zu dem Buch. Das alles wollte er ungelesen verbrennen. Wozu sollte er sie durchsehen? Nur die Daten überflog er an all diesen Briefen, ehe er sie zur Vernichtung beiseite legte, und nur wenige Schreiben aus der letzten Zeit vor ihrem Tod sah er durch in der Hoffnung, irgendeinen Anhalt oder Hinweis zu finden.

Auch kein Fläschchen fand sich, in dem sie vielleicht das tötende Gift aufbewahrt hatte.

So war all sein Suchen umsonst. Er erhob sich endlich. Mitternacht war längst vorüber, alles im Schloß war still. Er trug die Briefe und das Tagebuch hinüber in sein Arbeitszimmer und verbrannte alles im Kamin. Lustig flammte es auf und verbrannte zu Asche.

Als er am Morgen aufwachte, schien die Sonne. Er öffnete das Fenster. Die Luft war kühl, vielleicht nicht weit vom Gefrierpunkt entfernt, wie es im März noch häufig der Fall zu sein pflegt, aber von köstlicher Frische und Reinheit.

Tief atmete er sie ein, und dann kleidete er sich mit Grollmanns Hilfe schnell an.

Er war gerade fertig, als ein paar Kinderfäustchen an seine Tür klopften.

„Papa – lieber Papa!“ tönte ein weiches, zärtliches Stimmchen.

Er öffnete schnell. Draußen stand sein kleines, weißgekleidetes Mädchen und lachte zu ihm empor.

Er nahm es auf seine Arme und drückte es an sich, so sehr er konnte, ohne ihm weh zu tun.

„Mein Sonnenschein – schon wach?“ fragte er zärtlich.

Die kleine Komteß umschlang ihn zärtlich.

„Schon lange, Papa. Ich habe schon gebadet und bin ganz fertig. Ich will doch mit dir frühstücken.“

„Richtig! Da trifft es sich gut, daß ich auch fertig bin. Nun wollen wir sehen, ob uns Beate schon das Frühstück hat anrichten lassen.“

Gilda nickte vergnügt.

„Ist schon alles bereit; Beate war in meinem Zimmer und hat es mir gesagt.“

Vater und Tochter gingen Hand in Hand hinunter ins Frühstückszimmer. Da war der Tisch einladend gedeckt, sogar Blumen hatte Komteß Beate aufgestellt.

Sie erwartete Vater und Tochter schon. Harro vergaß unter dem Geplauder seines Töchterchens, was ihn drückte.

„Ist es wahr, Papa, daß Mademoiselle abgereist ist? Henriette hat es mir gesagt“, fragte Gilda nach einer Weile.

„Ja, Gilda, sie ist fort. Tut es dir leid?“

„Nein, gar nicht – ich darf ja mit dir spazierengehen, du hast es mir versprochen.“

„Das halte ich auch“, erwiderte der Vater.

Er hatte eigentlich allein in den Wald gehen wollen, um sich einmal tüchtig auszulaufen und die Sturmschäden zu besichtigen. Aber Gilda hatte so süß gebettelt, sie mitzunehmen, daß er nicht widerstehen konnte. Schließlich konnte er später einen weiten Ritt unternehmen, wenn er erst mit seinem Verwalter und seinem Rendanten konferiert hatte.

Vergnügt plaudernd hüpfte Gilda später neben dem Vater her. Sie war glückselig, daß sie ihn wieder hatte, und nicht mit Beate zu Hause bleiben mußte. Sehr gern mochte sie Beate nicht. Diese mühte sich zwar sehr um ihre Gunst. Aber Kinder haben ein feines Ohr für wahre Gefühle, und Gilda merkte vielleicht instinktiv, daß Beate nicht echt für sie empfand.

Im Wald sah es böse aus. Der Sturmwind hatte arg gehaust. Ringsum sah man die Spuren der Verwüstung, die der Sturm in der Nacht angerichtet hatte, und jetzt war alles wieder ruhig und still.

„Auf Sturm und Regen folgt Sonnenschein."

So sagte er leise vor sich hin, wie zu seinem eignen Trost. Aber dann zuckte es doch wieder herb und schmerzlich um seinen Mund, seine tiefliegenden grauen Augen sahen düster vor sich hin.

In seinem Leben würde es vielleicht nie mehr hellen, klaren Sonnenschein geben. Und er war doch jung, stark und gesund.

Klein Gilda war aber restlos glücklich. Sie zwitscherte wie ein munteres Schwälbchen neben ihm her und machte ihn auf tausend Dinge aufmerksam, die er sonst sicher übersehen hätte. Das lenkte ihn wohltätig von seinen trüben Gedanken ab.

So kamen Vater und Tochter ein gutes Stück vorwärts. Es begegnete ihnen niemand als ein paar Waldarbeiter, die den Grafen scheu grüßten und an ihm vorüberhasteten.

Aber als sie dann an einem Kreuzweg ankamen, sahen sie einen Reiter. Harro blieb stehen und sah ihm entgegen. Er erkannte seinen Freund, Baron Dalheim, der in seinem Prozeß gegen ihn hatte zeugen müssen. Denn Beate hatte ihre Zeugenschaft versagt, und so wußte nur noch der Baron, daß er das Gift besessen hatte. Mit starren Augen sah Graf Harro dem Freund entgegen. Was würde dieser tun? Würde er ihm die Hand reichen oder nicht?

Baron Dalheim hatte Vater und Tochter auch erblickt. Ein helles Rot flog über sein hübsches, offenes Gesicht. Seine Augen blickten einen Moment unschlüssig. Aber dann wandte er plötzlich seinen Blick seitwärts und gab sich den Anschein, als habe er Vater und Tochter nicht bemerkt. Mit einem leichten Zügelruck lenkte er sein Pferd quer in den Wald hinein und ritt schnell davon.

Harro wurde totenbleich. Er wußte sehr wohl, daß ihn Baron Dalheim absichtlich geschnitten hatte. Und er mußte das wehrlos über sich ergehen lassen, durfte nicht Rechenschaft fordern. Jeder seiner Standesgenossen durfte ihm ungestraft so nichtachtend begegnen. Und wenn Fritz Dalheim also tat, dann würden es die andern sicher auch tun.

Das war nun sein bester Freund und nächster Nachbar.

„Verfemt – geächtet!“ stieß er zwischen den Zähnen hervor und rang mit dem tiefen Schmerz in seinem Innern.

„Wie sagst du, Papa?“

Er riß sich los von seinen düsteren Gedanken und richtete sich straff auf. Damit mußte er sich abfinden. Es würde noch mancher scheu an ihm vorüberstreifen und ihn nicht sehen wollen. Konnte er es ihnen verdenken? Es wußte ja niemand genau, ob nicht dennoch Blut an seinen Händen klebte.

Und er mußte noch manche Bitterkeit hinunterschlucken. Auf dem Rückweg ging er mit Gilda durch das Dorf. Da standen die Leute und starrten ihn an wie ein wildes Tier. Oder sie liefen davon und versteckten sich in ihren Häusern hinter den Fenstern, um ihm neugierig nachzustarren. Einer der Bauern, mit dem er verschiedene Male wegen Wilddiebereien hätte kurzen Prozeß machen können, und den er, seiner Familie wegen, immer mit einer ernsten Vermahnung hatte laufen lassen, stand breitbeinig, die Hände in seinen Taschen, vor seinem Haus. Er hielt eine kurze Tabakspfeife zwischen den Zähnen und glotzte dem Grafen mit frechen Augen ins Gesicht. Dann nahm er die Pfeife aus dem Mund und spie aus.

Das konnte Zufall oder Absicht sein. Graf Harro hielt es für Absicht, und der ohnmächtige Grimm über den Frechling machte sein Antlitz bleich wie das eines Sterbenden.

„Ja, ja, unsereinem wird es zum Verbrechen angerechnet, wenn man aus Versehen einen Hasen schießt. Da soll man gleich eingesperrt werden. Aber die hohen Herren laufen frei herum, wenn sie auch einen Mord auf dem Gewissen haben. Die kleinen Sünder hängt man und die großen läßt man laufen“, sagte der Bauer zu seiner Frau. Harro konnte das zum Glück nicht verstehen, aber er sah es dem Bauern an, daß er eine hämische Bemerkung über ihn machte. Wie demütigend das für den stolzen Mann war.

Er wußte jetzt, wie es war, Spießruten zu laufen.

Mit blassem, gequältem Gesicht kam er zu Hause an.

Er fand auf seinem Schreibtisch die eingelaufene Post, die Komteß Beate für ihn hingelegt hatte. Es waren meist unpersönliche, geschäftliche Schreiben. Nur ein langes, schmales Kuvert war dazwischen, das eine persönliche Note trug und ihn interessierte. Er wog es unschlüssig in der Hand. Das Kuvert trug oben in der linken Ecke einen feinen, schlichten Aufdruck: „Stift St. Marien, Thüringen.“ Und die Handschrift kannte er auch. Das war ein Brief von der Oberin des altadeligen Damenstiftes St. Marien, der Gräfin Salitz-Halm, einer Verwandten seiner Mutter, die mit dieser bis zu ihrem Ende in inniger Freundschaft verbunden gewesen war.

Die Gräfin Salitz-Halm war jedes Jahr einige Wochen zu Besuch seiner Mutter in Treuenfels gewesen, wenn sie sich von ihren Pflichten als Oberin des Stiftes hatte freimachen können. Harro hatte in ihr eine Frau von Geist und großer Herzensgüte verehrt. Er wußte, ihr Wahlspruch war: „Alles verstehen heißt alles verzeihen."

Seit seiner Mutter Tode hatte er sie nicht wiedergesehen. Sie nahm seine Einladungen nicht an, und er wußte, daß sie es Alices wegen nicht getan hatte, deren Wesen ihr unsympathisch gewesen war. Zuweilen, bei festlichen Anlässen, wechselte er kurze Briefchen mit ihr, und da sie Gildas Patin war, erkundigte sie sich zuweilen nach dem Ergehen des Kindes. Seit das Unglück über ihn hereingebrochen war, hatte er nichts mehr von ihr gehört.

Und nun hielt er ein Schreiben von ihr in der Hand. Was mochte sie von ihm wollen? Ehe er es öffnete, vergegenwärtigte er sich das Bild der gütigen, feingeistigen Frau. Er sah sie ganz deutlich vor sich. Die lebhaften dunklen Augen hatten einen Gegensatz zu dem weißen Haar gebildet.

Und das Bild der Oberin vermischte sich mit dem seiner Mutter zu einem einzigen.

Sie war ihm auch immer in einer mütterlich-gütigen Art begegnet. Und alle Menschen, die mit ihr in Berührung kamen, hatten sie gern und verehrten sie. Mit einem tiefen Atemzug öffnete er endlich den Brief. Was mochte er enthalten? Sagte auch sie sich von ihm los? Sicher war doch durch die Zeitungen von allem Kunde gedrungen zu ihr.

Er faltete das Schreiben auseinander und las:

„Mein lieber, lieber Harro! Heute will ich an Dich ein Recht geltend machen – das Recht der besten und treuesten Freundin Deiner Mutter. Sie kann heute nicht bei Dir stehen mit ihrem Trost und ihrer Liebe – und mit ihrem Glauben an Dich. Und ich denke mir, daß Du das gerade in diesen schweren Tagen doppelt nötig brauchen würdest. Laß mich nun an Deiner Mutter Stelle zu Dir sprechen, mein lieber Harro.

Ich habe von allem gehört, was in den letzten Wochen über Dich gekommen ist, und es hat mich geschmerzt, daß ich Dir nicht helfen konnte. Heute vernahm ich nun, daß man Dich freigesprochen hat – freigesprochen aus Mangel an Beweisen.

Was das für einen Mann, wie Du bist, bedeutet, weiß ich. Ich fühle, daß das an Dir fressen und zehren muß. Und deshalb drängt es mich, Dir an Deiner Mutter Statt ein gutes Wort zu sagen.

Verzweifle nicht, mein lieber Harro. Wer Dich kennt, wie ich Dich kenne, der wird nicht einen Moment an Dir zweifeln, wie ich es nicht getan habe. Ich weiß, daß Du schuldlos bist, weiß, daß Du eines feigen Meuchelmordes unfähig bist.

Laß Dich nicht niederdrücken dadurch, daß noch kein Licht in diese so schreckliche Begebenheit kam. Gottes Mühlen mahlen langsam, aber sicher. Er wird Deine Unschuld an den Tag bringen. Vertraue auf ihn. Laß Dich nicht verbittern, mein lieber Harro, und hebe stolz und ruhig Dein Haupt im Bewußtsein Deiner Unschuld.

Leider kann ich nicht vor aller Welt für Dich eintreten, denn ich lebe hier in meinem Stift sehr weltabgeschieden und still. Aber Du sollst wenigstens wissen, daß hier ein altes, treues Herz mit innigen Wünschen für Dein und Deines Kindes Wohl schlägt und unerschütterlich an dich glaubt. Und wenn Du meiner bedarfst, dann rufe mich, und ich eile zu Dir. Kann ich sonst etwas für Dich tun, laß es mich wissen. Ich bin immer bereit, Dir mit allen

Kräften zu helfen. Und wenn Du rückhaltlos jemand Dein Herz ausschütten willst, so schreibe an mich. Ich werde mich immer freuen, von Dir zu hören.

Heute weiß ich Dir nichts mehr zu sagen. Der Brief soll so schnell wie möglich an Dich abgehen, weil ich weiß, daß Du eines Trostes bedarfst.

Gott behüte Dich und mein kleines Patchen Gilda, der ich segnend die Hand auf das blonde Haupt lege.

Kopf hoch, mein lieber Harro, wappne Dich mit dem Stolz der Unschuld und vertraue auf Gott und Dein gutes Recht. Er wird alles wohl machen, des bin ich gewiß. Du gehst jetzt durch eine schwere Prüfungszeit, aber Du wirst sie überstehen und sie hoffentlich bald hinter Dir haben.

Laß bald von Dir hören!

Deine getreue Mutter Anna,
Oberin des Stiftes St. Marien.“

Wie wohl taten ihm diese vertrauenden, überzeugten Worte, nachdem ihn sein Freund Dalheim so deutlich geschnitten hatte. Sah er doch zu seiner Erleichterung, daß nicht alle Menschen an ihm zweifelten. Die Worte der gütigen Frau drangen zu seinem Herzen, als seien es die guten Worte einer Mutter. Er hätte ihr dankbar die Hände küssen mögen, und es drängte ihn, den Brief sogleich zu beantworten.

Dabei fiel ihm ein, daß ihm vielleicht die Oberin eine Erzieherin für seine Tochter empfehlen und beschaffen könne. Durch ihre Stiftsdamen stand sie sicher mit vielen Familien in Verbindung, und sie konnte ihm vielleicht eine passende junge Dame empfehlen. So beantwortete er den Brief.

Im adligen Damenstift St. Marien war an demselben Morgen, da man die Gräfin Alice Treuenfels tot in ihrem Bett aufgefunden hatte, eine außergewöhnliche Unruhe und Aufregung. Die Frau Oberin, Gräfin Salitz-Halm, von ihren Stiftsdamen Mutter Anna genannt, hatte beim gemeinsamen Frühstück im Speisesaal, früher Refektorium der Mönche, als St. Marien noch ein Kloster war, ein Schreiben vorgelesen. Dieses Schreiben war von einer der Stiftsdamen, die momentan nicht im Stift weilte, der Freiin Agnes von Ronach.

Ihre Nichte Griseldis hatte ihr geschrieben und sie gebeten, sofort zu kommen, weil ihr Vater bedenklich erkrankt sei und sie zu sehen wünsche. Agnes von Ronach war sofort diesem Ruf gefolgt, drei Tage später meldete sie der Frau Oberin den Tod ihres einzigen Bruders.

Außer ihrer Nichte Griseldis besaß sie nun keine Verwandten mehr.

Dieses Schreiben lautete:

„Hochverehrte geliebte Mutter Anna!

Ehe ich nach St. Marien zurückkehre, was noch vor Weihnachten geschehen soll, möchte ich Ihnen eine große, innige Bitte ans Herz legen. Mein Bruder, dessen Ableben ich Ihnen meldete, hat keinerlei Vermögen hinterlassen, und seine Pension, von der er mit seiner Tochter lebte, erlischt mit seinem Tode.

Meine Nichte Griseldis ist in einer sehr schlimmen Lage. Sie hat zwar das Lehrerinnenexamen gemacht. Aber davon allein kann sie nicht leben. Die Rücksicht auf ihren kranken Vater hat bisher verboten, eine feste Stellung anzunehmen. Jetzt will sie das natürlich tun. Aber so schnell findet sich nichts für sie.

Wir wollen nun den geringen Nachlaß meines

Bruders verkaufen, damit meine Nichte wenigstens einen Notpfennig hat.

Dadurch ist das Kind zwar die Sorge um die Wohnung los, aber zugleich vom ersten Januar an völlig heimatlos, bis sie eine Stellung gefunden hat. Griseldis ist nun freilich ein beneidenswerter Mensch, sich durch keinen Schicksalsschlag zu Boden werfen zu lassen. Sie hat ihren Vater sehr geliebt, trotzdem dieser ein richtiger alter Nörgelpeter geworden war.

Ich habe meine Nichte von Herzen lieb und bedaure sehr, daß mir die Verhältnisse nicht gestatten, etwas für sie zu tun. Und eine Stellung wird sie leider von heute auf morgen nicht finden. Was soll nun aus ihr werden?

In meiner Sorge um das Kind habe ich an unsere hilfsbereite Mutter Anna gedacht.

Ich möchte Sie bitten, mir zu gestatten, daß ich meine Nichte für einige Wochen mit nach St. Marien bringe, also um die Weihnachtszeit. Griseldis kann in meinem Zimmer auf dem Diwan schlafen. Sie würde keinerlei Umstände verursachen und sich gewiß gern nützlich machen, und scheut keine Arbeit.

Ich weiß wohl, daß wir Stiftsdamen keine langen Besuche empfangen und kein Besuch länger als auf drei Tage bei uns aufnehmen dürfen.

Ich sehe im Geiste, wie Mutter Anna tadelnd sagt: Aber, liebste Ronach, das geht doch nicht?

Und so appelliere ich kühn und zuversichtlich an Ihr gutes Herz und an die Beihilfe all meiner lieben Stiftsschwestern, denen ich meine Bitte ans Herz legen möchte.

Geht es nicht an, daß meine Nichte Griseldis reihum alle Stiftsdamen besucht? Jede derselben müßte ihr ein Anrecht geben, drei Tage ihr Gast zu sein. Natürlich bleibt ihr Lager in meinem Zimmer aufgeschlagen, damit sie niemand lästig wird. Sie ist ein bescheidenes, liebes Ding, ich habe sie lieb, Mutter Anna, und möchte sie nicht ihrem Schicksal überlassen. Sie wird ja bald eine Stellung finden, denn sie eignet sich zur Gesellschafterin, zur Pflegerin oder zur Erzieherin. Nur über die stellenlose Zeit möchte ich ihr forthelfen.

Ich bitte um möglichst baldige Nachricht. Und wie sie auch ausfallen möge, ich weiß, daß Mutter Anna das Ihre tun wird, um einem sorgenbelasteten Menschen nach besten Kräften zu helfen.

In dankbarer Liebe und Verehrung

Agnes von Ronach.“

Als die Frau Oberin diesen Brief vorgelesen hatte, erhob sich unter den achtundzwanzig Stiftsdamen ein aufgeregtes Hin und Her, ein Staunen, Lachen und Bedenken, Zustimmen und ein bedächtiges Abwehren. So leicht war es nicht, diesen aufgeregten Schwarm zu besänftigen, bis sie sich über diesen Brief Luft gemacht hatten. Sie hörte nur Bruchstücke aus der Unterhaltung.

„Das geht doch nicht!“

„Wie denkt sich das die gute Ronach?“

„Das wird ein Spaß.“

„Aber gewagt finde ich das.“

„Es ist unglaublich.“

„Wenn wir nun alle unsere Verwandten so einladen wollten, dann würde das Stift das reine Gasthaus.“

„Du bist zu bedenklich; man muß der guten Ronach helfen.“

„Ich bin dafür, wir hören Mutter Anna.“

„Ja, sie wird das Richtige treffen.“

Diese saß ruhig da, ein feines, gütiges Lächeln um den Mund. Nun richtete sie sich auf.

„Ja, meine Damen, ich allein habe darüber nicht zu entscheiden. Nur möchte ich einiges bemerken. Unsre liebe Ronach ist uns allen immer gern gefällig gewesen, wo sie nur konnte. Und wie ich sie kenne, hat sie sich erst hundertmal bedacht, ehe sie uns mit dieser Bitte kam. Wenn man nun bedenkt, daß da ein elternloses, junges Geschöpf in harter Bedrängnis ist und wir ihr mit gutem Willen leicht helfen können – nun, meine Damen –, wer von Ihnen tut es da nicht gern? Ich als Frau Domina des Stifts habe das Anrecht, mir einen Besuch, weiblichen Geschlechts, auf vierzehn Tage einzuladen. Ich werde also gern die Gelegenheit ergreifen, der guten Ronach auch einmal einen Gefallen zu tun, ihre Nichte auf vierzehn Tage zu mir einzuladen. Und Sie, meine Damen?"

Mutter Anna kannte ihre Schutzbefohlenen und hatte ihre Worte gut gewählt. Da blieb nicht eine verstockt.

Und als sich die Erregung geglättet hatte, erklärten sich alle Stiftsdamen bereit, die junge Freiin Griseldis auf drei Tage einzuladen.

Die Frau Domina rechnete lächelnd aus: Achtundzwanzig mal drei Tage, das sind vierundachtzig Tage. Dazu vierzehn Tage für sie, waren achtundneunzig Tage, und drei Tage durfte Agnes von Ronach ihre Nichte einladen, das machte zusammen hundertundeinen Tag, also reichlich drei Monate.

Mutter Anna schrieb an Fräulein Agnes von Ronach:

„Mein liebes Fräulein von Ronach!

Es freut mich aufrichtig und herzlich, Ihnen mitteilen zu können, daß wir einstimmig beschlossen haben, Ihren Wunsch zu erfüllen. Beifolgend sende ich Ihnen für Ihr Fräulein Nichte die Einladungen sämtlicher Stiftsdamen, die meine mit einbegriffen. Ihr origineller Gedanke hat allgemeinen Anklang gefunden, und wir freuen uns alle, von Fräulein Griseldis besucht zu werden. Die Reihenfolge wird heute nachmittag durch das Los bestimmt. Das gibt wieder eine vergnügte Unterhaltung. Und eigentlich müssen wir Ihnen für einige angenehme Stunden danken.

Ich stelle der jungen Dame gern eins der unbewohnten Zimmer für die Dauer ihrer Anwesenheit, die sich sonach auf drei Monate erstrecken darf, zur Verfügung. Hoffentlich gelingt es ihr in dieser Zeit, eine gute Stellung zu finden. Wir werden uns alle darum bemühen, ihr eine solche zu verschaffen.

Bitte, teilen Sie mir noch den genauen Termin Ihrer Ankunft mit, damit ich Ihnen die Stiftskutsche an den Bahnhof senden kann.

Mit den herzlichsten Grüßen an Sie und Ihr Fräulein Nichte *Ihre Mutter Anna.*"

Griseldis von Ronach stand in dem schon ziemlich leergeräumten Wohnzimmer. Die Möbelträger waren gerade dabei, die letzten Stücke hinauszutragen. Rank und schlank stand das liebreizende Mädchen in ihrem schlichten schwarzen Kleid in dem leeren Raum.

Griseldis atmete tief auf. Sie strich sich über das schimmernde goldblonde Haar, das den feinen Kopf umgab. Die braunen Augen leuchteten, als seien Goldfunken darin gefangen, und der schöngeschnittene Mund, der beim Lächeln die Perlen gleichenden Zähne enthüllte, war entzückend. Ein unvergleichlich schöner Teint, der von gesunder Jugend zeugte, und eine ebenmäßige Gestalt waren die Gaben, die Mutter Natur dem armen Fräulein Griseldis von Ronach verliehen hatte.

Sie besaß noch mehr Reichtümer, ein tapferes, unverzagtes Herz, einen frohen Sinn, eine unerschöpfliche Lebensfrische und die beneidenswerte Gabe, stets mit ihrem Schicksal zufrieden zu sein und immer einen leuchtenden Sonnenstrahl einzufangen, wenn auch der Himmel noch so dicht voll drohender Wolken hing. So war Griseldis dennoch nicht arm zu nennen.

Sie zählte zweiundzwanzig Jahre und hatte sich in ihrem jungen Leben schon hart mit allerlei Sorgen und Nöten herumgeschlagen. Und jetzt zeigte ihr das Schicksal eine besonders drohende Gestalt. Aber sie sah ihm tapfer und unverzagt ins Auge, trotzdem Tante Agnes um sie jammerte.

„Hab doch nur keine Angst um mich, liebes Tantchen“, sagte sie zu ihr, als diese vor lauter Sorge und Bedenklichkeit nicht aus und ein wußte, „ich beiße mich schon durch wie die Maus durch den Speck. Gesund und kräftig bin ich gottlob, arbeiten macht mir Spaß, gleichviel, welcher Art die Arbeit ist, und irgendwo in der Welt wird schon ein Plätzchen für mich sein. Wer weiß, vielleicht hat die Zukunft sogar ein Stückchen Glück für mich bereit. Man muß den Mut nur nicht sinken lassen.“

Von dem Brief, den ihre Tante an die Frau Domina des Stiftes geschrieben, hatte Griseldis keine Ahnung.

Vorhin war nun das Antwortschreiben von Mutter Anna an Agnes von Ronach eingetroffen, und diese hatte sich ins Schlafzimmer zurückgezogen, um den Brief erst einmal durchzulesen. Wenn er eine abschlägige Antwort enthielt, sollte Griseldis nichts davon erfahren. Inzwischen fertigte Griseldis die Möbelträger vollends ab und begab sich in die Küche.

Dann streifte sie die Ärmel ihres schlichten, schwarzen Kleidchens auf. „So, nun wollen wir eine üppige Mahlzeit herrichten. Erster Gang: Kartoffelsuppe; zweiter Gang: Brühwürstchen; dritter Gang: Eierkuchen mit Hindernissen – falls nämlich die Butter zum Backen zu knapp ist. Nun – mehr als drei Gänge gibt es an Wochentagen beim Präsidenten von Sarnow auch nicht. Und Sarnows sind doch mehrfache Millionäre, was ich von mir nicht behaupten kann."

Mit diesen Gedanken machte sich Griseldis an ihre Arbeit, die ihr flott und sicher von der Hand ging, da trat Tante Agnes in die Küche. Sie hatte ganz verweinte Augen.

Griseldis sah sie erschrocken an.

„Tantchen – liebstes Tantchen – was ist dir denn? Warum weinst du?"

Tante Agnes, eine kleine, hagere und etwas verwachsene Person, die aber trotzdem mit ihrem feingeschnittenen Gesicht etwas Vornehmes, Aristokratisches hatte, bemühte sich, ihre Tränen hinunterzuschlucken.

„Erschrick nur nicht, Seldis, es sind nur Freudentränen."

„Freudentränen? – die gönne ich dir von Herzen, mein kleines Tantchen. Andre hast du nun wahrlich genug geweint um meinen lieben alten Papa, und aus Sorge um mich. Darf ich denn wissen, was dir diese Freudentränen erpreßt hat?"

„Ja, du sollst nun alles wissen. Ich schrieb an die Frau Domina unseres Stiftes. Und heute habe ich Antwort erhalten. Und was liegt in diesem Briefe – ich wunderte mich, daß er so schwer war. Da liegen neunundzwanzig Einladungen darin, von allen Stiftsdamen und von der Frau Oberin."

„Einladungen?"

„Ja doch, Seldis, für dich Einladungen nach St. Marien. Jede Stiftsdame ladet dich auf drei Tage ein und die Frau Domina auf vierzehn Tage. Auf drei Monate hast du nun die Berechtigung, in St. Marien bei mir zu weilen. Ist das nicht herrlich?"

Griseldis quirlte nachdenklich in der Kartoffelsuppe. Sie sah die Tante scharf und forschend an.

„Das ist ja sehr – sehr schön, Tante Agnes. Aber – wie sind denn die Damen auf die seltsame Idee gekommen, mich einzuladen?"

Tante Agnes zwang sich zu einer harmlosen Miene.

„Ach weißt du, Seldis, so helfen wir uns immer gegenseitig, wenn wir mal längeren Besuch haben wollen. Ich habe ihnen mitgeteilt, daß ich dich gern für einige Zeit bei mir haben möchte, und da sind denn prompt diese Einladungen erfolgt. Das ist nichts Besonderes."

„O gute Tante Agnes, wie glatt ging diese heilige Lüge über deinen sonst so wahrhaften Mund, nur damit du den stolzen Sinn deiner Nichte nicht demütigen mußtest. Nun, das finde ich sehr schön, daß ihr so einmütig seid."

Tante Agnes atmete froh auf.

„Gewiß, wir streiten auch einmal ein bißchen um Kleinigkeiten. Aber sonst halten wir treu zusammen. Und ich freue mich so sehr, daß ich nun die Angst um deine nächste Zukunft los bin."

Griseldis lächelte. „Armes, kleines Tantchen – daß ich dir auch noch Sorge machte! Also, die Stiftsdamen laden mich wirklich ein?"

„Ja, lies doch nur, wie launig und liebenswürdig die Einladungen alle abgefaßt sind. Ich bin ihnen so dankbar."

Griseldis las einige der Einladungen und lachte.

„Die lieben guten Stiftsweiberchen! Hoffentlich kann ich es ihnen einmal vergelten. Irgendwie will ich mich im Stift auch gern nützlich machen. Weißt du, ich modernisiere den Stiftsweiberchen die ältesten Hüte und Kleider, so daß sie aussehen wie aus der Modezeitung herausgeschnitten, oder ich tue ihnen sonst etwas zuliebe. Und wenn ich, hoffentlich recht bald, eine Stellung finde, dann kaufe ich für mein erstes Gehalt ein Kistchen Konfekt für sie oder sonst etwas Gutes. Übrigens, jetzt dinieren wir – genau wie bei Sarnows – drei Gänge. Da auf dem Küchentisch habe ich schon für uns gedeckt. Im Wohnzimmer könnten wir höchstens auf dem Fußboden essen, und ich glaube nicht, daß wir das können wie die Muselmänner, mit untergeschlagenen Beinen sitzen. Nun lache nur, Tantchen. Das tut unsrer Trauer um Papa keinen Abbruch. Er würde es dir nicht übelnehmen, wenn er selbst auch das Lachen ganz verlernt hatte. So – hier setze dich her. Jetzt trage ich den ersten Gang auf."

„Du goldiger, tapferer kleiner Kerl! Gott erhalte dir deinen frohen Mut. Meine Stiftsschwestern ahnen gar nicht, was sie sich für einen Sonnenstrahl ins Stift geladen haben. Ich muß dich bewundern. Eine andre an deiner Stelle würde weinen und jammern und vor Angst nicht aus und ein wissen. Nicht einmal von deinem Schmerz um den Vater läßt du dich unterkriegen. Und der ist groß, das weiß ich."

Griseldis preßte die Lippen fest zusammen. Aber schnell hatte sie sich wieder in der Gewalt. „Ich habe es Papa fest versprochen, Tantchen, daß ich ihm nicht nachweinen will. Im ersten Schmerz gingen ja die Tränen trotzdem mit mir durch. Aber nun will ich mein Wort halten. Siehst du, Papa war mir viel mehr ein großes Kind als ein Vater – mein Sorgenkind. Ach, was war er manchmal gallig und verbittert, wenn ihn der Jammer um seine ungerechte Verabschiedung packte. Ich mußte mir recht Mühe geben, um sein armes Leben mit einem versöhnenden Schimmer zu umgeben. So lieb sind mir dabei meine Sorgen geworden, daß sie mir nun fehlen werden. Er hat viel, sehr viel gelitten, und es ist mir eher ein Trost als ein Schmerz, daß ich ihn nun aller Sorge und aller Schmerzen ledig weiß. Ich habe mich einmal tüchtig ausgeweint, als Papa seine müden Augen schloß. Aber dann habe ich ihm, ehe sie den Sarg schlossen, leise ins Ohr gesagt: Jetzt bleibe ich tapfer, wie du es gewollt hast, Papa, und nun schlaf ruhig aus. Und weil mir andre Menschen keinen Sonnenschein geben werden, habe ich mir in meinem Innern so eine kleine Fabrik von Sonnenstrahlen zugelegt. So, und nun iß, Tantchen. Findest du nicht, daß Kartoffelsuppe köstlich schmecken kann?"

Tante Agnes kostete lächelnd die Suppe.

„Hm! Ausgezeichnet. Du kochst überhaupt vorzüglich, das habe ich schon oft bemerkt."

„Ja – schade, daß ich mich nicht als Köchin vermieten kann. Da bekäme ich hohen Lohn und ehrfurchtsvolle Behandlung."

„Welch eine Idee, Kind!"

„Schade, daß sie sich für eine Freiin von Ronach nicht verwirklichen läßt. Die Köchin im Sarnowschen Hause nimmt eine Machtstellung ein. Wenn sie schlechte Laune hat, zittert das ganze Haus."

„Vor dir würde aber niemand zittern, weil du, gottlob, nie schlechter Laune bist."

„Oh, die würde ich mir natürlich als Köchin zulegen."

„Hättest du nicht eine andre Stellung bei Sarnows finden können? Sie sind dir doch sehr gewogen, und bei so reichen Leuten kommt es doch nicht so drauf an."

„Nein, Tantchen, das ist nichts für mich. Tilly von

Sarnow war ja gleich nach Papas Tode hier und hat mich herzlich gebeten, zu ihnen zu kommen. Aber ich mochte nicht."

„Nun, eigentlich hättest du das ruhig annehmen können. Sie sind dir doch soviel Dank schuldig, weil du die kleine Ruth Sarnow vor dem Tode des Ertrinkens bewahrt hast. Dein eigenes Leben hast du für das Kind in die Schanze geschlagen."

„Aber Tantchen – sollte ich, eine der besten Schwimmerinnen, dabeistehen, wenn die Schwester meiner besten Freundin am Ertrinken ist?"

„Nein, natürlich nicht. Aber Tatsache ist doch, daß du Ruth von Sarnow nur mit eigener schwerer Lebensgefahr retten konntest."

„Ja doch. Tilly wußte in ihrer Freude nicht, was sie mir antun sollte, als ich ihr die Schwester in die Arme legte. Und ihre Mutter hätte mir am liebsten ein Denkmal gesetzt. Und wenn man sich dann sagen muß, daß dies alles nur geschieht, weil man einer schlichten Menschenpflicht nachgekommen ist, hat man ein unbehagliches Gefühl. Tilly quält mich immerfort, ich soll ihr einen recht großen Wunsch verraten, den sie mir erfüllen könnte, und ihre Mutter tut dasselbe. So boten sie mir gleich nach Papas Tode eine Heimat in ihrem Hause. Tantchen, nicht um die Welt hätte ich das angenommen. Das sähe ja aus, als wollte ich mich dafür bezahlen lassen, daß ich Ruth aus dem Wasser holte."

„Ich muß dir recht geben, Seldis, wenn es auch schade ist, daß du es nicht annehmen kannst."

Am Nachmittag machte Griseldis dann Abschiedsbesuche. Auch im Hause des Landgerichtspräsidenten von Sarnow, und sie wurde sehr herzlich empfangen. Mit Bedauern hörte Tilly, daß Griseldis schon in den nächsten Tagen abreisen wollte.

„Du mußt mir fleißig schreiben, Seldis, wie es dir

geht. Und wenn du im Stift nicht mehr bleiben willst, dann komm zu uns."

Aber Griseldis lehnte herzlich dankend ab und verabschiedete sich.

„Und vergiß nicht, Griseldis, du bist mir noch einen Wunsch schuldig!" rief ihr Tilly noch nach, ehe sie ging.

„Darauf wirst du wohl noch lange warten müssen, Tilly, ich bin absolut wunschlos", antwortete sie.

Griseldis und Tante Agnes hatten nun noch zwei Tage vor sich, um ihre Abreise vorzubereiten. Am Sonnabend morgen wurden die letzten Möbel abgeholt. Einen großen Koffer mit Wäsche und Kleidern gab Griseldis vorläufig zu einem Spediteur. Ihre übrigen Habseligkeiten nahm sie mit nach St. Marien.

Nach einer dreistündigen Reise langten die beiden Damen auf der Bahnstation an, die dem Stift am nächsten lag.

Neben dem Stationsgebäude hielt die ehrwürdige, vor Alter etwas grau gewordene Stiftskutsche. Sie war mit zwei mageren Gäulen bespannt, und auf dem Bock saß im fadenscheinigen Mantel mit ehemals schwarzem, jetzt aber etwas fuchsig gewordenem Pelzkragen Christian, das Faktotum des Stiftes. Er war Kutscher, Gärtner und Pförtner zugleich, und bei besonders festlichen Anlässen mußte er auch den Diener vorstellen in einer von ihm zärtlich behüteten alten Livree, auf die er selbst von seiner alten Militäruniform abgetrennte Litzen aufgesetzt hatte. Auch riesengroße, weiße Handschuhe gehörten zu dieser Livree. Im übrigen war Christian das einzige männliche Wesen, das im Stift wohnte, in dem kleinen Pförtnerhäuschen am Gartentor. Es war auch von Mutter Natur reichlich dafür gesorgt, daß Christian den Herzen der Stiftsdamen nicht gefährlich werden konnte, er war mit seinen Pockennarben, Zahnlücken und der verdächtig blauroten Nase von einer wahrhaft herzerfrischenden Häßlichkeit.

Mit gravitätischer Ruhe saß er auf seinem Bock. Heute war er nur Kutscher und sich bewußt, daß ihm die beiden kostbaren Stiftsgäule anvertraut waren. Da hätte ihn niemand von seinem Posten weglocken können. Und mit seinem ehemals fürstlichen Pelzmantel hätte er um keinen Preis die Gepäckstücke der beiden Damen herbeigetragen. Dafür war der Gepäckträger da.

Tante Agnes hatte Griseldis eine flüchtige Beschreibung von Kutscher und Wagen entworfen, damit sie vorbereitet war.

„Guten Tag, Christian", sagte Tante Agnes freundlich.

Mit Christian standen alle Stiftsdamen auf gutem Fuß, denn man brauchte ihn nun einmal zu allerlei Dingen, für die weibliche Kräfte nicht ausreichten. Und Christian wußte das. Deshalb hielt er auf Würde und vergab sich nichts.

„Das ist meine Nichte, Christian."

Christian sah von der Seite auf Griseldis herab, und ihr junges, lachendes Gesicht zauberte auch um seinen Mund ein freundliches Lächeln.

„So was Junges haben wir lange nicht im Stift gehabt. Aber nun steigen Sie man ein. Meine Gäule sind gewiß ebenso steif geworden wie ich selber", sagte er halb herablassend, halb vorwurfsvoll.

„Ich werde dafür sorgen, Christian, daß Sie von der Köchin einen heißen Grog bekommen, wenn wir heimkommen."

Christians Gesicht wurde ein wenig freundlicher und leutseliger. „Schönchen, gnädiges Fräulein!

Aber bitte, nicht vergessen. Ich werde Sie lieber noch einmal daran erinnern, wenn Sie im Stift aussteigen."

„Das ist nicht nötig, Christian, ich werde daran denken und Tante daran erinnern", sagte Griseldis, mühsam ihren Ernst bewahrend.

Christian griente sie leutselig an. „Hm! Besser ist besser. Aber nun einsteigen, meine Damen."

Der Gepäckträger hatte inzwischen die Koffer aufgeladen, und die Damen stiegen ein. Griseldis fuhr mit einem Jauchzer wieder empor, als sie sich gesetzt hatte. Sie war so tief in die vom Alter gelokkerten Polster gesunken, daß sie schon gefürchtet hatte durchzufallen.

„O du meine Güte", sagte sie lachend, und sank nun etwas vorsichtiger wieder zurück, „das ist ja ein entzückendes Vehikel, Tantchen. Hörst du, wie die Federn quietschen? So ungefähr stelle ich mir die Arche Noah vor. Die Federn liefern das schönste Konzert."

„Treibe deinen Spott nicht mit so geheiligten Dingen, wie unsre Stiftskutsche es ist, Seldis."

„Spott? Ach nein, Tantchen, das ist wirklich kein Spott. Ich bin ganz ehrlich entzückt. So lieb und traulich ist das alles, selbst Christian einbegriffen. Ich wette, hinter seiner rauhen Schale verbirgt sich ein edler Kern."

„So unbedingt möchte ich doch nicht auf Christians Edelmut schwören. Dem mußt du schon mit einem Glas Grog, einem Päckchen Tabak oder einigen Zigarren auf die Beine helfen. Sie brauchen aber nicht sehr gut zu sein, die Zigarren. Aber dann ist er auch großartig – dieser Edelmut."

„Das will ich mir merken, Tantchen. Aber nun sieh nur den Thüringer Wald im Winterkleid – das ist, um poetisch zu werden. Herrgott – und da drüben auf dem Berg die Burg – wie wunder-wunderschön! Was ist das für eine Burg, Tantchen?“

Auch Tante Agnes sah hinüber zu dem Berg. „Das dachte ich mir, daß dich dieser Blick entzücken würde. Die Wartburg ist es, Seldis.“

„Wie ist die Welt so schön, Tante Agnes“, sagte sie endlich leise und innig. „Da hinauf möchte ich wohl einmal steigen. Wie weit ist wohl der Weg bis dahin?“

„Immerhin gut drei Stunden, Kind. Und jetzt im Winter über die verschneiten Wege kannst du unmöglich zur Wartburg hinauf. Wir machen jedes Jahr um die Pfingstzeit vom Stift aus einen gemeinsamen Ausflug nach der Wartburg. Dafür haben wir eine sogenannte Strafkasse. Wer zu spät zu Tisch kommt oder dergleichen, der muß einen Strafgroschen in die Kasse zahlen. Und der Inhalt dieser Strafkasse wird zu einem Ausflug nach der Wartburg verwendet. Mutter Anna, die einiges Vermögen hat, hilft dann immer durch eine freiwillige Spende nach, damit es gut reicht.“

Es dauerte etwa eine gute Stunde, bis das Stift erreicht war. Und als die Kutsche hielt und die Damen ausstiegen, erschienen an vielen Fenstern die neugierigen und erwartungsvollen Gesichter der Stiftsdamen. Christian war schneller vom Bock herunter, als es sich mit seiner Würde vertrug. Er sah die beiden Damen erwartungsvoll an.

„Tantchen, vergiß den Grog nicht – du weißt, wegen des Edelmutes“, sagte Griseldis lächelnd.

Tante Agnes rief in die Küche hinein, die im Erdgeschoß lag:

„Line – einen steifen Grog für Christian, er ist ganz durchfroren!“

„Hab’ mir’s schon gedacht, gnädiges Fräulein. Das läßt sich der Christian nicht entgehen.“

Griseldis sah sich mit großen Augen entzückt in dem alten Kloster um. Nachdem sie einen schmalen Hausflur passiert hatten, gelangten sie auf eine ziemlich große Diele. Hier empfing sie Mutter Anna mit ihrer freundlich gütigen Würde und begrüßte sie herzlich. Griseldis verlor im ersten Augenblick ihr Herz an diese schöne alte Dame. Sie beugte sich über die gereichte Hand und küßte sie.

Wohlgefällig sah Mutter Anna in das schöne Mädchengesicht.

„Das wird uns alten Frauen guttun, so ein junges Blut in unserer Mitte", sagte sie lächelnd.

Tante Agnes sah ängstlich nach der Treppe.

„O liebe, verehrte Mutter Anna, wenn das Fräulein von Hagedorn und die Baronesse Ristau hören, daß sie unter die alten Frauen gerechnet werden."

„Nun, die beiden Damen kann ich ja ausnehmen. – Aber Sie und ich, meine liebe Ronach, rechnen uns doch freiwillig unter die alten Frauen."

Tante Agnes lachte leise. „Der Not gehorchend, nicht dem eigenen Triebe, Mutter Anna."

„Das ist wirklich ein passendes Zitat. Aber nun will ich Sie hier nicht länger aufhalten. Sie führen Fräulein Griseldis selbst nach ihrem Zimmer, liebe Ronach. Ich habe das für Sie bereitmachen lassen, das dem Ihren direkt gegenüber liegt. Griseldis – ich darf Sie doch so nennen?"

„Es wird mir eine Ehre sein, Frau Domina."

„Nein – Mutter Anna, wenn ich bitten darf. Das möchte ich auch Ihnen sein."

Welch ein entzückendes Geschöpf. Sie wird es nicht leicht haben da draußen in der Welt. Für arme Mädchen ist Schönheit ein Danaergeschenk, dachte sie, als sie davonging.

Als Griseldis mit ihrer Tante allein war, preßte sie deren Arm fest an sich.

„Tantchen – das ist eine goldige, alte Dame, eure Mutter Anna. Wundervoll sieht sie aus mit ihrem schönen weißen Haar. Ich freue mich, daß ich eine Weile hier im Stift bleiben darf. Was ist dies für ein schöner, alter Bau! Nun weiß ich doch auch einmal, wie es hinter Klostermauern ist. Wie lange haben denn die Mönche in St. Marien gewohnt?"

„Bis 1806. Seitdem ist es Damenstift geworden."

„Wie interessant mir das alles ist, Tantchen."

„Ach, Kind, es wird dir bald langweilig werden. Das Leben in unserem Stift ist sehr eintönig."

„Mir wird es bestimmt nicht eintönig werden. Und langweilen werde ich mich ganz sicher nicht."

Eine Stunde später war Griseldis allen Stiftsdamen vorgestellt.

Sie stattete allen ihren herzlichen und aufrichtigen Dank für die liebenswürdige Einladung ab.

Und Griseldis' sonnige Art, ihre schöne Erscheinung und ihre liebliche Bescheidenheit siegten auf der ganzen Linie.

Griseldis brachte Sonnenschein in das stille, graue Haus. Es war, als rege sich in den alten Fräulein leises Erinnern an die eigene Jugend, da sie noch mit vollen Segeln und heimlicher Erwartung ins Leben hinausgesteuert waren. Und dies junge Mädchen weckte in ihnen das Bewußtsein, daß sie im Grunde hier im Stift ein beneidenswertes Leben führten.

Da war zuerst der interessante alte Bau selbst, in dem sie alle ein friedliches Heim gefunden hatten. Griseldis hatte ihn bald vom Keller bis zum Boden durchstreift und entdeckte täglich neue Schönheiten. So lernten diese ihr Heim durch sie erst richtig kennen.

Und dann das gute Essen im Stift! Vom Frühstück

an bis zu dem vorzüglichen Abendessen war alles qualitativ und quantitativ hervorragend.

Der schöne, alte Kreuzgang, in dem man auch bei Regenwetter im Freien spazierengehen konnte, der große, mit alten Bäumen bewachsene Garten, der im Sommer ein Paradies sein mußte, die köstliche, nervenstärkende Stille, die ozonreiche, gute Luft und das gemütliche und behagliche Zusammenleben unter dem milden Zepter der gütigen Mutter Anna, das waren alles Dinge, die erst Griseldis für die alten Damen als beneidenswerte Schätze entdecken sollte.

All die Stiftsdamen, die ihr Friedensasyl mit unzufriedenen oder resignierten Blicken betrachtet hatten, sich sehr bemitleidenswert vorkamen, machten nun erstaunt die Augen weit auf, wenn Griseldis ihnen sagte, wie glücklich und beneidenswert sie sich fühlen müßten.

Sie legten die resignierten Mienen ab und machten ganz vergnügte Gesichter. Dann sorgte Griseldis auch für allerlei Beschäftigungen. Auch richtete sie den alten Damen hübsche neue Handarbeiten ein.

Kurzum, Griseldis wurde zum Segen für das ganze Stift, und es war in den grauen Mauern noch nie so vergnügt zugegangen.

Mutter Anna sah staunend und bewundernd, welche Segenskraft von diesem jungen Mädchen auf ihre ganze kleine Herde ausströmte. Sie spürte es nicht zum wenigsten an sich selbst, denn sie hatte, während sich das furchtbare Drama im Schloß Treuenfels abgespielt hatte, Aufregungen gehabt, die Sorge um des Grafen Harro Geschick bedrückte ihr Herz. Und weil sie diese Last auf ihrer Seele nicht allein tragen konnte, weihte sie Griseldis von Ronach in all ihren Kummer ein.

Diese weilte oft bei Mutter Anna. Und in diesen Stunden kamen sich die beiden Damen sehr nahe.

Sie fühlten, daß sie verwandte Seelen waren und einander volles Verständnis entgegenbrachten. Was Mutter Anna mit keiner ihrer Stiftsdamen hätte besprechen mögen, das vertraute sie Griseldis an. So lernte die junge Dame durch die Berichte der Mutter Anna alle die Menschen kennen, die in Treuenfels lebten und gelebt hatten.

Auch die Fotografien dieser Menschen zeigte sie Griseldis. So sah diese im Bilde Graf Harro Treuenfels, seine schöne Gemahlin, sein kleines Töchterchen und die Mutter des Grafen. Nur von Komteß Beate besaß Mutter Anna kein Bild, und die alte Dame sprach auch nur ganz flüchtig von Beate.

Griseldis vertiefte sich in die edlen Züge des Grafen, während Mutter Anna ihr eine Schilderung seines Charakters gab und einige Episoden erzählte, die seine große Herzensgüte und strenge Wahrhaftigkeit und Ehrenhaftigkeit illustrierten. Und das Herz des jungen Mädchens sprach für den so schwerer Schuld angeklagten Mann. Nein, das konnte kein Mörder sein. Sie fieberte gleich der alten Dame in Erwartung der Verhandlung und las mit brennendem Eifer jedes Wort, das über diese Angelegenheit in der Zeitung stand.

Inzwischen war der größte Teil der hundert Tage vergangen, die Griseldis im Stift verleben durfte. Und die Stiftsdamen und Mutter Anna sahen dem Ende dieser Tage mit größerer Betrübnis entgegen als Griseldis selbst.

Eine Stellung hatte Griseldis trotz eifriger Bemühungen noch nicht gefunden. Dieses und jenes Anerbieten war ihr wohl gemacht worden, aber die Stiftsdamen protestierten jedesmal. Griseldis sollte nur eine sehr gute Stellung annehmen, die Garantie bot, daß das Kind gut untergebracht war. Am liebsten hätte man sie überhaupt nicht wieder fortgelassen, und es wurden die abenteuerlichsten Pläne ersonnen, um ihr ein Bleiben in St. Marien möglich zu machen. Sie hatten schon beschlossen, bei Mutter Anna anzufragen, ob sie nun Griseldis nicht reihum wieder von neuem einladen könnten. Aber dagegen protestierte Griseldis.

„Nein, meine lieben, verehrten Damen, das geht nicht. Ich werde hier im Stift von allen Seiten so verzärtelt und verwöhnt, daß ich einfach untauglich werde zum Kampf ums Dasein. So gut habe ich es ja mein Lebtag nicht gehabt wie hier. Und kurz und gut – ich nehme die nächste Stellung, die sich mir bietet, unbesehen an. Halte ich es gar nicht aus in dieser Stellung – unter Menschenfresser werde ich ja hoffentlich nicht gleich geraten –, dann schreibe ich einen Jammerbrief an meine dreißig Vizemütter und bettle um eine neue Einladung. Das verspreche ich feierlichst. Aber erst muß ich einmal meine Schwingen regen. Und mit frohem Mut und gutem Willen werde ich schon ein Stückchen vorwärtskommen."

So sagte Griseldis bestimmt und hatte dann ihre liebe Not, ihre Stiftsweiberchen zu trösten und wieder aufzuheitern.

So standen im Stift St. Marien die Dinge an dem Tag, da Graf Harro aus Mangel an Beweisen freigesprochen wurde.

Mutter Anna war außer sich. Sie wußte, was dieser bedingte Freispruch für Demütigungen und Schmerzen für Graf Harro im Gefolge haben mußte und war trostlos, daß sie ihm nicht helfen konnte. So fest und sicher hatte sie an seine völlige Freisprechung geglaubt. Sie weinte herzbrechend, und Griseldis mußte sie trösten.

Gleich Mutter Anna war auch Griseldis von Graf Harros Unschuld überzeugt. Ihr war, als kenne sie ihn genau, und ihr junges Herz hatte energisch für ihn Partei ergriffen. Sie hätte ihm helfen und ihn trösten mögen, wenn sie nur ein Anrecht darauf gehabt hätte.

Woher ihr der unbedingte Glaube an Graf Harros Unschuld kam, wußte Griseldis nicht. Sie mußte viel, sehr viel an diesen ihr doch ganz fremden Mann denken. Im Geiste sah sie, wie der frohe, übermütige Glanz in seinen Augen erloschen war. Solche Erlebnisse gehen nicht spurlos an einem Menschen vorüber. Das wußte sie.

Und dann kam zwei Tage später der Brief des Grafen Harro an Mutter Anna mit der Bitte, ihm eine deutsche Erzieherin für seine Tochter zu engagieren.

Als Mutter Anna den Brief gelesen hatte, sah sie sinnend vor sich hin. Wie seltsam! Ist das Zufall oder Schicksalsfügung? Ich denke, die gewünschte Erzieherin für deine Tochter ist schon gefunden, mein lieber Harro. Und weiß Gott, eine vortrefflichere als unsere liebe Griseldis könnte ich dir nicht finden, so lange ich auch suchen würde.

Und mit Lebhaftigkeit sprang sie auf und klingelte. Eine Dienerin trat ein.

„Berta – rufen Sie mir Fräulein von Ronach hierher. Ich lasse sie bitten, sofort zu mir zu kommen."

Die Dienerin verschwand. Und wenige Minuten später trat Griseldis bei Mutter Anna ein. „Sie haben mich rufen lassen, Mutter Anna. Hier bin ich."

„Ja, Kindchen – ich habe etwas von Wichtigkeit mit Ihnen zu besprechen. Wenn nicht alles täuscht, habe ich eine passende Stellung für Sie gefunden – vorausgesetzt natürlich, daß Sie dieselbe annehmen wollen."

„Das will ich gewiß, Mutter Anna. Ich habe doch gesagt, die nächste Stellung, die sich mir bietet, nehme ich ohne Bedenken an."

„Sie sollen sich reiflich bedenken. Kommen Sie, setzen Sie sich zu mir. Die Stellung, von der ich spreche, würde Sie in das Haus eines Mannes führen, dem, vielleicht für alle Zeit, ein schlimmer Makel anhaftet."

Griseldis hatte sich niedergelassen und sah die alte Dame an. Sie war ein wenig blaß geworden, sie erfaßte sofort, von wem die alte Dame sprach. „Mutter Anna – ist es das Haus des Grafen Treuenfels?" fragte sie hastig.

„Ja, Griseldis. Graf Treuenfels sucht eine Erzieherin für sein Töchterchen – eine Persönlichkeit, die imstande ist, dem Kind die Mutter zu ersetzen. Er bittet mich, ihm eine geeignete Dame für diese Stellung zu empfehlen. Ich könnte sehr günstige Bedingungen für Sie ausmachen – vorausgesetzt, daß Sie diese Stellung annehmen wollen."

Griseldis preßte die Handflächen fest zusammen und sah vor sich hin. Sichtlich zögerte sie. Sie fühlte, daß sie etwas Starkes, Zwingendes, Unerklärliches zu diesem Mann zog, der unter einem schweren Schicksal litt, dessen edle Züge einen so tiefen Eindruck auf ihr junges Herz gemacht hatten. Es war etwas in ihr, das ihr zurief: „Begib dich nicht in Gefahr, in der du vielleicht umkommen wirst."

Da sie mit ihrer Antwort zögerte, sagte die alte Dame nach einer Weile:

„Ich verstehe, liebes Kind, daß Sie sich das reiflich bedenken wollen. Ich will Ihnen in keiner Weise zureden. Aber vielleicht lesen Sie einmal diesen Brief des Grafen Treuenfels an mich. Es stehen keine Geheimnisse darin – wenigstens nicht für Sie, die sie in diesen Wochen all meine Angst und Sorge um den jungen Mann kennengelernt haben. Bitte, lesen Sie den Brief durch. Und ich sage Ihnen nur eins: Die Aufgabe, die Ihnen hier gestellt würde, ist groß und schwierig – aber auch schön. Ich halte Sie dieser Aufgabe völlig gewachsen. Hier gilt es, einem mutterlosen Kind die Mutter zu ersetzen und es so zu erziehen, daß es später vielleicht ein schweres Schicksal zu ertragen vermag – das Schicksal, die Tochter eines Verfemten, Geächteten zu sein. Für ganz Treuenfels könnten Sie zum Segen werden, wie Sie es in der kurzen Zeit uns allen hier geworden sind. Ich wünsche es dem Ärmsten, daß ihm so ein heller, warmer Sonnenstrahl ins Haus fällt, der auch ihn ein wenig aufheitern kann. So, Griseldis, weiter habe ich Ihnen nichts zu sagen. Nun lesen Sie diesen Brief. Nehmen Sie ihn mit auf Ihr Zimmer, und bedenken Sie alles sehr reiflich. Dann wollen wir alles mit Ihrer Tante besprechen."

„Sie müssen nicht glauben, Mutter Anna, daß ich Bedenken habe, in das Haus Treuenfels zu gehen, weil ich an seiner Schuldlosigkeit zweifle. Das wissen Sie, daß ich das nicht tue. Ich möchte mich nur erst selbst prüfen, ob ich den Anforderungen entspreche, die Graf Treuenfels an die Erzieherin seiner Tochter stellt."

„Sie finden all seine Wünsche in diesem Brief, liebe Griseldis."

Griseldis ging auf ihr Zimmer. Sie war so erregt, daß ihre Hand, die den Brief hielt, leise zitterte. Warum – das wußte sie selbst nicht. Ihr war zumute, als sei eine Schicksalsstunde für sie gekommen, in der sich ihr Geschick erfüllen würde. Jedenfalls war ein ängstliches Zagen in ihr, wie sie es noch nie gekannt hatte.

Sie las langsam und bedächtig den Brief durch, und als sie ihn zu Ende gelesen hatte, war alles Zagen verschwunden. Ein starker Eifer war in ihr erwacht – ein zwingender Drang. Ja, sie wollte nach Treuenfels gehen, wollte diesem Mann, der ein so schweres Schicksal trug, die Sorge um sein Kind abnehmen. Froh fühlte sie die Kraft in sich, die ihr gestellte Aufgabe zu lösen. Sie wollte die kleine Komteß so erziehen, daß sie ihrem Vater später einmal tapfer und unverzagt zur Seite stehe, wie sie ihrem verbitterten Vater zur Seite gestanden hatte.

Nicht umsonst sollte er sich an Mutter Anna gewandt haben. Das war eine große, herrliche Aufgabe für sie, in der sie alle Kräfte einsetzen, wo sie segensreich wirken konnte.

Und so ging sie ohne weiteres Zögern zu Mutter Anna.

„Ich will nach Treuenfels gehen, Mutter Anna, wenn Sie meinen, daß ich leisten kann, was man dort von mir verlangt."

„Bravo, liebe Griseldis! Ja, ich glaube, daß Sie die geeignete Persönlichkeit sind für diesen Posten, glaube, daß Sie ein gütiges Geschick hierhergeführt hat, damit Ihre Schritte nach Schloß Treuenfels gelenkt werden. Das ist Gottes Fügung, und er wird wissen, weshalb er alles so eingerichtet hat. Aber nun will ich gleich Ihre Tante holen lassen, damit wir alles mit ihr besprechen. Und dann will ich an Graf Harro schreiben."

Tante Agnes kam auf den Ruf der Oberin.

Sie war nicht wenig erschrocken, als sie vernahm, in wessen Haus Griseldis eine Stellung annehmen sollte. Ihr war, als müsse sie Griseldis davon abraten. Aber zugleich dachte sie bekümmert daran, daß in wenigen Tagen die Frist für Griseldis im Stift abgelaufen sein würde, und daß diese noch kein anderes Engagement gefunden hatte.

Und so gab sie endlich ihre Einwilligung. Bei Tisch wurde dann auch den Stiftsdamen mitgeteilt, daß Griseldis eine Stellung gefunden hatte und bei wem.

Da gab es zuerst sehr bestürzte und traurige Gesichter und viele Proteste und Einwendungen.

Ja, die Stiftsdamen von St. Marien hatten in diesen hundert Tagen in ihren Herzen entdeckt, was in jedem Weib schläft – das Gefühl der Mütterlichkeit. Und dieses Gefühl ließ sie nicht mehr los, und sie wollten, wie rechte Mütter, für ihr Kind ein möglichst sorgenfreies Schicksal haben.

Das ging nicht ohne ein aufgeregtes Durcheinander ab.

Aber auch hier wußte Mutter Anna dann die rechten Worte zu finden. Sie hielt eine ergreifende Rede, sprach in warmen Worten von dem harten, unverdienten Schicksal des Grafen Treuenfels und von seinem reizenden, schuldlosen Kind, dem Griseldis eine Mutter sein sollte.

Griseldis hatte all das Für und Wider keinen Augenblick wankend gemacht. Sie war nur tief gerührt durch den zärtlich sorgenden Eifer, mit dem die Damen ihr Schicksal berieten und ging reihum, um ihre Vizemütter herzlich zu umarmen und ihnen zur Erheiterung und Beruhigung ein wenig lieben Unsinn vorzuplaudern.

Um den alten Damen auch ein Recht einzuräumen, beriet nun Mutter Anna mit ihnen, unter welchen Bedingungen Griseldis die Stelle antreten sollte.

Tante Agnes mußte zugeben, daß in materieller Beziehung eine bessere Stelle für ihre Nichte nicht gefunden werden könne. Sie kam in einen großen, vornehmen Haushalt und würde es in jeder Beziehung gut haben. Mutter Anna bürgte für eine außerordentlich gute Behandlung und schilderte die kleine Komteß wahrheitsgemäß als ein liebes, anschmiegendes Kind.

Schließlich konnte ja auf Griseldis kein Schatten

von dem Makel fallen, der auf Graf Treuenfels ruhte. Die Dehors waren auch gewahrt durch die Anwesenheit der Komteß Beate, die dem Hauswesen des Grafen vorstand. Und sonst – nun – würde sie sich in Treuenfels schon ihr Leben zimmern.

So fanden sich schließlich alle mit dem Gedanken ab, daß Griseldis nach Schloß Treuenfels gehen würde. Nur an den Abschied durften sie noch nicht denken. Da mußte Griseldis noch reihum trösten.

Mutter Anna aber schrieb sogleich an Graf Treuenfels:

„Mein lieber Harro!

Es trifft sich gut, daß ich zufällig in der Lage bin, Dir sofort eine Erzieherin für Dein Töchterchen zu empfehlen, wie Du sie wohl nicht besser finden könntest. Da weilt seit einiger Zeit die junge Freiin Griseldis von Ronach, die Nichte einer meiner Stiftsdamen, in St. Marien. Sie sucht eine ähnliche Stellung, weil sie vor einigen Monaten ihren Vater, einen pensionierten Major, verloren hat und nun darauf angewiesen ist, sich ihr Brot zu verdienen.

Griseldis hat in ihrem jungen Leben noch nicht viel gute Tage gesehen. Sie ist arm und heimatlos. Trotzdem ist sie ein Geschöpf voll Lebensfrische, Tapferkeit und unverzagter Munterkeit. Du könntest wirklich lange suchen, bist Du ihresgleichen fändest.

Sie wird Deinem Kind eine liebevolle Pflegerin, eine gewissenhafte Erzieherin sein. Ihr sonniges Naturell hat es sogar fertiggebracht, meine Stiftsdamen zu zufriedenen, vergnügten Geschöpfen zu machen. Nun werde ich sie zu Dir schicken, mein lieber Harro, für Dein Kind. Möge Segen sie auch über Deine Schwelle begleiten. Sie ist genau über alles orientiert, was Dir begegnet ist. Auf meine Anfrage war sie sofort bereit, die Stellung in Deinem Hause anzutreten. Ich habe mir erlaubt, ihr ein anständiges Gehalt auszusetzen in Deinem Namen und setze als selbstverständlich voraus, daß sie in Deinem Haus eine angenehme Stellung finden wird.

Griseldis von Ronach ist zweiundzwanzig Jahre und sehr hübsch, um nicht zu sagen schön. Sie besitzt eine seltsam erfrischende Macht über Menschenherzen. Keine von meinen Stiftsdamen hat sich dem Zauber ihrer Persönlichkeit entziehen können, und Deine Gilda wird schnell ihr kleines Herz an sie hängen. Daß Griseldis mit Lust und Liebe an ihre Aufgabe gehen wird, dafür kann ich mich verbürgen.

Daß Beate in Deinem Haus weilt, ist mir für Griseldis lieb, obwohl ich von Deiner Ritterlichkeit überzeugt bin. Ich weiß, daß sie in Deinem Haus vor allem unter Deinem sicheren Schutz steht.

Bitte, sende mir sogleich Nachricht, ob Du einverstanden bist, und wann die junge Dame eintreffen soll.

Mit herzlichen Grüßen für Dich, mein lieber Harro, verbleibe ich *Deine getreue Mutter Anna.*"

Harro von Treuenfels saß mit seiner kleinen Tochter und Beate am Frühstückstisch, als Heinrich die Posttasche brachte, in der unter anderem der Brief Mutter Annas enthalten war.

Diesen Brief öffnete er zuerst, während er die anderen für später beiseite legte.

„Du erlaubst, Beate. Der Brief ist von der Gräfin Salitz-Halm."

Beate beschäftigte sich mit Gilda, während ihr Vater den Brief las.

„Ich hatte die Gräfin gebeten, mir, wenn möglich, eine Erzieherin für Gilda zu beschaffen. Sie schreibt mir nun, daß sie zufällig in der Lage ist, mir gleich eine solche in Vorschlag bringen zu können. So braucht Gilda nicht lange ohne Erzieherin zu sein."

Beate fühlte selbst, daß sie wenig Talent und Geduld zur Erzieherin hatte und war sehr damit einverstanden, daß ihr dieses Amt wieder abgenommen wurde. „Hoffentlich hat die Gräfin eine gute Wahl getroffen", sagte sie.

„Ich kann dir vorlesen, was die Gräfin über die junge Dame schreibt", erwiderte Harro und las die betreffenden Stellen vor.

In ihrem Gesicht malte sich eine keineswegs freudige Zustimmung, als davon die Rede war, daß Griseldis von Ronach jung und schön sei.

Solch eine Persönlichkeit sah sie nicht gern in der Nähe ihres Vetters. Das konnte ihrem Plan, die zweite Frau des Grafen Harro zu werden, vielleicht hinderlich sein.

„Zweiundzwanzig Jahre ist die Dame erst alt, Harro", sagte sie zögernd. „Das ist doch wohl zu jung für eine so verantwortliche Stellung."

Harro ließ seinen Blick auf dem Brief ruhen, den er noch in der Hand hielt. Sein Blick fiel auf den Namen Griseldis. Er gefiel ihm sehr, dieser Name. Die rührende Sage von jener Griseldis fiel ihm ein, die der Markgraf Walther Saluppo zur Gattin gewählt und dann auf eine so grausame Probe gestellt hatte.

Griseldis!

Er hob langsam die Augen von diesem Namen und sah in Beates Gesicht. Es erschien ihm wenig schön, dieses harte, fast männliche Antlitz mit der zu großen Nase. Es mußte angenehm sein, wenn ihm bei Tisch noch ein anderes junges und schönes Antlitz entgegenblickte.

„Ich habe der Gräfin geschrieben, daß ich eine noch jugendliche Erzieherin für meine Tochter haben möchte. Dies Alter scheint mir gerade recht. Gilda soll in ihrer Erzieherin zugleich eine junge Gesellschafterin haben. Sie wird eine solche recht nötig brauchen in unserem stillen Treuenfels. Jedenfalls bin ich überzeugt, daß mir die Gräfin die junge Dame nicht so warm empfohlen hätte, wenn sie ihr für diesen Posten nicht geeignet erscheinen würde."

„Ich wäre doch mehr dafür, Harro, wenn eine ältere, erfahrenere Person ins Haus käme. Man kann sich auf ein so junges Ding nicht unbedingt verlassen. Und wo bleibt die Autorität, wenn sie mit Gilda scherzt und lacht?"

Harro blickte wie magnetisch angezogen wieder auf den Namen Griseldis.

„Oh, es gibt eine Autorität der Liebe. Die wünsche ich mir für Gilda. Selbstverständlich werde ich die Erziehung meiner Tochter sorgfältig überwachen und werde mich erst überzeugen, ob ich Gilda der jungen Dame unbesorgt überlassen kann. Ich muß sie erst kennenlernen und ihre Fähigkeiten prüfen, ehe ich ihr Gilda völlig anvertraue. Im übrigen kann ich mich wohl auf den Scharfblick der Gräfin verlassen, die viel Menschenkenntnis besitzt. Du kannst also ganz unbesorgt sein."

Beate senkte die Augen, um das unruhige Funkeln derselben zu verbergen. Noch ehe sie Griseldis gesehen, fühlte sie eine starke Abneigung gegen sie und hätte gern um jeden Preis die Anstellung der jungen Dame verhindert.

„Ich meine doch, du müßtest dir die junge Dame erst einmal ansehen, ehe du sie fest anstellst. Oder vielleicht genügt es, wenn ich sie mir ansehe. Ich bin gern bereit, dir das abzunehmen und nach St. Marien zu reisen. Das ist unverbindlicher, als wenn wir sie hierherkommen lassen", sagte sie. Und natürlich nahm sie sich vor, die Anstellung Fräulein von Ronachs zu hintertreiben.

Aber Harro schüttelte energisch den Kopf.

„Ich danke dir, Beate, aber das halte ich nicht für nötig. Die Gräfin kennt die junge Dame länger und besser, als es dir bei einem so flüchtigen Besuch möglich wäre. Die Gräfin ist eine kluge, scharfblikkende Frau und würde mir die junge Dame nicht empfehlen, wenn irgendwelche Bedenken zu berücksichtigen wären."

„Du wirst mich eigensinnig schelten, Harro, aber ich habe ein Gefühl, als müsse ich dir abraten von dieser Anstellung. Es wäre meines Erachtens nach besser, wenn du eine bürgerliche Erzieherin für deine Tochter wähltest. Eine Freiin von Ronach tritt sicher sehr anspruchsvoll auf und will schließlich ganz als Dame gelten."

„Aber liebste Beate – ich verstehe dich nicht. Ich will die Erzieherin meiner Tochter, die ihr eine Mutter ersetzen soll, ganz gewiß als Dame respektieren und ihr gern alle Rechte einer solchen einräumen. Eine Erzieherin ist doch kein Dienstbote."

„Dann allerdings – dann sind meine Bedenken grundlos. Aus der Art, in der du mit Mademoiselle Perdunoir umgingst, konnte ich nicht annehmen, daß du auf diesem Standpunkt stehst."

„Mademoiselle war eben keine Dame. Sie stellte sich selbst auf eine Stufe mit der Kammerzofe und hat mir nie genügt als Erzieherin meiner Tochter."

„Dann waren also meine Einwände grundlos und ich bescheide mich", sagte sie anscheinend ruhig.

Aber Harro merkte doch, daß sie aus irgendeinem Grunde nicht mit ihm einverstanden war. Er hatte ihr jedoch bisher wenig Einfluß auf seine Entscheidungen gestattet. Er sagte nur artig:

„Ich danke dir jedenfalls, Beate, daß du diese Angelegenheit so wichtig nimmst. Ich werde der Gräfin schreiben, daß Fräulein von Ronach sofort ihr Amt antreten kann und bitte dich, dafür zu sorgen, daß die beiden Zimmer, die Mademoiselle Perdunoir bewohnte, für Fräulein von Ronach instand gesetzt werden."

Harro wandte sich nun seinem Töchterchen zu.

„Hast du gehört, Gilda? Du wirst wieder eine Erzieherin bekommen."

Gilda sah von ihrer Schokolade auf, mit der sie sich befaßt hatte. Ihre tiefblauen Augen sahen zärtlich in des Vaters Gesicht.

„Muß das sein, Papa?"

„Ja, mein Kind."

„Ach, ich fand es viel schöner ohne Erzieherin. Wir brauchen doch keine."

„Doch, Gilda, du mußt doch lernen und erzogen werden."

„Hm! Warum kannst du mich nicht lieber erziehen?"

„Soviel Zeit habe ich nicht."

„Oh, dazu brauchst du nicht viel Zeit. Du sagst mir einfach – tue das und tue das und fertig."

Er streichelte lächelnd ihr goldiges Haar, das er so sehr liebte.

„So einfach ist das nicht, Gilda. Und gib acht, Fräulein Griseldis wird sehr lieb zu dir sein."

„Fräulein Griseldis? Was das für ein komischer Name ist, Papa. So heißt hier niemand – auch im Dorf nicht."

„Nein, er ist sehr selten, dieser Name, aber sehr schön."

Beates Mund zuckte bei diesen Worten, und sie preßte die Lippen fest aufeinander.

„Wird mich Fräulein Griseldis auch schelten, wie Mademoiselle, wenn ich mal nicht still sein will, wenn sie in den greulichen, gelben Büchern liest?" forschte Gilda weiter.

„Ich hoffe, Fräulein Griseldis liest keine greulichen, gelben Bücher und schilt nur, wenn du unartig bist."

Beate zog das Kind in Zärtlichkeit auf ihren Schoß und drückte sie an sich.

„Mein armes Kleinchen! Du bist mein süßes, liebes Kind."

Diese machte sich aber unbehaglich los.

„Au, Tante Beate, warum hältst du mich so fest? Du tust mir weh. Und du mußt nicht armes Kleinchen zu mir sagen. Ich habe doch meinen lieben Papa, da bin ich kein armes Kleinchen."

Trotz ihres Protestes küßte Beate das Kind noch einmal und sah Harro dabei an. Gilda rang sich los und sprang davon. Da sagte die Komteß wie aus dem tiefsten Herzen hervor:

„Sie ist ein süßes Geschöpf. Ich liebe sie unaussprechlich und möchte sie nicht aus meinen Armen lassen."

Gerührt reichte ihr Graf Harro die Hand, ahnungslos, was sie mit solchen Worten bezweckte.

„Ich danke dir für diese Liebe, Beate. Mein armes Kind kann viel davon gebrauchen, denn es hat keine Mutter."

„Ich muß Gilda lieben – sie ist doch deine Tochter, Harro!" stieß sie erregt hervor.

Sie sah, daß es bei diesen Worten unbehaglich in seinen Augen aufzuckte.

Da nahm sie sich zusammen und fuhr leise fort, ihre Augen senkend:

„Du hast mir soviel Gutes getan, daß ich es dir auf irgendeine Art vergelten möchte. Glaube mir, mein ganzes Dasein hat nur den einen Zweck, dir und deinem Kinde etwas zuliebe zu tun."

Er machte sich selbst Vorwürfe, daß ihn diese Worte Beates kalt ließen. Sie brachte ihm und Gilda soviel Liebe und Herzlichkeit entgegen, und er hatte nichts für sie wie eine mitleidige Duldung. Es tat ihm leid, denn er blieb nicht gern jemand etwas schuldig. Aber er konnte es nicht ändern, daß ihn Beate mehr abstieß als anzog.

Gleich nach dem Frühstück machte er einen Spaziergang mit Gilda.

Ihr liebes Geplauder erhellte seine düstere Miene ein wenig.

Die blasse Farbe, die sein Antlitz in der Gefängnisluft bekommen hatte, begann schon wieder dem gesunden, braunen Ton zu weichen, der ihm sonst eigen gewesen war. Und seine Gestalt hatte sich wieder gestrafft. Die Gewißheit, schuldlos zu sein und ein unverdientes Schicksal zu tragen, half ihm über diese schlimme Zeit hinweg. Und seines Kindes wegen wollte er sich nicht zu sehr niederdrücken lassen.

Jede freie Minute hatte er benutzt, um weiter in den Zimmern seiner verstorbenen Frau nach Beweisen zu suchen, daß sie einen Selbstmord begangen habe. Er selbst zweifelte nicht mehr daran. Aber er fand nichts, gar nichts. Und enttäuscht mußte er endlich das Nachforschen aufgeben.

Als er heute von seinem Spaziergang mit Gilda heimgekehrt war, übergab er das Kind der Komteß Beate und suchte sein Arbeitszimmer auf. Dort schrieb er zuerst an Mutter Anna, daß er einverstanden sei mit der Anstellung Fräulein von Ronachs. Er dankte ihr herzlich für ihre Bemühungen und bat sie, einen einliegenden Brief an die junge Dame abzugeben. In diesem Brief an Griseldis von Ronach schrieb er:

„Sehr geehrtes, gnädiges Fräulein!

Durch die Vermittlung der Frau Domina des Stiftes St. Marien sind Sie als Erzieherin für meine Tochter in Aussicht genommen worden. Ich bin überzeugt, daß Mutter Anna eine ausgezeichnete Wahl getroffen hat, und bitte Sie, dieses Amt anzunehmen. Ehe Sie jedoch mein Haus betreten, will ich Sie selbst noch einmal darauf aufmerksam machen, obwohl das Mutter Anna schon getan hat, daß Sie in das Haus eines Mannes kommen werden, der als ein Geächteter leben muß mit allen, die zu ihm gehören. Auch Sie werden vielleicht darunter leiden müssen. Das bitte ich Sie zu bedenken.

Wenn Sie trotzdem meinem Kind eine liebevolle, verständige Erzieherin sein wollen, werde ich Ihnen sehr dankbar sein und bitte Sie, Ihre Stellung so bald als möglich anzutreten. Bitte, melden Sie mir den Termin Ihrer Ankunft, damit ich einen Wagen zu Ihrem Empfang an den Bahnhof senden kann.

Ich empfehle mich Ihnen. *Graf Harro Treuenfels.*“

Auf diesen Brief hatte Griseldis mitgeteilt, daß sie am kommenden Montag in Schloß Treuenfels eintreffen werde. Sie hatte ihm den Zug bezeichnet, den sie benutzen wollte.

Und nun war Griseldis’ Abreise aus St. Marien festgesetzt.

Im Stift gab es feuchte Augen genug, als Griseldis von den alten Damen Abschied nahm.

Auch Griseldis hatte verräterisch feuchtglänzende Augen, als sie aus einem Arm in den andern wanderte, wenn sie auch immer wieder etwas Lustiges sagte, um die Rührung einzudämmen. Doch als sie zuletzt von Tante Agnes und Mutter Anna Abschied nahm, da hatte ihre Stimme keine Festigkeit mehr.

„Nicht Lebewohl will ich sagen, das ist ein so

trauriges Wort. Und auf unsrer schönen Welt darf man nur traurig sein, wenn man ein ganz schweres Unglück zu tragen hat. Das haben wir gottlob alle nicht, wir dürfen alle von ganzem Herzen vergnügt sein. Gelt – ihr lacht alle noch einmal, ehe ich gehe? Und wenn ich einmal Urlaub erhalte, so komme ich eiligst nach St. Marien und lasse mich verwöhnen wie all die letzte Zeit. Ach, lieber Gott, so gut hab' ich's bei euch gehabt – viel zu gut! Das taugt nicht für Menschen, die sich durchbeißen müssen."

Nun gab es noch ein letztes Händedrücken, eine letzte Liebkosung, und dann eilte Griseldis hinunter an den Wagen.

Alle Stiftsdamen folgten ihr, in warme Tücher eingewickelt, bis zum Wagen. Griseldis stieg ein, nachdem sie Tante Agnes noch einmal umarmt und geküßt hatte. Christian war bange, daß ihm die Pferde scheu würden, diese waren an ein ruhiges, beschauliches Leben gewöhnt.

Und wirklich machten die alten Gäule ein paar Sätze, die beinahe Temperament verrieten, als die Stiftsdamen alle ihre Taschentücher zogen und Griseldis zuwinkten.

„Liebe, alte Stiftsweiberchen, Gott behüte euch und behaltet mich lieb. Ich danke euch tausendmal, daß ihr so gut zu mir gewesen seid", flüsterte sie vor sich hin. Als aber das Stift mit seinen Insassen ihren Augen entschwunden war, richtete sie sich straff empor. „Und nun vorwärts mit frischem Mut und fröhlichem Gottvertrauen", dachte sie.

Eine lange Reise hatte Griseldis nicht. Etwa zwei Stunden fuhr sie mit dem Schnellzug bis zu der Stadt, die Treuenfels am nächsten lag.

Ein Diener in der dunkelgrauen Livree des gräflichen Hauses stand wartend auf dem Bahnsteig. Griseldis erkannte ihn daran, da Mutter Anna sie ihr beschrieben hatte. Ruhig und sicher ging sie auf ihn zu.

„Sie kommen von Schloß Treuenfels, nicht wahr?"

Der Diener zog den Hut und sah kritisch prüfend auf den schlichten, kleidsamen Reiseanzug der jungen Dame. „Ja, gnädiges Fräulein, ich soll Fräulein von Ronach abholen", erwiderte er unter ihrem ruhigen, festen Blick sehr höflich.

Griseldis nickte. „Bitte, führen Sie mich zu dem Wagen."

Der Diener zeigte ihr den Weg.

Sie gab dem Diener ihren Gepäckschein und nahm in dem Wagen Platz, dessen Schlag ihr der Diener öffnete.

Mit einem wohligen Gefühl sank Griseldis in das weiche und doch straffe Lederpolster.

Ach, wie wundervoll! Das ist ein anderes Beförderungsmittel als die liebe, alte Stiftskutsche, dachte sie.

Und sie strich über das feine, graue Leder.

Ihre Koffer wurden zum Wagenlenker gesetzt, und nun nahm auch der Diener neben demselben Platz. Einige Menschen waren stehengeblieben. Die Treuenfelser Livree war in der Stadt bekannt.

Man zerbrach sich ein wenig den Kopf, wer wohl die schöne, junge Dame sein möchte, die abgeholt wurde. Sie machte ein so frohes Gesicht.

Griseldis hatte keine Ahnung, welches Kopfzerbrechen sie den Leuten machte. Als das Auto davonfuhr, hätte sie am liebsten laut aufgejauchzt über die schnelle Fahrt. Zugleich klopfte ihr aber auch das Herz ein wenig unruhig in der Brust.

In kurzer Zeit sollte sie nun Graf Harro Treuenfels gegenüberstehen. Und sie wußte nicht, sollte sie sich vor diesem Augenblick fürchten oder ihn herbeisehnen?

Schneller als sie gedacht näherte sich der Wagen auf dem breiten Waldweg dem Schloß. Die Forstschäden, die neulich der Sturm angerichtet hatte, waren schon alle beseitigt worden. Der Weg lag glatt und frei da. Erst als das Gefährt aus dem Wald heraus und den Berg hinanfuhr, sah Griseldis durch die Scheiben des Autos Schloß Treuenfels auf dem Berge liegen. Sie beugte sich weit vor und sah mit großen Augen zu dem imposanten und malerischen Gebäude hinauf.

„Wie schön! Das sieht ja aus wie ein Märchenschloß. In diesem Schloß haust aber keine verwunschene Prinzessin, die von einem tapferen Ritter erlöst werden soll, sondern ein einsamer, freudloser Mann, dem man seine Ehre nahm, und der nicht mehr froh sein kann. Ach – wenn ich ihm doch helfen könnte."

Mit Leichtigkeit nahm der Wagen den aufwärtssteigenden Weg. Oben fuhr er auf breitem Kiesweg zwischen großen Rasenplätzen bis vor die Freitreppe.

Das Bild, das sich ihr bot, war freundlicher als das, welches Harro bei seiner Heimkehr vor sich gesehen hatte. Heller Sonnenschein hüllte alles in ein klares, goldenes Licht.

Sie stieg aus und schritt die breite Freitreppe empor. Und als sie unter dem hohen Portal stand und ihren Fuß über die Schwelle des Schlosses setzte, hatte sie ein Gefühl, als schnüre ihr etwas das Herz zusammen, als müsse sie umwenden und davonlaufen, so weit sie ihre Füße trugen. Aber sie schalt sich selbst aus. Sie war nicht die Person, die sich so leicht von törichten Empfindungen in die Flucht schlagen ließ. Straff richtete sie sich empor und trat ein.

Ihre Augen betrachteten entzückt die wundervolle Architektur der weiten Schloßhalle mit ihrem kunstvollen Mosaikfußboden, den kostbare Teppiche bedeckten. Hohe, schwere Lehnstühle waren in der Mitte um einen riesigen, runden Tisch gruppiert, und auch in der einen Ecke standen solche Sessel am Kamin.

Es war so still in diesem weiten Schloß, als sei alles Leben darin erstorben. Dann vernahm Griseldis jedoch das Öffnen und Schließen einer Tür. Dieser Laut kam von oben.

Und als sie von dem Diener die Treppe bis zum ersten Stockwerk hinaufgeführt war, stand eine hohe, schwarzgekleidete Frauengestalt vor ihr, die an der Hand ein weißgekleidetes, kleines Mädchen führte.

Griseldis sah nur auf das Kind. Und mit ihren leuchtenden Sonnenaugen sah sie voll und warm in die tiefblauen unschuldigen des Kindes.

„Bist du Griseldis?" fragte Gilda mit ihrem lieben, weichen Stimmchen.

Die junge Dame neigte lächelnd das Haupt und beugte sich zu dem Kind herab.

„Ja, kleine Gilda, ich bin Griseldis."

„Ach, das ist schön, du weißt gleich, wer ich bin. Woher weißt du das?"

„Ich sah ein Bild von dir."

„Wo denn?"

„Im Stift St. Marien, bei der Frau Domina."

„Die kenne ich nicht."

„Aber sie kennt dich. Vielleicht kennst du sie auch unter einem andern Namen. Danach mußt du deinen Papa fragen."

„Hm! Das will ich tun. Du gefällst mir, Griseldis. Komm schnell mit zu Papa, er muß dich sehen."

Damit schmeichelte sich die kleine Kinderhand in Griseldis Rechte, und Gilda wollte die junge Dame mit fortziehen.

Aber da stand wie ein dunkler, drohender Schatten Komteß Beate auf dem Weg. Griseldis hatte zum Glück, da sie mit dem Kind beschäftigt war, nicht bemerkt, wie unheimlich die schwarzen Augen der Komtesse bei ihrem Anblick aufgeflammt waren.

Griseldis Schönheit und Lieblichkeit hatte Beate berührt, als drücke ihr etwas das Herz mit kalter Faust zusammen. Ihr war, als müsse sie das schöne Mädchen mit einem jähen Griff die Treppe hinabstoßen und zum Haus hinausjagen.

Aber sie hatte Zeit, sich zu fassen, während Griseldis sich mit Gilda beschäftigte. Und als nun die kleine Komteß ihre neue Erzieherin zu ihrem Vater führen wollte, stellte sie sich den beiden in den Weg.

„Jetzt noch nicht zu Papa, Gilda. Er hat jetzt noch keine Zeit. Ich werde Fräulein von Ronach erst in ihre Zimmer führen."

Das Komteßchen sah zu Griseldis auf.

„Oh, wirst du lange ausbleiben, Griseldis?"

„Du darfst nicht Griseldis sagen, Gilda", mahnte Komteß Beate ziemlich hart und streng.

„Oh – wie soll ich sonst sagen – heißt Griseldis auch Mademoiselle?" fragte das Kind.

„Nein, du mußt Fräulein von Ronach sagen", erwiderte Beate.

„Nein, das klingt nicht schön. Papa sagt auch, Griseldis ist ein schöner Name. Darf ich dich nicht lieber so nennen?"

Bittend sahen die blauen Kinderaugen zu Griseldis auf.

„Du darfst mich nennen wie du willst", erwiderte Griseldis, sanft über das blonde Köpfchen streichelnd.

Gilda schmiegte die Wange an Griseldis Hand. Das war bei ihr eine große Seltenheit. Sonst wich sie oft Liebkosungen aus, zumal wenn Komteß Beate ihr solche zuteil werden ließ. Und diese sah nun mit einem funkelnden Blick, wie sich Gildas Wange an Griseldis von Ronachs Hand schmiegte.

„O das ist schön, ich werde dich Griseldis nennen“, sagte das Kind.

„Fräulein von Ronach, ich muß Sie bitten, den Herrn Grafen bestimmen zu lassen, wie Sie Komteß Gilda nennen soll. Ich glaube nicht, daß eine so vertrauliche Anrede am Platz ist. Das klingt wohl zu familiär und verletzt auch die Autorität.“

Es lag entschieden eine schroffe Zurechtweisung in diesen Worten.

Griseldis hob langsam die Augen zu ihr empor. Beate überragte sie noch ein Stück, trotzdem sie reichlich mittelgroß war. Und sie sah, daß ihr aus den Augen der Komteß Feindseliges entgegenblickte, das sie beklemmte. Ihr war bisher noch kein Mensch feindlich begegnet. Aber daß die Komteß es tat, fühlte sie mit Gewißheit. Und das löste auch in ihr ein Gefühl der Antipathie der Komteß gegenüber aus.

„Selbstverständlich hat der Herr Graf darüber zu bestimmen, Komteß. Ich wollte nur mit meinen Worten sagen, daß ich nichts dagegen einzuwenden habe, wenn mich Komteß Gilda beim Vornamen nennt“, sagte sie ruhig und höflich.

„Ach, Tante Beate, was denkst du nur? Papa hat ganz sicher nichts dagegen. Griseldis gefällt mir so gut, sie hat liebe Augen. Ich werde Papa bitten, daß er es mir erlaubt. Auf Wiedersehen, Griseldis. Eile dich, daß du fertig wirst.“

„Zum mindesten darfst du Fräulein von Ronach nicht du nennen, Gilda“, sagte die Komteß hart und streng, ganz vergessend, daß sie um Gildas Gunst werben wollte.

Gilda sah sie mit großen Augen ob dieses ungewohnten Tones an.

„Ach, Tante Beate, ich nenne doch alle Menschen du, die ich lieb habe.“

„Geh jetzt, Gilda, ich komme gleich wieder zu dir, wenn ich Fräulein von Ronach ihre Zimmer gezeigt habe“, gebot die Komteß.

Gilda hüpfte davon und winkte Griseldis noch einmal zu. Diese hatte sogleich ihr Herz an das reizende Kind verloren und freute sich dessen. Das würde ihr sicher ihr Amt sehr erleichtern.

Ruhig folgte sie nun Komteß Beate in das zweite Stockwerk. Von der Treppe aus ging es einen langen, breiten Gang hinab. Die letzten Zimmer auf diesem Gang waren für sie bestimmt. Sie lagen direkt über den Gemächern der Gräfin Alice, und zwar lag das für Griseldis bestimmte Schlafzimmer über dem Schlaf- und Sterbezimmer der Gräfin. Auch dieses Zimmer stieß gleich jenem unten an den runden Turm. Aber auch von hier führte keine Verbindungstür nach diesem.

Neben dem Schlafzimmer lag das für Griseldis bestimmte Wohnzimmer. Beide Räume waren sehr groß und mit wunderschönen, alten Möbeln ausgestattet. Prachtvoll erhaltener Parkettfußboden glänzte im Sonnenlicht, das zum Fenster hereinfiel.

An diese beiden Zimmer schlossen sich die Räume, die Komteß Beate bewohnte. Aber das wußte Griseldis natürlich nicht.

Die Komteß hatte jedoch diesen Umstand sofort ins Auge gefaßt. Auf diese Weise konnte sie die Erzieherin genau überwachen.

„Hier sind Ihre Zimmer, Fräulein von Ronach. Ihr Gepäck wird sogleich heraufgebracht werden. Sie können erst auspacken und sich einrichten. Der Herr Graf wird Sie erst beim Tee begrüßen, der um fünf Uhr eingenommen wird. Sie haben also zwei Stunden Zeit. Ich lasse Sie um fünf Uhr von einem

Diener abholen, der Sie ins Teezimmer hinunterführen wird."
Griseldis verneigte sich.
„Ich danke Ihnen, Komteß."
„Ich brauche Ihnen hoffentlich nicht zu sagen, daß man hier sehr viel Takt und Zurückhaltung von Ihnen erwartet. Sie wissen, daß die Herrin des Hauses gestorben ist. Und es ist immerhin ein Wagnis von Ihnen, daß Sie bei Ihrer Jugend Stellung in einem Haus annehmen, in dem die Hausfrau fehlt."
Griseldis fühlte instinktiv, daß das ein feindlicher Ausfall gegen sie war. Aber sie blieb ganz ruhig und beherrscht.
„Ich bitte sehr, an meinem Takt nicht zweifeln zu wollen, Komteß. Für ein Wagnis hielt ich es nicht, in dies Haus zu kommen. Graf Treuenfels ist mir von der Frau Domina als ein Ritter ohne Furcht und Tadel geschildert worden."
„Sie wissen wohl nicht, wessen man ihn beschuldigt hat?" fragte sie rauh. Und es erwachte eine leise Hoffnung in ihr, daß Griseldis schaudernd die Flucht ergreifen würde, wenn sie ihr sagte, daß Graf Treuenfels des Mordes an seiner Gattin angeklagt gewesen war.
„Doch, ich weiß, daß Graf Treuenfels sehr unglücklich ist, und daß er schuldlos leidet."
„Ah – und woher kommt Ihnen dieser Glaube?" fragte sie höhnisch.
„Von der Frau Domina von St. Marien."
Die Komteß mochte fühlen, daß sie mit ihrer Feindseligkeit übers Ziel hinausschoß.
„Ach richtig – ich vergaß, daß die Gräfin Sie eingeweiht haben wird. Es ist sehr mutig von Ihnen, daß Sie trotzdem diese Stellung annahmen. Und wie gesagt, viel Takt werden Sie nötig haben. Es ist für

eine junge Dame immer riskant, im Haus eines Witwers zu leben."

Griseldis preßte einen Moment die Lippen fest aufeinander. Aber dann sagte sie ruhig:

„Sie sind ja hier zu Haus an Stelle der Herrin – und im übrigen bin ich nicht bange. Ich werde meine Pflicht tun und mich mit diesem Bewußtsein begnügen. Die Frau Domina hätte mir sicher nicht geraten, diese Stellung anzunehmen, wenn, wie Sie sagen, ein Wagnis dabei gewesen wäre."

Beate sah ein, daß sich die junge Dame nicht so leicht einschüchtern ließ.

„Nun also, dann kann ich ja ganz beruhigt sein. Sie scheinen genau zu wissen, was Sie wollen."

„O ja, Komteß, wer immer auf sich selbst gestellt ist, der muß das auch wissen."

„Ich lasse Sie also jetzt allein. Auf Wiedersehen nachher beim Tee."

Griseldis verneigte sich artig. Die Komtesse verließ das Zimmer.

Als Griseldis allein war, sah sie sich erst einmal in ihrem neuen Reich um. Die beiden Zimmer waren wie kleine Säle, und nach Griseldis' Ansicht wundervoll und fast fürstlich ausgestattet. Ihr helles Entzücken löste das große Himmelbett aus, in dem sie ebensogut hätte querliegen können, so breit war es. Ein schwerer Baldachin mit vergoldetem Gestell, starre Damastvorhänge durch dicke Schnuren und Quasten festgehalten. Das Bett stand, wie unten im Schlafzimmer der Gräfin Alice, mit dem Kopfende an der an den Turm stoßenden Wand.

Auch alle andern Möbel hatten diesen prächtigen Charakter. Sicher waren das früher herrschaftliche Zimmer gewesen, denn für eine bezahlte Angestellte des Hauses erschienen sie Griseldis viel zu kostbar. Sie hatte freilich keine Ahnung von dem Glanz und der Pracht, die in diesem feudalen, alten Schloß herrschte.

Ihr Wohnzimmer hatte ebenfalls eine prächtige Ausstattung. Sogar echte, alte Teppiche lagen auf dem schönen Parkettfußboden, und die Möbel waren mit schwerem Damast bezogen.

Wie alt mochten diese Möbel sein? Sie hätten sicher das Entzücken eines Kunstkenners gebildet. Die Grafen Treuenfels mußten sehr reich sein, sonst hätten sie diese kostbaren Möbel lieber verkauft, statt sie in den Zimmern einer Erzieherin stehen zu lassen.

Ganz wehmütig wurde ihr plötzlich zu Sinne, weil sie niemand hatte, der sich mit ihr an dieser Pracht hätte freuen können.

Griseldis mußte lachen. Mutter Anna kannte ja Schloß Treuenfels und hatte ihr wiederholt gesagt: „Sie werden staunen, Griseldis." Ja – so schön hatte sie es sich in ihren kühnsten Träumen nicht ausgemalt.

Womit hatte sie es nur verdient, daß sie in einem solchen Märchenreich gelandet war? Es war wie ein Traum.

„Wenn ich nur immer hierbleiben könnte! Aber das ist ein vermessener Wunsch."

Und sie sah im Geiste plötzlich wieder das Gesicht der Komteß Beate vor sich, aus dem ihr die Augen so feindselig entgegenfunkelten. Ein Schauer flog über sie dahin – wie die Furcht vor etwas Unheimlichem. Ihr war, als sähen sie die feindlichen Augen aus allen Winkeln des Zimmers an.

„Sie hat mein Kommen nicht gern gesehen. Warum? Meine Person selbst kann ihr doch in den kurzen Minuten nicht Veranlassung zur Feindseligkeit gegeben haben. Also komme ich ihr aus irgendeinem Grunde ungelegen. Aber was ist das für ein Grund?“

Sie reckte ihre schlanke, kräftige Gestalt hoch und streckte die Arme von sich.

Komteß Beate war vorläufig der einzige, kleine Schatten in ihrem neuen Dasein, und das war am Ende ganz gut. Sonst wäre sie wohl übermütig geworden, wenn alles nur Licht und Sonnenschein gewesen wäre.

Sie trat in ihr Schlafzimmer zurück. Ihre Koffer wurden soeben gebracht. Ein hübsches, freundliches Mädchen, im schwarzen Kleid und weißer Schürze, fragte, ob sie ihr beim Auspacken behilflich sein könnte.

„Ich werde selbst schnell fertig sein mit dieser Arbeit. Aber wenn Sie mir dann die leeren Koffer wegräumen würden, wäre es mir sehr lieb. Sie stören hier im Zimmer zu sehr.“

„Sie brauchen hier nur zu klingeln, gnädiges Fräulein“, sagte es.

Nun war sie wieder allein. Sie trat an das eine Fenster und stieß einen leisen Ruf des Entzückens aus.

Oh, die herrliche Aussicht hinab ins Tal über Felder und Wälder, über Fluß und Wiesen! Wie herrlich mußte das sein, wenn erst alles grünte und blühte.

Weit beugte sie sich aus dem geöffneten Fenster, um all das Schöne in sich aufnehmen zu können. Und da erblickte sie neben ihrem Zimmer den hohen, runden Turm. Er schloß oben mit einem Söller ab, der mit Zinnen umgeben war.

„Ach, wie schön! Da oben haben sicher die Burgfräulein gestanden und mit ihren Schleiern dem Geliebten entgegengewinkt, wenn er auf feurigem Roß den Schloßberg heraufgeritten kam. Ach – da oben möchte ich einmal stehen. Ob mir das wohl erlaubt würde? Schade, daß aus meinem Zimmer nicht gleich eine Tür in den Turm führt. Dann wäre ich schnell da oben.“ Aber dann schloß sie energisch das Fenster.

„Jetzt erst einmal an die Arbeit, Griseldis!“ ermunterte sie sich und begann hurtig ihre Koffer auszupacken und ihre Sachen in Schränke und Schubladen zu ordnen.

Bald waren ihre Habseligkeiten verstaut. Ihre wenigen bescheidenen Schmucksachen, die nur einen sehr geringen Wert darstellten, legte sie vorläufig samt dem Kästchen, in dem sie dieselben aufbewahrte, auf das Nachtschränkchen neben ihrem Bett. Während sie vor dem Nachtschränkchen stand, erblickte sie über demselben ein Ölgemälde, das eine Dame in mittelalterlicher Tracht darstellte. Es war etwa einen halben Meter breit und dreiviertel Meter hoch und hatte einen Goldrahmen mit wunderlichen Ornamenten und Schnörkeln. Das Bild war sehr nachgedunkelt, und eigentlich leuchtete nur noch das lächelnde Gesicht unter dem breiten Hut hervor. Das Bild mußte sehr alt sein und hing wohl schon lange, lange an diesem Platz.

Griseldis wollte den Rahmen ein wenig beiseite rücken, um zu sehen, wie die Tapete unter dem Bild aussah, und ob sie schon immer den etwas verblichenen, aber angenehmen Farbton gehabt hatte. Aber da merkte sie, daß sich das Bild nicht verrücken ließ. Es schien nicht an einem Haken zu hängen, sondern ringsum festgemacht zu sein.

Griseldis sah sich nach andern Bildern um. Aber die waren alle richtig an Ösen und Haken aufgehängt.

Warum mochte das Bild über dem Nachtschrank so ganz anders befestigt sein?

„Können Sie mir das vielleicht verraten, verehrte Dame?“ fragte sie lächelnd das Bild.

Das gab natürlich keine Antwort. Griseldis betrachtete es interessiert und strich mit den Fingern über die drolligen Ornamente. Es sah aus, als wenn sich eine Unmenge winziger Delphine ineinander ringelten und sich in den Schwanz bissen.

Griseldis fuhr lächelnd mit dem Zeigefinger von einem Delphin zum andern, um sich so das Ornament einzuprägen. Und als sie amüsiert wieder so einen Delphin auf den Kopf drückte, da sah sie plötzlich erschrocken, daß dieser Delphin zurückwich und sich aus dem Wirrwarr ablöste.

In demselben Augenblick hörte sie aber auch ein leise schnappendes Geräusch, und plötzlich streckte sie erschrocken die Hände vor. Das Bild bewegte sich auf sie zu. Es trat aus der Wand heraus wie eine Tür. Griseldis sah nun zu ihrem Erstaunen, daß sich hinter dem Bilde ein Wandschränkchen befand. Das Bild war gewissermaßen die Tür zu dem Wandschrank.

Griseldis mußte nun lachen über ihren Schreck. Sie sah sich den Wandschrank an. Die Öffnung war mit Spinnweben bedeckt. Sicher war der Schrank seit langen, langen Jahren nicht geöffnet worden. Sie entfernte die Spinnweben und sah in den Schrank hinein. Er hatte eine eigentümliche Form, war an der einen Seite breit und lief auf der anderen spitz zu. Die schräglaufende Rückwand, die Decke und der Boden waren von Holz. Daß sich unter dem Wandschrank ein leerer Raum befand, davon zeugte ein eigentümlich hohler Klang, als Griseldis auf den Boden klopfte.

Dies Schränkchen ist sicher nie benutzt worden, weil es so verstaubt ist. Die Dienerschaft weiß vielleicht nichts von seiner Existenz. Ich werde es säubern und meinen Schmuck darin aufbewahren, dachte sie vergnügt.

Und sie hatte Freude an dem entdeckten Geheimfach mit der seltsamen Tür.

„O Griseldis! Kaum steckst du die Nase in dies feudale, alte Schloß, da entdeckst du auch schon ein romantisches Geheimnis. Sei bedankt, schöne Dame, daß du mir das Rätsel deines Daseins gelöst hast. Und bewache meine Kostbarkeiten recht sorgsam."

So unterhielt sich Griseldis mit sich selbst und mit dem Bild.

Schnell säuberte sie mit Papier und einem Stiefeltuch den Schrank und stellte dann das Kästchen mit ihren Schmucksachen hinein.

Dann schloß sie die Tür. Es machte ihr Spaß, den Mechanismus noch einige Male zu probieren. Er arbeitete tadellos. Aber sie mußte sich den Delphin merken, den sie niederdrücken mußte, sonst hätte sie jedesmal lange zu suchen, bis sie ihn fand in dem Gewirr. Und sie machte sich einfach mit einem weichen Bleistift ein winziges Kreuzchen auf dem Delphin.

So – falls ich einmal keine Zeit habe zu suchen. So finde ich die richtige Stelle gleich, dachte sie.

Nun beendete sie schnell ihre Arbeit und klingelte dann dem Mädchen, das ihre leeren Koffer hinaustragen sollte.

Griseldis sah nach der Uhr. Eine Stunde hatte sie noch Zeit.

„Was ziehe ich an?" fragte sie wie jede Evastochter mit wichtigem Bedenken.

Viel Auswahl hatte sie ja nicht. Ihre Verhältnisse hatten ihr nicht gestattet, sehr viel Trauerkleidung anzuschaffen. Aber sie wollte doch gern möglichst vorteilhaft aussehen. Im Stift hatte sie sich einige hübsche Kleider und Blusen gearbeitet. Sie war sehr geschickt und hatte einen guten Geschmack.

Lange besann sie sich. So wählerisch war sie noch nie gewesen. Aber sie wollte doch auf Graf Treuenfels einen sympathischen Eindruck machen.

Ein leises Rot huschte bei diesem Gedanken über ihr Gesicht.

Schließlich wählte sie ein hübsches, aber ganz schlichtes Kleidchen aus weicher, schwarzer Seide.

Sie hatte es sich aus einem unglaublich weiten Rock umgearbeitet, den ihr Tante Agnes geschenkt hatte. In dem Rock war soviel Stoff, daß Griseldis bequem ein ganzes Kleid davon bekam. Es legte sich glatt und schlicht um ihre jugendschöne Gestalt und fiel unten in gereihten Fältchen aus.

Man merkte es dem Kleidchen nicht an, wie bescheiden sein Ursprung war. Im Stift hatte man es sehr gelobt, jedenfalls sah das blonde, schlanke Mädchen entzückend darin aus.

Sie hatte sich gedacht, daß sie es in ihrer neuen Stellung tragen würde, wenn sie mit der gräflichen Familie zusammen speiste.

Ob das wohl geschah? Oder ob man ihr die Speisen auf ihrem Zimmer auftragen ließ?

Daß sie heute zum Tee hinunter befohlen war, gab noch nicht den Ausschlag. Sie sollte ja bei dieser Gelegenheit nur erst dem Grafen vorgestellt werden.

Schnell machte sie sich nun fertig. Sie ordnete auch ihre wundervollen, goldig schimmernden Flechten noch einmal. Das war keine leichte Arbeit, forderte Zeit und Mühe. Aber es lag ihr doch viel daran, recht gut auszusehen. Und so frisierte sie sich, wie sie es gewöhnt war.

Nun war sie fertig. Sie trat vor den großen Ankleidespiegel, der ihr reizendes Bild getreulich zurückwarf, und nickte sich zu.

„Ernst und würdevoll siehst du aus in diesem schwarzen Prachtgewand. Ich bin mit dir zufrieden, meine liebe Seldis. Und da in diesem Haus Trauer getragen wird um die tote Herrin, so kannst du ungeniert deine Trauerkleider um deinen lieben, alten Papa tragen. So – und nun ein ernstes Gesicht gemacht, damit das goldige, kleine Komteßchen Respekt vor dir bekommt."

Aber bei diesem Gedanken schüttelte Griseldis den Kopf.

„Nein – keinen Respekt. Lieb soll sie mich haben, wie ich sie lieb haben will. Dann geht alles ganz leicht. Und ich will sie schon zwingen, mich lieb zu haben."

Griseldis folgte eine Weile später dem Diener, der sie zum Tee rief.

Es war ein weiter Weg über Gänge und Treppen, den sie zurücklegen mußte, und sie dachte bei sich: „Allein findest du nicht in dein Zimmer zurück."

Auch den Ahnensaal mußten sie durchschreiten. Da hingen an beiden Längsseiten die lebensgroßen Bilder der Grafen und Gräfinnen von Treuenfels.

Griseldis konnte jetzt nur einen flüchtigen Blick darauf werfen, aber sie dachte bei sich, daß es wohl interessante Feierstunden für sie sein würden, sich all diese Gesichter genau zu betrachten und sich ihr Schicksal zu vergegenwärtigen.

Endlich hatte sie ihr Ziel erreicht. Der Diener schlug einen Vorhang zurück und ließ sie in ein hohes, weites Gemach mit einem großen Erkerausbau eintreten. Es war, wie alle Räume im Schloß, mit kostbaren, alten Möbeln ausgestattet. In dem Erkerausbau stand ein gedeckter Teetisch, mit köstlichem Damast und reichem Silbergerät bedeckt.

Am Mittelfenster des Erkers stand eine hohe, schlanke Männergestalt. Neben ihr wippte auf einem Sessel Komteß Gilda vergnügt auf und ab und plauderte mit dem Papa zum Fenster hinaussehend.

Mitten im Zimmer aber stand die hohe, schwarze Gestalt der Komteß Beate, und diese sah Griseldis entgegen.

Eine fahle Blässe sah Griseldis in dem nicht unschönen, aber zu männlich wirkenden Gesicht der Komtesse aufsteigen, als sie sich artig vor ihr verneigte. In den schwarzen, leidenschaftlich glühenden Augen lag wieder der feindselige Ausdruck.

Griseldis ahnte nicht, welche Gefühle Beates Herz beseelten, als sie die liebreizende Erscheinung der jungen Erzieherin vor sich sah. Instinktiv fühlte sie, daß eine solche Erscheinung das Wohlgefallen eines jeden Mannes erregen mußte. Und noch ehe Graf Harro die Erzieherin nur mit einem Blick gestreift hatte, hegte die Komteß eine wilde Eifersucht auf das schöne Mädchen.

Aber sie bezwang sich doch und sagte, zwar mit spröder, heiserer Stimme, aber doch nicht unfreundlich: „Treten Sie näher, Fräulein von Ronach, damit ich Sie dem Herrn Grafen vorstellen kann."

Bei diesen Worten wandten sich Vater und Tochter schnell um. Gilda sprang vom Sessel herab und lief auf Griseldis zu.

„Ach, endlich bist du da! Papa – Papa – da ist Griseldis!" jubelte sie.

Graf Treuenfels kam aus dem Erker ins Zimmer herab. Er heftete seine grauen Augen groß und voll auf die junge Dame. Griseldis' Anblick berührte ihn seltsam. Sie stand vor ihm wie die verkörperte Poesie, und ihr Name und ihre Erscheinung deckten sich so völlig miteinander, daß er bei ihrem Anblick ein ästhetisches Behagen empfand. So schlicht und einfach in Haltung und Wesen stand sie vor ihm, und doch so stolz und anmutig wie eine junge Königin. Wie magnetisch angezogen sah er auf das herrliche, goldblonde Haar.

Griseldis!

Er konnte nichts denken als diesen Namen. Es ging von ihren Augen ein Zauber aus, der Licht und Wärme verbreitete.

Griseldis sah seltsam erregt und bewegt in das schmale, vornehme Männergesicht. Es deckte sich nicht mehr mit dem Bild, das ihr Mutter Anna gezeigt hatte. Der frohe, lachende Übermut war aus diesen Augen, aus diesem Antlitz verschwunden. Da vor ihr stand ein Mann, den die Stürme des Lebens gereift hatten. Seine Augen und der herb geschlossene Mund hatten das Lachen verlernt. Aber nichts von Schuld lag auf diesem edlen Antlitz.

Griseldis fühlte, wie das Herz in ihrer Brust schlug. Ihr war zumute, als müsse es eine Wonne ohnegleichen sein, für diesen Mann etwas tun zu können, das ihm sein Leid erträglicher erscheinen ließ.

Und sie wußte gleich in diesem Augenblick, daß ihres Herzens Schicksalsstunde geschlagen hatte. Ein feines Rot stieg in ihr Antlitz, als sie sich vor ihm verneigte. Beate hatte sie vorgestellt. Diese hatte mit unheimlich flackernden Augen die beiden Menschen beobachtet, und mit dem Scharfsinn der Eifersucht erfaßte sie, daß Graf Harro mit Wohlgefallen auf Griseldis blickte.

Ihr war, als müsse sie die junge Dame hinwegreißen aus seiner Nähe – als müsse sie ihm die Augen schließen, daß er diesem Liebreiz nicht erlag. Ein grimmiger Haß gegen alles, was blond war, wallte in Komteß Beates Herzen auf. Und dieser Haß konzentrierte sich auf die blonde Griseldis, die es wagte, Flechten von so unerhörter Pracht und Schönheit zu besitzen. Sie hätte ihr die Flechten vom Haupt reißen mögen, und niemand ahnte, was es sie kostete, ruhig zu scheinen.

Mit bebender Hand strich sie über ihr eigenes starres Haar, das so schwarz wie Ebenholz war, aber keinen Duft und keine Weichheit hatte.

Graf Harro hatte sich vor Griseldis verneigt. Die Hand reichte er ihr nicht. Seit seiner Rückkehr nach Hause bot er keinem Menschen mehr die Hand, weil er eine fast krankhafte Furcht hegte, man könne seine Hand zurückweisen.

„Ich heiße Sie herzlich willkommen in Treuenfels, Fräulein von Ronach, und hoffe, daß Sie sich hier leidlich wohl fühlen werden."

Griseldis dachte an die Worte Mutter Annas: „Bringen Sie ein wenig Sonnenschein in das düstere Haus, liebe Griseldis. Sie haben das Zeug dazu, Licht und Frohsinn um sich zu verbreiten."

Und sie fühlte selbst, daß sie Graf Treuenfels nicht besser nützen konnte, als wenn sie dieser Aufforderung nachkam.

„Das hoffe auch ich, Herr Graf, und ich finde Schloß Treuenfels so herrlich und so wunderschön, daß ich mich hier wohl fühlen muß. Wenn ich Sie mit meinen Leistungen zufriedenstellen kann, dann bleibt mir hier nichts zu wünschen übrig", sagte sie frisch.

Ein leises Lächeln huschte um seinen Mund. Ihre klare, weiche Stimme, die einen warmen Klang hatte, berührte ihn angenehm.

„Nun – warten Sie erst ab. Das Leben in Treuenfels ist nicht sehr amüsant für junge Damen."

Griseldis lächelte. Und dies Lächeln berührte ihn wie das Streicheln einer sanften Hand.

„Oh, das Leben ist überall schön und lebenswert, wo man es nur so finden will. Und das will ich und mit Erfolg."

„Vielleicht weil Sie immer im Sonnenschein lebten – aber hier ist Schatten“, sagte er düster.

Sie ließ ihre Augen nicht von ihm, trotzdem ihr das Herz klopfte.

„In meines Vaters Krankenzimmer schien wenig Sonne. Er war verbittert, und ich mußte ihm Frohsinn geben, damit er leben konnte. In St. Marien fanden die Damen alle das Leben öde und langweilig. – Ich habe ihnen aber bewiesen, daß es soviel Licht und Sonne hatte, daß sie herzlich zufrieden sein konnten. Ich fand es in dem alten, ehemaligen Kloster wunderschön, und nun gar hier in Schloß Treuenfels! Das ist ja wie ein Märchenschloß, und ich komme mir ganz verzaubert vor. Meine Zimmer sind herrlich, und alles, was ich sehe, ist schön. Ich kann dem lieben Gott gar nicht dankbar genug sein, daß er mich in eine so schöne Umgebung versetzt hat. Da muß man von Herzen froh sein, und das bin ich auch.“

Harro lauschte ihren Worten mit einem Gefühl, als müsse es sich leichter atmen in der Nähe dieses jungen Geschöpfes. Wehmütig gedachte er der Zeit, da auch er so froh und hell ins Leben schaute.

„Es soll mich freuen, wenn es Ihnen immer hier gefällt, und wenn Sie aushalten bei meinem Kind, das eine frohe Gefährtin noch nötiger braucht als eine Erzieherin.“

Griseldis beugte sich liebreich zu der kleinen Komteß herab, die ihre Hand gefaßt hielt und nach Kinderart von einem Fuß auf den andern hüpfte. Sie legte ihre Hand auf das Kinderköpfchen und sah dem Grafen ernst und froh in die Augen.

„Das soll mir gewiß nicht schwerfallen, Herr Graf. Alle Kraft will ich meiner neuen Aufgabe widmen. Ich bitte Sie, mir das zu glauben und mich Ihre besonderen Wünsche bezüglich der Erziehungsfrage wissen zu lassen.“

„Darüber sprechen wir später. Erst gewöhnen Sie sich bei uns ein und suchen Sie, bitte, mit meinem Töchterchen Fühlung zu gewinnen. Ich glaube, Sie haben schon bei der ersten Begegnung über ihr kleines Herz gesiegt, denn sie ist sonst nicht leicht zu erobern und hat mir doch von Ihnen sehr viel vorgeplaudert."

Gilda hing sich in Griseldis' Arm. „Und du und Griseldis darf ich zu dir sagen, weil du es erlaubt hast. Ich habe Papa gleich gefragt, und er hat nichts dagegen."

Griseldis legte den Arm um Gildas Schulter und drückte sie sanft an sich.

„Ich hoffe, wir werden recht gute Freunde, Komteß Gilda."

„Nein – das geht nicht! Gegen die Komteß muß ich protestieren, Fräulein von Ronach. Wenn Sie Gilda gestatten, Sie beim Vornamen und du zu nennen, so dürfen Sie keinesfalls das zeremonielle Komteß vor ihren Namen setzen. Und es liegt mir viel daran, daß meine Tochter mit Ihnen auf einen vertraulichen Standpunkt kommt. Sie sollen wie eine Mutter über sie wachen. Den nötigen Respekt werden Sie sich schon verschaffen, wenn Sie einmal mit Liebe und Güte nicht durchkommen."

„Herr Graf, auf den Respekt will ich gern verzichten und nur mit Liebe erziehen. Mit Liebe kann man alles erreichen."

Er sah sie an wie ein fremdes Wunderwesen. „Mit Liebe kann man alles erreichen."

„Darf ich zum Tee bitten", klang Beates Stimme hart und spröde in diese Unterhaltung.

Harro und Griseldis zuckten zugleich leise zusammen. Sie hatten die Komteß ganz vergessen. Und die harte, spröde Stimme klang wie eine Dissonanz in ihre Unterhaltung.

Harro wandte sich langsam nach der Komteß um. Und da sah er in ihren Augen einen unheimlichen, haßerfüllten Blick, der auf Griseldis von Ronach ruhte.

Was war das? Ihm war, als müsse er das junge Haupt vor diesem Blick schützen. Unwillkürlich trat er einen Schritt vor, zwischen Beate und Griseldis.

Und zum erstenmal kam ihm das bisher unklare Gefühl der Abneigung gegen seine Base voll zum Bewußtsein. Bisher hatte er dies Gefühl nicht in sich aufkommen lassen. Sie war ja von seiner Gnade abhängig, und seine vornehme Denkungsweise räumte ihr deshalb ein doppeltes Anrecht auf seine Nachsicht ein. Und als er neulich heimkehrte und sie ihrem Glauben an seine Unschuld Worte gegeben hatte, war er mit sich unzufrieden gewesen, daß er ihr nicht wärmer hatte danken können. Nun aber, unter dem unheimlichen und haßerfüllten Blick Beates bekam die instinktive Abneigung gegen sie eine festere, bestimmtere Gestalt. Und er fragte sich, wie sich Griseldis gefragt hatte, warum Beate der neuen, jungen Hausgenossin feindselig und gehässig gegenüberstand.

Beate wies Griseldis einen Sessel an.

„Bitte, nehmen Sie Platz, Fräulein von Ronach. Sie können heute den Tee mit uns nehmen. Ob Sie in Zukunft die Mahlzeiten mit uns zusammen oder auf Ihrem Zimmer einnehmen werden, wird der Herr Graf selbst bestimmen“, sagte sie höflich, aber mit einem Ton, aus dem es Griseldis wie Eiseskälte anwehte.

„Es ist doch selbstverständlich, Beate, daß Fräulein von Ronach mit uns zusammen speist.“

„Verzeih, Harro, aber so selbstverständlich konnte ich das schon deshalb nicht finden, weil Fräulein von Ronachs Vorgängerin nicht mit an unserm Tisch speiste."

Harro sah, daß Griseldis' Lippen leise zuckten, wie in peinlicher Verlegenheit. Er fand es taktlos, daß Beate diese Angelegenheit in ihrer Gegenwart berührte.

„Du weißt, Beate, weshalb Mademoiselle Perdunoir mit einem andern Maßstab gemessen werden mußte wie Fräulein von Ronach. Ich wünsche, daß die Erzieherin meiner Tochter unbedingte Familienzugehörigkeit genießt. Verzeihen Sie, Fräulein von Ronach, daß diese Angelegenheit in Ihrer Gegenwart zur Sprache kam. Das hätte nicht sein dürfen. Aber da sie einmal berührt worden war, mußte sie auch in Ihrer Gegenwart klargestellt werden."

Griseldis hob die Augen und sah ihn dankbar an vor Freude darüber, daß er so ritterlich für sie eintrat.

Er sah in ihren offenen, klaren Augen, was sie dachte, und da kam ihm erst zum Bewußtsein, daß seine Worte einen Tadel für Beate enthielten. Es war unklug von ihm gewesen, weil es Beate noch mehr gegen Fräulein von Ronach aufreizen würde.

„Also, diese Frage ist erledigt, liebe Beate, und sicher auch in deinem Sinn. Es wird auch dir angenehm sein, bei Tisch ein fröhliches Gesicht zu sehen und angeregtere Unterhaltung zu haben, als ich sie dir jetzt bieten kann. Und nun darf ich wohl noch um eine Tasse Tee bitten."

Damit war dies Thema erledigt, Beate hatte das Gefühl, als habe sie eine Niederlage erlitten. Und diese Niederlage schrieb sie auf das Konto von Griseldis. Ihre Abneigung gegen das schöne Mädchen glich immer mehr einem Gefühl tödlichen Hasses.

Gilda wandte sich naturgemäß am meisten der

neuen Erzieherin zu. Diese mußte ein förmliches Verhör bestehen.

Ob sie auch in den greulichen, gelben Romanbüchern lesen und dann immerfort sagen würde: „Gilda, sei still, schwatze nicht soviel.“ Ob sie auch mit einem schwarzen Stift die Augenbrauen malen würde, wie es Mademoiselle getan, und ob sie sich auch vor Gespenstern graule.

Sie antwortete wahrheitsgemäß, daß sie in Gildas Anwesenheit überhaupt nicht lesen würde, außer in den Schulbüchern beim Unterricht, ihre Augenbrauen nicht male, weil dieselben ohnedies viel zu dunkel seien im Verhältnis zu ihrem hellen Haar, und daß sie an Gespenster überhaupt nicht glaube.

Harro hatte bei dieser Gelegenheit feststellen müssen, daß Griseldis' Augenbrauen und Wimpern tatsächlich sehr dunkel waren, was sehr eigenartig und anziehend wirkte im Kontrast zu dem satten Goldton ihres Haares. Er konnte sich überhaupt nicht verhehlen, daß Fräulein von Ronach ein sehr schönes und anmutiges Mädchen war.

Gilda war befriedigt von ihrem Verhör, und ehe die Teestunde noch zu Ende war, saß sie Griseldis auf dem Schoß, umschlang sie mit den runden Ärmchen und schmiegte sich in ihre Arme, als sei das ein sehr wohliges und warmes Plätzchen.

Gilda war sonst nicht so leicht anschmiegend. Meist verhielt sie sich bei Zärtlichkeiten passiv oder ablehnend. Nur ihrem Vater gegenüber betätigte sie ihre Zärtlichkeit durch Liebkosungen. Um so auffallender war ihr Benehmen Griseldis gegenüber, daß Gilda mit ihrem instinktiven Empfinden der neuen Erzieherin Liebe entgegenbrachte.

Beate war nicht erfreut darüber, sondern es kränkte und ärgerte sie, und sie hätte Gilda am liebsten aus Griseldis' Armen gerissen. Wie hatte sie sich bemüht, Gildas Gunst zu erwerben, um sich dadurch in das Herz ihres Vaters einzuschmeicheln. Aber Gilda hatte sich ihr gegenüber stets ablehnend verhalten.

Sie sagte sich nicht, daß Kinder meist ein richtiges Empfinden haben und nur da Liebe geben können, wo sie welche empfangen. Bei Kindern ersetzt der Instinkt die mangelnde Menschenkenntnis.

Beate wußte in dieser Stunde nicht, wen sie mehr hassen sollte – das Kind, das ihren Plänen nicht dienen wollte, oder die Erzieherin, die durch ihren Liebreiz ihren Plänen gefährlich zu werden drohte.

Als man sich vom Teetisch erhob, zog sich Harro gleich zurück, weil er mit seinem Verwalter Geschäfte zu erledigen hatte. Er verabschiedete sich von Beate mit einem Handkuß und von Griseldis mit einer Verbeugung. Gilda küßte ihn herzinnig zum Abschied.

Gern hätte er Griseldis herzlich die Hand gedrückt, aber er fürchtete, sie könnte vor seiner Hand zurückschaudern. Konnte er doch nicht wissen, ob sie nicht an seiner Unschuld zweifelte.

Aber heute ließ er zum erstenmal seine Tochter mit dem beruhigenden Gefühl allein zurück, daß sie sich in seiner Abwesenheit nicht einsam fühlte.

„Ich darf doch bei Griseldis bleiben, Papa?" fragte ihn Gilda, ehe er ging.

„Ich weiß nicht, Gilda, ob dich Fräulein von Ronach schon brauchen kann. Sie will sich gewiß erst einrichten."

Griseldis lächelte.

„Mein Hab und Gut ist bereits untergebracht, Herr Graf. Ich bin vollständig fertig und weiß mit meiner Zeit nichts Besseres anzufangen, als sogleich mein Amt anzutreten."

„Nun, wie Sie denken, Fräulein von Ronach. Es ist sehr lieb von Ihnen, daß Sie sich gleich heute meines kleinen Mädchens annehmen wollen. Dafür kannst du dich bedanken, Gilda. Vielleicht führst du Fräulein von Ronach ein wenig im Schloß herum, damit sie ihre neue Heimat kennenlernt", sagte er.

Gilda nickte vergnügt.

Griseldis sah ihm nach. Ihre neue Heimat – so hatte er sein Haus genannt. Er war gütig und von vornehmer Denkungsart. Das fühlte sie.

Ein leiser Seufzer floh über ihre Lippen. Es tat ihr weh – sehr weh, zu wissen, daß dieser Mann leiden mußte – unschuldig leiden. Es stand auf seinem Gesicht geschrieben.

„Sie scheinen sehr zerstreut zu sein, Fräulein von Ronach", tönte plötzlich die scharfe Stimme der Komteß Beate an ihr Ohr.

Griseldis schrak zusammen.

„Verzeihung – ich hörte nicht, was Sie sagten."

„Ich habe nicht mit Ihnen gesprochen, aber Gilda hat Sie wiederholt gefragt, ob Sie mit hinausgehen wollen. Sie gaben ihr keine Antwort."

Griseldis drückte das Kind zärtlich an sich.

„War ich unaufmerksam, liebe Gilda?" fragte sie.

„Ach, du hast so große Augen gemacht und auf einen Fleck gesehen. Gelt, du hast über etwas nachdenken müssen?"

„Ja, Gilda, das habe ich getan. Und das war nicht recht von mir. Ich hätte auf deine Frage hören müssen."

„Oh, du bist ganz anders als Mademoiselle; wenn die mir nicht auf meine Frage antworten wollte, dann sagte sie: Schweig still, du bist unartig."

„Wie wollen Sie sich die nötige Autorität bewahren, wenn Sie dem Kind eingestehen, daß Sie nicht recht getan haben?" fragte Beate spöttisch.

„Ich glaube nicht, daß man sich Autorität dadurch verschaffen kann, daß man ein Unrecht ableugnet. Kinder sind unbestechliche Richter", erwiderte Griseldis ruhig, „und man muß ihnen gegenüber vor allen Dingen wahr bleiben."

„Komm doch, Griseldis", bat Gilda.

Da verneigte sich diese vor der Komteß.

„Sie gestatten, daß ich mich mit Gilda entferne, Komteß."

Diese winkte nur kurz mit der Hand. Der Grimm drohte sie zu ersticken, daß sie Griseldis nichts anhaben konnte.

So ging Griseldis mit Gilda hinaus. Sie fühlte, daß sie in Beate eine Feindin besaß.

Aber das bedrückte sie nicht lange. Was konnte ihr die Komteß anhaben, wenn Gilda sie liebte und der Graf mit ihr zufrieden war?

Und nun begann ein herrliches Herumstreifen in dem schönen, alten Schloß. Griseldis wurde nicht müde, zu sehen und zu staunen, und Gilda wurde nicht müde zu plaudern.

Griseldis hatte die Gabe, sich in den Ideenkreis eines Kindes einzuleben. So wurde es ihr leicht, auf Gildas Geplauder einzugehen und sie zufriedenzustellen.

Köstlich drollig fand sie es, als sie mit Gilda im Ahnensaal war, und diese ihr gewissermaßen ihre Vorfahren vorstellte. Sie kannte die Namen und die Geburts- und Sterbedaten all dieser Grafen und Gräfinnen von Treuenfels auswendig. Das hatte sie bei Mademoiselle gelernt.

Gilda hatte ihre besonderen Lieblinge unter den Bildern. Am schönsten fand sie das ihres Vaters, der als junger Offizier porträtiert war und als letzter der

Grafen Treuenfels an der südlichen Wand hing. Daneben war ein leerer Raum.

„Hier kommt Mamas Bild hin. Papa hat es bestellt. Es kommt bald nach Treuenfels.“

Griseldis sah empor in das frohe, lachende Gesicht des jungen Offiziers. Hier auf diesem Bild sah Graf Harro aus wie auf der Fotografie, die Mutter Anna besaß.

Jetzt glich er diesem Bild nicht mehr. Und dann hatte Gilda noch ein andres Bild ins Herz geschlossen: das einer sehr schönen, jungen Frau mit goldblonden Flechten. Sie trug ein weißes, goldgesticktes Gewand, mit einer langen Perlenschnur um den Hals. Diese Perlenschnur gehörte als kostbarstes Stück zu dem berühmten Familienschmuck der Grafen Treuenfels. Das Täfelchen unter dem Bilde zeigte, daß diese Gräfin, Charlotte Marie von Treuenfels, geborene Gräfin Salitz-Halm, am 24. Mai 1710 geboren und am 6. November 1788 gestorben war.

Griseldis sah aus den Geburtsnamen dieser Gräfin Charlotte Marie, daß die Verwandtschaft Mutter Annas mit dem Grafen Treuenfels schon lange zurücklag.

„Ist sie nicht lieb und schön, die Gräfin Lottemarie?“ fragte Gilda.

„Ja, Gilda, sie ist wunderschön. Und sie hat ein liebes und gutes Gesicht“, erwiderte Griseldis, das Bild aufmerksam betrachtend.

„Sie war auch lieb und gut, Papa hat es mir erzählt. Und er wünscht, daß ich werden möchte wie Lottemarie, so schön und gut, und so glücklich. Papa sagt, Lottemarie war die glücklichste Gräfin Treuenfels.“

Griseldis drückte Gilda zärtlich an sich. Sie waren beide so sehr vertieft, daß sie nicht merkten, daß

Harro leise durch die offene Tür eingetreten war. Er blieb stehen und betrachtete das reizende Bild, das die beiden jungen, blonden Wesen abgaben. Griseldis saß auf einer hochlehnigen, geschnitzten Bank vor dem Bild der Gräfin Lottemarie, und Gilda kniete neben ihr und umschlang Griseldis mit beiden Armen. Die untergehende Sonne fiel durch die hohen Fenster in den Saal und verbreitete einen goldenen Schein um die blonden Köpfe.

Er hörte die Worte seiner Tochter und hörte auch die Antwort, die Griseldis gab.

„Gott gebe, daß dieser Wunsch deines lieben Vaters in Erfüllung geht, mein liebes, liebes Kind."

„Bin ich dein liebes, liebes Kind?" fragte Gilda liebebedürftig.

„Ja, du bist es, ich habe dich sehr, sehr lieb."

„Oh, das ist schön. Es gefällt mir, daß du liebes Kind zu mir sagst und nicht, wie die anderen alle, armes Kleinchen. Auch Beate sagt das. Und das will ich nicht hören, da muß ich weinen."

„Du bist ja gar kein armes Kleinchen, sondern ein sehr glückliches und beneidenswertes Kleinchen. Du wohnst ruhig und sicher in einem schönen Schloß, hast alles, was du brauchst, und vor allen Dingen einen lieben, guten, herrlichen Vater, der dich liebhat und alles tun wird, was er kann, um sein Kind glücklich zu machen."

„Griseldis, alles, was du sagst, gefällt mir. So dumm ist es, daß sie armes Kleinchen zu mir sagen. Du verstehst das viel besser. Du weißt, daß ich ein glückliches Kleinchen bin."

„So ist es recht, Gilda. Man muß sich nicht bedauern lassen, wenn man sich wohl und glücklich fühlt. Und das kann man immer, wenn man ein reines Herz hat und nichts Böses tut. Und gut und gesund muß man sein, dann ist man auch glücklich."

Harro hatte jedes dieser Worte gehört. Leise und ungesehen entfernte er sich wieder.

Draußen atmete er tief auf und nickte vor sich hin. Ja – das war die rechte Erzieherin für seine Tochter. Er fühlte, daß sie ihre Aufgabe richtig erfaßt hatte. Und zugleich ging von ihren Worten auch ein leiser Trost für ihn selber aus, daß auch er sich wohl und glücklich fühlen könne, da er schuldlos war.

Griseldis!

Er sagte ihren Namen leise vor sich hin.

Griseldis! Wie dieser Name zu ihr paßte.

Einige Tage vergingen. Griseldis hatte sich schnell in Schloß Treuenfels eingelebt, und sie hätte sich in ihrer neuen Stellung restlos glücklich fühlen können, wenn nicht zweierlei sie daran gehindert hätte. Da war Komteß Beates feindliches Wesen und Graf Harros düstere, von herbem Seelenschmerz zeugende Traurigkeit.

Hauptsächlich das letztere tat ihr weh. Sie hätte das Schwerste vollbracht, wenn sie ihm hätte helfen können. Sie verhehlte sich nicht, daß sie ihr junges Herz an ihn verloren hatte, daß sie ihn liebte mit der ganzen Kraft und Inbrunst ihrer Seele.

Keine Wünsche und Hoffnungen knüpften sich an diese Liebe. Sie wußte, daß sie aussichtslos war. Gern hätte sie auch alles Leid auf sich nehmen wollen, wenn sie nur ihn hätte wieder glücklich sehen können. Aber leider lag es nicht in ihrer Macht, ihm zu helfen. Und so mußte sie sich damit begnügen, zuweilen ein wenig Sonnenschein in sein Leben zu bringen.

Mit Gilda war sie ein Herz und eine Seele. Das Kind hatte sich mit einer großen Innigkeit an sie angeschlossen und teilte seine Zärtlichkeiten nur zwischen ihr und dem geliebten Vater.

Sie widmete sich ganz ausschließlich dem Kind. Nicht nur ihr geistiges und seelisches Wohl hielt sie im Auge, sondern auch Gildas körperliche Entwicklung, als wenn jetzt eine treue, liebevolle Mutter über dem kleinen Komteßchen wachte.

Harro hatte Griseldis scharf beobachtet und war zu der Überzeugung gekommen, daß er sich glücklich schätzen konnte, eine so verständnisvolle und liebreiche Erzieherin für seine Tochter gefunden zu haben. Die erste Woche ließ er verstreichen.

Als Griseldis ihn nach einem bestimmten Unterrichtsplan fragte, antwortete er freundlich:

„Warten wir noch. Leben Sie sich erst ein, und schließen Sie erst gründlich Freundschaft mit Gilda. Die Lehrerin soll dann an die Reihe kommen. Ostern ist vor der Tür, und Gilda kommt ja jetzt erst in das schulpflichtige Alter. Nach dem Osterfest können Sie dann mit dem Unterricht beginnen."

Ihre Tage waren bis zum Rand gefüllt mit all dem Neuen und Unbekannten, was sie selbst erst einmal verarbeiten mußte. Und Gilda nahm ihre Zeit und Aufmerksamkeit auch so unbedingt in Anspruch.

Frühmorgens um acht Uhr wurde das Frühstück gemeinsam eingenommen. Sie beteiligte sich bald scherzend und munter bei Gildas Ankleiden und wußte ihr das zu einem wahren Vergnügen zu machen. Es gab dabei ein Lachen und Jubeln, daß Harro oft genug lauschend stehenblieb und diesem frohen Lärm zuhörte.

Nach dem Frühstück ging Griseldis mit Gilda ins Freie, auch bei schlechtem Wetter. Manchmal schloß sich diesen Spaziergängen auch Harro an.

Dann spielte sie mit Gilda in deren Zimmer. Hierauf wurde Toilette gemacht für die Mittagstafel.

Diese fand pünktlich um zwei Uhr statt. Nach der Tafel mußte Gilda ein Stündchen schlafen.

Da ließ es sich Griseldis bald nicht mehr nehmen, Gilda selbst auszukleiden und niederzulegen. Früher hatte das Komteß Beate getan.

Gilda wollte sich nicht mehr von Beate auskleiden lassen. Diese mußte Griseldis auch hier das Feld räumen.

„Beate hat so harte Hände und faßt so fest zu. Deine Hände sind weich, Griseldis, ich lasse mich gern von dir streicheln, aber von Beate nicht", sagte Gilda einmal.

Beate hatte es scheinbar ruhig geschehen lassen, daß sie von Griseldis verdrängt wurde. Aber sie schrieb auch das auf das Konto der jungen Erzieherin, die sie von Tag zu Tag mehr haßte.

In der Zeit, da Gilda ihre Mittagsruhe hielt, war Griseldis frei. Diese Zeit gehörte ihr allein.

Wenn das Komteßchen aber erwachte, rief sie schon wieder nach ihrer Griseldis.

Dann lauschte Graf Harro wieder auf die beiden jungen, warmen Stimmen, die wie froheste Lebensbejahung zu ihm herüberklangen. Dann kam es wohl vor, daß es ihn in seinem Zimmer nicht hielt, daß er schnell einmal hinüberlief, um diesen Frohsinn aus der Nähe zu genießen. Griseldis blieb dann auch ganz unbefangen fröhlich, als sei sie selbst noch ein Kind. Sah sie dann auf des Grafen Antlitz ein schwaches Lächeln, war sie glücklich für den ganzen Tag.

War Gildas Toilette fertig, ging es wieder eine Stunde ins Freie. Dann wurde der Tee genommen. An der Abendtafel nahm Gilda nicht teil. Wenn sie zu Bett gebracht wurde, mußte Griseldis unbedingt noch mit Gilda beten und ein Weilchen an ihrem Bett sitzen und Märchen erzählen.

Nun hatte Griseldis endlich Ruhe und durfte auch an sich denken. Aber es war ihr nichts zuviel und nichts zu schwer, denn sie liebte das Kind, und es machte ihr Freude, ihm alles zu sein.

Bei der Abendtafel, an der Gilda fehlte, ging es dann meist sehr viel stiller zu als bei den Mahlzeiten, an denen sie mit teilnahm. Zuweilen fehlte dann auch Graf Harro, wenn er zu arbeiten hatte oder in besonders düsterer Stimmung war. Dann saßen sich Griseldis und Beate meist stumm gegenüber.

Diese einsamen Mahlzeiten mit der Komteß waren Griseldis eine Qual. Sie fühlte dann, wie die schwarzen, unheimlich flackernden Augen unablässig an ihrem Gesicht hingen. Es waren wilde und böse Wünsche in Beates Seele, Wünsche, vor denen sie zuweilen selbst schaudernd die Augen schloß.

Dies Schweigen war ihr furchtbar. Lieber war es ihr noch, wenn die Komteß ihrem Empfinden in einigen feindlichen Ausfällen gegen sie Luft machte. Zum Glück kam es nicht oft vor, daß Harro an der Abendtafel fehlte. War er auch meist still und in sich gekehrt, so genügte doch schon seine Gegenwart, um Griseldis glücklich und froh zu machen.

Gleich nach dem Abendessen zog er sich aber meist zurück, und dann ging auch Griseldis auf ihr Zimmer und gehörte sich nun selbst an.

Sie schrieb dann Briefe, an Tante Agnes, an Mutter Anna. Auch an Tilly von Sarnow sandte sie einen ausführlichen Bericht über ihre neue Stellung. Öfter las sie dann ein gutes Buch. Die Schloßbibliothek war sehr reichhaltig. Da auch Harro viel las, waren stets die neuesten Werke der schönen Literatur vorhanden.

Daß er mit großem Interesse verfolgte, welche Bücher sie aus der Bibliothek holte, ahnte sie nicht. Es lag ein Buch aus in der Bibliothek, wohinein jeder schreiben mußte, welche Bücher er entnahm. Und wenn sie ein Buch gehabt hatte, was er nicht kannte, so las er es sicher gleich nach ihr.

So war der Ostersonnabend herbeigekommen. Komteß Beate hatte im Haus mit Festvorbereitungen zu tun und hatte sich den ganzen Vormittag noch nicht sehen lassen. Inzwischen war, in eine große Kiste verpackt, das lebensgroße von Graf Harro bestellte Porträt der Gräfin Alice eingetroffen. Er ließ es auspacken und vorläufig in die große Halle stellen. An eine Säule gelehnt stand das Bild so, daß sich in der hier herrschenden schwachen Beleuchtung nur die helle lichte Erscheinung der jungen Gräfin abhob, so als müsse sie jeden Augenblick aus dem Rahmen heraustreten.

Das Porträt war durchaus lebenswahr, ein Meisterwerk.

In Gedanken verloren stand Harro vor dem Bild, als Griseldis mit dem Komteßchen die Treppe herabkam.

„Gilda – komm einmal her.“ Er führte sie vor das Bild. „Wer ist das?“

Gilda schlug die Händchen zusammen.

„Mama! Ach, Griseldis – komm und sieh – da ist Mamas Bild.“

Griseldis kam herbei. Sie merkte sogleich an seinem düsteren Gesicht, daß das Bild trübe Erinnerungen in ihm geweckt hatte.

„Wie gut, Gilda, daß du nun immer dies schöne Bild deiner lieben Mama ansehen kannst. Da wirst du sie nie vergessen und kannst zu ihr gehen, sooft du willst“, sagte sie leise.

Es zuckte in Harros Gesicht. Er wollte etwas sagen, biß aber die Zähne fest zusammen und ging davon. Irgendeine schlimme Erinnerung mußte ihn gepackt haben.

Griseldis nahm Gilda an der Hand und entfernte sich ebenfalls mit ihr. In demselben Moment kam Beate aus den Wirtschaftsräumen.

So stand sie plötzlich, ganz unvermutet, vor dem Bild der Gräfin Alice. Sie zuckte zusammen und stieß vor Schrecken einen Schrei aus. Ihr war gewesen, als stehe die Gräfin in Wirklichkeit vor ihr.

Graf Harro und Griseldis kamen schnell wieder in die Halle zurück. Da sahen sie Beate mit verhülltem Gesicht an das Treppengeländer gelehnt stehen.

„Was ist geschehen, Beate?“ fragte der Graf, auf sie zueilend.

Die Komteß ließ die Hände sinken von dem fahlen, erblaßten Gesicht. „Es ist nichts, Harro, ich – ich hatte nur das Bild nicht bemerkt und hätte es beinahe umgestoßen“, sagte sie heiser und rauh vor unterdrückter Erregung.

„Du bist sehr nervös und schreckhaft geworden, Beate. Das war früher nicht der Fall. Da hast du nie verstehen können, wie jemand nervös sein konnte. Aber freilich, diese aufregende Zeit, die wir durchgemacht haben, die erschüttert auch starke Nerven. Ich hätte das Bild nicht hier stehenlassen sollen“, sagte Harro mit beruhigendem Ton.

Beate hatte sich wieder in der Gewalt.

„Du brauchst dir keine Vorwürfe zu machen, Harro. Ich war nur sehr eilig und hätte das Bild fast umgestoßen. Das könnte auch jemandem von der Dienerschaft passieren. Deshalb ist es wohl besser, du läßt es gleich in den Ahnensaal hinauftragen.“

Er gab sogleich Befehl und ließ das Bild hinauftragen.

Griseldis hatte diese ganze Szene beobachtet. Sie sah die Komteß forschend an. Wie seltsam, daß diese so scheu und furchtsam auf das Bild der Gräfin Alice starrte. Sie mußte sich sehr erschreckt haben.

Nun da das Bild fortgeschafft wurde, atmete sie auf.

Griseldis sah Graf Harro und Beate erst wieder, als sie mit Gilda zur Mittagstafel kam. Beate schien besonders lebhaft und mitteilsam, was sie sonst nie zu sein pflegte. Sie scherzte über ihre Nervosität und zwang sich auch, zu Griseldis freundlicher als sonst zu sein. Aber Griseldis blieb höflich und gemessen.

Harro empfand es nur angenehm, daß seine Base etwas freundlicher war, er sagte sich, daß er Beate wohl Unrecht tue mit seiner Abneigung. Als Griseldis nach Tisch mit Gilda hinaufgehen wollte, um diese zur Ruhe zu bringen, sagte Harro zu ihr:

„Bitte, kommen Sie in mein Arbeitszimmer, Fräulein von Ronach, wenn Sie Gilda niedergelegt haben. Ich möchte Ihnen heute den Unterrichtsplan für meine Tochter vorlegen, damit nach dem Fest der Unterricht beginnen kann."

Und sobald sie Gilda zu Bett gebracht hatte, begab sie sich zu dem Grafen. Sie merkte nicht, daß ihr Beate wie ein schwarzer Schatten folgte und sich hinter einer Portiere versteckte, um zu lauschen.

Harro stand an seinem Schreibtisch, als Griseldis eintrat, und sie sah, daß der scharfe Schmerzenszug in seinem Antlitz besonders prägnant hervortrat.

„Bitte, nehmen Sie Platz, Fräulein von Ronach. Ich muß Ihre Zeit ein wenig in Anspruch nehmen, es liegt mir viel daran, daß ich mich Ihnen verständlich mache, damit Sie meine Wünsche in bezug auf den Erziehungsplan meiner Tochter begreifen."

„Sie haben über meine Zeit zu verfügen, Herr Graf", erwiderte Griseldis.

„Ach – Sie meinen, weil Sie in meinem Haus angestellt sind? Nein, Fräulein von Ronach, auf diesem Standpunkt wollen wir uns nicht gegenüberstehen. Sie sollen in meinem Haus das unbedingte Gefühl völliger Freiheit haben. Sie geben meinem Kind ein Stück von Ihrem Herzen. Das ist etwas, was man nie mit Geld oder Geldeswert vergelten kann. Ich kann Ihnen dafür nur herzlich danken. Sie tun so viel für Gilda, was Sie nicht freiwillig tun würden, wenn Sie mein kleines Mädchen nicht liebgewonnen hätten. Also sprechen Sie, bitte, nicht davon, daß ich über Ihre Zeit zu verfügen habe."

Griseldis nahm mit der ruhigen Selbstverständlichkeit der Dame Platz, noch ehe sich Harro ihr gegenüber niedergelassen hatte. Ein Lächeln lag bei seinen Worten auf ihrem Antlitz.

„Ich bitte also um Ihre Instruktionen, Herr Graf."

Er nahm von seinem Schreibtisch einen Zettel mit Notizen und besprach mit ihr genau den Lehrplan für seine Tochter. Als der damit fertig war, sagte er, den Zettel wieder hinlegend:

„So also habe ich mir das gedacht. Sind Sie nun orientiert?"

„Vollständig, Herr Graf, und Sie dürfen versichert sein, daß ich mich streng an Ihre Vorschriften halten werde."

Er sah sie mit einem Lächeln an.

„Streng? Nein – dies Wort paßt so gar nicht zu Ihnen. Sie sollen nicht ängstlich wie nach einer Schablone arbeiten."

„Ich weiß, wie Sie es meinen, Herr Graf. An eine Schablone denke ich auch gar nicht. Es wäre jammerschade, wenn das impulsive, warmherzige Wesen Gildas in irgendeine Schablone gepreßt werden sollte."

„Sie sind auch nicht nach einer Schablone erzogen worden, nicht wahr?“ fragte er, seine Augen nicht von ihrem Gesicht lassend.

„Ach – eigentlich bin ich gar nicht erzogen worden! Meine Mutter war von meiner Geburt an kränklich und nicht imstande, auf mein lebhaftes Naturell einen andern Einfluß auszuüben als den einer sorgenden, herzlichen Liebe. Ich glaube, nichts erzieht den Menschen so gut wie das Bewußtsein, daß ihn jemand liebt und sich um ihn sorgt. Und mein Vater hatte, so lange er Soldat war, auch keine Zeit für mich. Um meiner Mutter Sorge und Unruhe zu sparen, suchte ich so gut und so tüchtig zu werden, wie es in meiner Macht stand.“

„Sie sagten am ersten Tage Ihres Hierseins zu mir: Mit Liebe kann man alles erreichen. Das hat mir sehr gefallen. Sie haben es sicher an sich selbst erprobt?“

Während er das fragte, dachte er bei sich, ob dies schöne Mädchen ihr Herz schon an einen Mann verschenkt hätte.

Griseldis blieb ganz unbefangen. „Vielleicht! Jedenfalls weiß ich, daß meine Eltern mit Liebe und Güte alles bei mir erreicht haben, und daß eben die beste Lehrmeisterin die Liebe ist. Ich habe natürlich gute Schulen besucht. Das Schulwissen habe ich mir ja nicht allein aneignen können. Und dabei habe ich auch Studien an meinen Lehrern gemacht und mir an ihnen gemerkt, wie man es machen und wie man es nicht machen soll, Kinder zu erziehen. So habe ich mir überall mein bißchen Lebensweisheit, wenn ich mit meinen zweiundzwanzig Jahren schon davon sprechen kann, zusammengesucht – und manchmal unter recht erschwerenden Umständen. Aber dafür sitzt es nun auch fest.“

„Ich wünsche sehr, daß Sie von dieser schwer errungenen, jungen Lebensweisheit auch meine Tochter profitieren lassen. Sie wird – auch das muß ich hier einmal erwähnen –, wenn sie erst erwachsen ist, keinen leichten Stand, kein leichtes Schicksal haben – wenn nicht ein Wunder geschieht."

Griseldis fühlte, auf was er anspielte, und ihn fest und ruhig ansehend, sagte sie zuversichtlich: „Solch ein Wunder kann täglich geschehen."

„Wissen Sie denn, welch ein Wunder ich vom Schicksal erflehe?"

„Ja – ein Wunder, das Ihre Unschuld an den Tag bringt", sagte sie fest.

Er zuckte zusammen und legte seine Hände mit einem harten Griff auf die Armlehnen seines Sessels. Dann beugte er sich vor und sah ihr in die Augen.

„Meine Unschuld? Wissen Sie denn, ob ich unschuldig bin?"

„Ich weiß nicht, Herr Graf, ob es recht und gut ist, mit Ihnen über diese Sache zu sprechen. Vielleicht wäre es schonungsvoller, darüber hinwegzugehen. Aber so eine Schonung kann auch schlimme Folgen haben. Und da dies Thema einmal berührt ist, möchte ich nicht ausweichend darüber hinweggehen. Sie könnten ja sonst glauben, ich fürchte mich, dies Thema zu berühren. Eine feigherzige Schonung kann Ihr Leid nur tiefer in Ihre Seele hineingraben. Es muß Ihnen doch schrecklich sein, nicht davon sprechen zu dürfen, was Sie quält. Verzeihen Sie, wenn ich, die ich Ihnen fremd bin, so zu Ihnen spreche. Sie fragen mich, ob ich weiß, daß Sie unschuldig sind. Nun denn, ja, ich weiß es – sonst wäre ich nicht in Ihrem Haus. Wenn ich einen Zweifel hätte mitbringen müssen, hätte ich Ihrem Kind nicht die rechte Erzieherin sein können. Ich will alles tun, was ich kann, um Gilda zu lehren, daß sie den blinden, bösen Zufall verachten lernt, der über ihren Vater ein so großes Leid gebracht hat."

„Woher kam Ihnen der Glaube an meine Unschuld?“ stieß er heiser hervor.

Griseldis errötete, aber sie hielt seinen Blick ruhig aus.

„Mutter Anna sprach mit mir über alles in jener sorgenvollen Zeit, da Sie in Untersuchungshaft saßen. Und sie glaubte fest an Ihre Unschuld. Ich sah auch Ihr Bild bei Mutter Anna – und ich habe mir gesagt, daß aus diesem Bild nicht die Augen eines feigen Meuchelmörders blickten. Und jetzt, da ich Sie kenne, erscheint es mir unverständlich, daß jemand nur einen Augenblick an Ihrer Unschuld zweifeln konnte. Ich kenne die ganze traurige Geschichte jener Katastrophe. Darf ich auch darüber sprechen?“

Er nickte nur und sah sie an. Sie saß da vor ihm, nicht wie ein fremder Mensch, sondern wie einer, dem er seine ganze Seele hätte enthüllen mögen.

Griseldis fuhr fort: „Ich weiß also, daß Sie am Abend vor dem Tod Ihrer Frau Gemahlin bis aufs äußerste gereizt waren und Veranlassung hatten, Vergeltung zu üben. Und wenn Sie ein zorniges und leidenschaftliches Temperament besitzen, dann wäre es wohl möglich gewesen, daß Sie sich vom Augenblick zu einer raschen, unheilvollen Tat hätten hinreißen lassen. Aber eines feigen Meuchelmordes sind Sie unfähig. Hätten Sie die Tat begangen, so hätten Sie diese nicht geleugnet. Wäre ich Ihr Richter gewesen, hätte ich Ihren Worten geglaubt und hätte gesagt: Dieser Mann ist ohne Schuld.“

Griseldis hatte sich bei ihren Worten mehr und mehr erregt. Der Wunsch, ihm wohl zu tun, den dumpfen Druck von seiner Seele zu lösen, wenn auch nur vorübergehend, hatte alle Scheu von ihr gestreift. Ihre Worte hatten einen Schwung und ein Feuer, von dem sie selbst nichts wußte. Erst als sie schwieg, und als sie es in seinen Augen aufleuchten sah, kam ihr zum Bewußtsein, wie sie aus sich herausgegangen war.

Eine Weile blieb es still zwischen den beiden Menschen. Sie kämpften beide eine tiefe Erregung nieder. Graf Harros Augen hingen an Griseldis' Antlitz mit einem Ausdruck, als habe sie ihm den Frieden gekündigt, den Frieden für seine Seele.

Langsam strich er mit der Hand über die Stirn und sagte mit verhaltener Stimme: „Gott lohne Ihnen, was Sie mir eben getan haben, Fräulein von Ronach. Sie können gar nicht ermessen, was für eine Wohltat es für einen verfemten, geächteten Mann ist, wenn jemand zu ihm sagt: Ich glaube an dich. Zwei Menschen haben mir das bisher gesagt, mein alter Kammerdiener und meine Base Beate. Und Mutter Anna hat es mir geschrieben. Aber diese Menschen kennen mich genau und mußten wissen, daß ich schuldlos war, daß ich einer solchen Tat nicht fähig bin. Aber Sie – Sie kannten mich nicht, und von Ihnen hat es mir am meisten wohl getan. Ja – ich hätte an jenem Abend etwas tun können, was nicht wiedergutzumachen gewesen wäre. Aber für das, was ich getan, bin ich noch immer ehrlich eingetreten. Die Last auf meiner Seele ist etwas leichter geworden – ich danke Ihnen. Darf ich Ihnen die Hand reichen? Ich habe es bisher nicht gewagt, weil ich nicht wußte, ob Sie diese Hand ohne Schaudern fassen würden. Nun wage ich es, Sie darum zu bitten."

Sie hätte singen und jubeln mögen, weil er sagte: „Die Last auf meiner Seele ist etwas leichter geworden." Sie legte schnell ihre Hand in die seine und begnügte sich nicht damit, sie konventionell darin ruhen zu lassen, sondern sie erwiderte den warmen Druck seiner Finger, als wolle sie ihm recht deutlich zeigen, daß sie nicht davor zurückbebte. Als er aber dabei mit einem unbeschreiblichen Blick in ihre Augen sah, wurde sie doch etwas verwirrt und zog ihre Hand zurück.

„Haben Sie sonst noch Befehle für mich, Herr Graf?“ fragte sie hastig.

Er mußte lächeln. So ehrlich und tapfer hatte sie ihrer Überzeugung Ausdruck gegeben. Als Mensch zum Menschen hatte sie mit ihm gesprochen und hatte ihm mit festem Druck die Hand gereicht. Und nun, als sie sich dessen bewußt wurde, erschrak sie doch, daß sie alle gesellschaftliche Vorschrift beiseite gelassen hatte.

„Nun tut es Ihnen doch wohl leid, daß Sie, Ihrem Impuls folgend, einem Unglücklichen eine Wohltat erwiesen haben. Erst so großherzig – und nun so verzagt“, sagte er mit gutmütigem Spott.

„Ja – Sie haben recht, wenn Sie darüber spotten, Herr Graf. Man kann sich manchmal mit dem besten Willen nicht von Bedenken freimachen, weil man so wenig gewöhnt ist, sich unbefangen einer ehrlichen Regung hinzugeben, die nicht durch die Form sanktioniert ist.“

„Tapfer sind Sie – so tapfer, daß Sie sich selbst zur Engherzigkeit bekennen. Ich rechne Ihnen diese Tapferkeit hoch an. Aber länger aufhalten will ich Sie nun nicht mehr. Nur das will ich Ihnen noch sagen, daß ich jetzt seit langer Zeit die erste frohe Stunde hatte. Und eine Bitte möchte ich Ihnen noch aussprechen. Darf ich?“

Sie hatte sich erhoben, und er stand auf. Und als die Stühle rückten, entfloh Beate, die im Nebenzimmer an der Tür hinter der Portiere gelauscht hatte. Sie hatte nur Bruchstücke der Unterhaltung vernommen, weil sie sich nicht näher an die offenstehende Tür heranwagte, die in das Arbeitszimmer führte. So hatte sie hauptsächlich nur gehört, wie der Unterrichtsplan besprochen wurde. Aber das hatte sie vernommen, daß der Ton von Harros Stimme immer wärmer wurde. Und das erfüllte sie mit wahnsinniger Eifersucht.

Inzwischen sagte Griseldis: „Bitte, sprechen Sie diese Bitte aus, Herr Graf. Ich wünsche, daß ich Sie Ihnen erfüllen kann."

„Sie können es, wenn Sie wollen. Ich bitte Sie, mir zu erlauben, Ihnen zuweilen von meinem Kummer zu sprechen. Bei niemand würde ich so viel Verständnis finden wie bei Ihnen. Und Sie haben mich heute gelehrt, daß es eine Wohltat sein kann, darüber zu sprechen."

„Diese Bitte erfülle ich von Herzen gern, Herr Graf. Ich bin stolz auf Ihr Vertrauen. Und ich brauche Sie wohl nicht zu versichern, daß Sie bei mir stets verständnisvolle Teilnahme für Ihren Kummer finden werden."

Er faßte ihre Hand, diese kleine, feste, energische Hand, die gewohnt war, Widrigkeiten aus dem Weg zu räumen und fest zuzufassen.

„Ich zweifle nicht daran und danke Ihnen herzlich."

Damit zog er Griseldis Hand an seine Lippen.

Da schlug die Röte in ihr Gesicht.

„Sie gestatten, daß ich mich jetzt entferne. Gilda wird schon wach sein und nach mir verlangen."

„Ja – gehen Sie. Ich weiß, daß Sie es ernst nehmen mit Ihrer übernommenen Pflicht, meinem Kind eine Mutter zu ersetzen."

Griseldis ging schnell hinaus, denn sie fühlte, daß sie sich jetzt erst einmal fassen mußte. Diese Stunde hatte ihr so viel gegeben und sie bis ins Innerste erregt.

Graf Harro sah ihr nach, in tiefe Gedanken verloren. „So eine Lebensgefährtin – so ein stolzes, ruhiges und sicheres Geschöpf, mit so viel Frische und Kraftbewußtsein, mit so viel Güte und echt weiblichem Zartsinn, solch eine Lebensgefährtin zur Seite – das ist echtes Glück für einen Mann. Wenn man doch noch einmal von vorn anfangen könnte!"

Und er konnte mit seinen Gedanken nicht loskommen von dem, was ihm Griseldis gesagt hatte. Er wiederholte sich's immer wieder...

Griseldis war, als sie den Grafen verlassen hatte, zu Gilda gegangen. Diese schlief jedoch noch. Da eilte Griseldis hinauf in ihr Zimmer. Sie mußte jetzt einige Minuten in sich ausklingen lassen, was sie eben erlebt hatte. Denn ein Erlebnis war diese Unterredung mit Graf Treuenfels für sie.

Sie sank, von ihrer Erregung bezwungen, vor einem Sessel auf die Knie und barg das zuckende Gesicht in den Händen. Sie dankte dem lieben Gott aus vollem Herzen, daß er ihr geholfen hatte, die Last, die auf Graf Harros Seele lag, ein wenig zu erleichtern. Und sie betete mit Inbrunst um ein Wunder, das seine Unschuld an den Tag bringen würde.

Während sie mit ihrer ganzen Innigkeit um dies Wunder betete, hörte sie plötzlich ein leises Geräusch. Sie blickte auf und sah erstaunt, daß das Bild, welches die Tür zu dem geheimen Wandschrank bildete, sich langsam in den Angeln drehte, so daß der Wandschrank offen vor ihren Blicken lag. Sie sprang auf und trat an den Schrank heran. Dabei hatte sie ein ganz seltsames Empfinden, das sie sich nicht erklären konnte.

Wie mag es wohl gekommen sein, daß sich diese Tür von selbst öffnete? Ich weiß doch bestimmt, daß ich sie geschlossen habe, und das Schloß schließt doch so außerordentlich fest und gut, dachte sie.

Langsam schloß sie die Tür. Der kleine Delphin sprang wieder in den Rahmen hinein mit dem leise einschnappenden Ton. Sie rüttelte an der Tür. Jetzt war sie ganz fest geschlossen und ging sicher nicht wieder von selbst auf.

„Ich habe sie doch wohl heute morgen nicht ganz fest geschlossen, als ich meine Uhr herausnahm", sagte sie sich.

Und sie ahnte nicht, daß der Himmel ihr einen leisen Fingerzeig hatte geben wollen, auf welche Weise das erflehte Wunder hätte herbeigeführt werden können.

Griseldis maß der Sache weiter keine Wichtigkeit bei und ging nun hinunter zu Gilda.

Heute sah sie Graf Harro nicht mehr. Beim Tee ließ er sich entschuldigen. Griseldis befand sich mit Beate und Gilda allein am Teetisch und sah mit Unbehagen, wie versteinert ihr die Komteß gegenübersaß. Auch Gilda sah das und barg ihr Gesicht an Griseldis' Schulter und rief ängstlich:

„O Tante Beate – ich fürchte mich – du machst so ein böses Gesicht!"

Beate schrak auf und zwang ein Lächeln ins Gesicht.

„Kleines Närrchen, wie kannst du dich vor Tante Beate fürchten?" fragte sie.

„Oh – du sahst so böse aus."

Beate nahm Gilda mit raschem, festem Griff auf ihren Schoß, weil sie nicht ertragen konnte, daß Gilda sich so innig an Griseldis schmiegte.

„Mein süßes Kind – mein armes, armes Kleinchen", sagte sie, ihre spröde Stimme zur Weichheit zwingend.

„Laß mich – du tust mir weh – und du sollst nicht armes Kleinchen zu mir sagen."

Da löste die Komteß ihre Hände so plötzlich von

dem Kind, daß es gefallen wäre, wenn Griseldis es nicht aufgefangen hätte. Mit einem jähen Ruck schob Komteß Beate ihre Tasse zurück und ging schnell, ohne ein Wort zu sagen, hinaus. Auf ihrem Antlitz lag ein Ausdruck, der wirklich zum Fürchten war.

Sie begab sich hinauf in ihre Zimmer. Dort warf sie sich auf einen Diwan und begrub das Gesicht in den Händen. „Ich will nicht alles umsonst getan haben. Dieses blonde Geschöpf soll mich nicht um den Preis betrügen. Und wenn sie es dennoch tun sollte, dann –“

Sie knirschte das zwischen den Zähnen hervor, und in ihren Augen lag ein furchtbarer Ausdruck, der dieses „dann“ in unheimlicher Weise ergänzte. Wenn Griseldis geahnt hätte, was ihr Komteß Beate in ihren Gedanken zudachte, dann hätte sie wohl, trotz aller Tapferkeit, gezittert.

Auch an der Abendtafel erschien Graf Harro nicht, und als der Diener meldete, daß der Herr Graf auf seinem Zimmer zu speisen wünsche, weil er zu arbeiten habe, da überschlich Griseldis ein unbehagliches Gefühl. Das Herz wurde ihr ein wenig schwer, weil sie nun wußte, daß sie mit Komteß Beate allein an der Abendtafel sitzen würde.

Sie grübelte darüber nach, weshalb Graf Harro unsichtbar blieb. Sie ahnte nicht, daß er es getan hatte, um das in sich ausklingen zu lassen, was heute während seiner Unterredung mit ihr in ihm wach geworden war.

Als aber Griseldis nach dem Abendessen noch einmal leise in das Schlafzimmer Gildas trat, um zu sehen, ob diese sanft und ruhig schlief, sah sie den Grafen am Bett seines Kindes sitzen, die Arme auf die Knie gestützt und das Gesicht in den Händen vergraben.

Er sah auf, als sie eintrat. Sie deutete nur schweigend auf das schlummernde Kind, um ihm anzudeuten, daß sie nach Gilda hatte sehen wollen. Er neigte verstehend das Haupt, und sie ging still wieder davon.

Dann ging auch er wieder nach seinem Zimmer zurück.

Wochen waren vergangen, seit Griseldis in Schloß Treuenfels weilte. Und sie war in diesen Wochen so fest mit ihrer neuen Umgebung verwachsen, daß sie kaum noch an das dachte, was vorher gewesen war.

Das Pfingstfest stand nahe bevor. Griseldis genoß diesen ersten Frühling, den sie auf dem Land verbrachte.

Das Kind hing mit zärtlicher Liebe an seiner schönen, jungen Erzieherin, und Griseldis hatte entschieden eine glückliche Hand in bezug auf die Pflege dieser jungen Menschenblüte.

Mehr als Griseldis liebte Gilda kaum ihren Vater. Diese beiden Menschen umschloß ihr kleines Herz mit großer Innigkeit.

Beate verlor mehr und mehr ihres Bodens an Griseldis, sie fühlte mit ohnmächtigem Grimm, wie sie von dieser in den Hintergrund gedrängt wurde.

Der tiefe Gram darüber und der Haß auf Griseldis zerfraßen ihr das Herz.

Sie konnte zuweilen ihre Gefühle kaum noch verbergen, und Graf Harro betrachtete seine Base oft mit Kopfschütteln, weil ihm ihr Tun wunderlich und seltsam schien.

Vielleicht sind es nur altjungferliche Schrullen. Sie müßte mehr Zerstreuung und Anregung haben, dachte er.

Und in seiner Güte beschloß er, sie aufzufordern, zur Erholung und Zerstreuung eine kleine Reise zu machen. Aber als er ihr diesen Vorschlag machte, fuhr sie wie außer sich empor und fragte ihn, ob er sie aus dem Haus treiben wolle.

„Wie kommst du darauf, Beate? Ich merke, nun schon seit ich nach Treuenfels zurückgekehrt bin, daß du sehr nervös geworden bist. Auch in meiner Abwesenheit mußt du es schon gewesen sein. Grollmann sprach mit mir darüber. Und das scheint immer schlimmer zu werden. Ich möchte deshalb gern etwas für dich tun. Vielleicht eine vollständige Ausspannung. Ich will dir gern das nötige Geld zu einer Reise anweisen lassen, damit du dich wieder ganz erholst."

Aber die Komteß wehrte hastig und erregt ab. Für sie hatte das Leben überhaupt nur noch Wert in seiner Gegenwart, und von ihm fern sein, hieß für sie der Tod. In ihrer ewig wachen Eifersucht sah sie in seinem Angebot nichts als das Bestreben, sie eine Weile loszuwerden. Sie litt unsagbar unter dieser Vermutung, litt Qualen, von denen niemand etwas wußte, wie sie selbst.

Nach diesem Gespräch mit ihrem Vetter sagte sie sich jedoch, daß sie sich unbedingt zusammennehmen mußte, wenn sie es vermeiden wollte, daß ihr Vetter energisch darauf bestand, daß sie Treuenfels einige Zeit verließ. So suchte sie einzulenken.

„Ich danke dir, Harro. Du bist, wie immer, so gut und hilfsbereit. Aber du darfst mich nicht fortschikken von Treuenfels. Mir fehlt wirklich nichts. Ein wenig nervös bin ich vielleicht, aber das ist doch verständlich. Ich sehe, wie du leidest – und ich leide mit dir. Wie soll ich froh und vergnügt sein, wenn ich weiß, daß dir das Herz weh tut? – Dazu giltst du mir zuviel."

„Ich würde es durchaus nicht herzlos finden, Beate, wenn du vergnügt wärst. Warum sollst du unter meinem Kummer leiden?"

Sie sah ihn an mit einem Blick, der ihn erschreckte. Dieser Blick erweckte plötzlich eine Ahnung in ihm, daß Beate etwas andres für ihn empfand, als eine rein verwandtschaftliche Zuneigung.

Sein Unbehagen verstärkte sich, aber zugleich auch sein Mitleid mit ihr. War seine plötzlich erwachte Ahnung nicht grundlos, dann war Beate sehr zu bedauern.

„Du solltest mehr an dich denken als an mich. Du kannst mir ja doch nicht helfen."

Sie preßte die Hände aufs Herz.

„Ich leide namenlos um dich. Und es berührt mich wie ein Mißklang, wenn ich höre, wie Fräulein von Ronach singend und lachend durch das Haus geht."

Er stutzte bei diesem Ausfall gegen Griseldis. Forschend sah er sie an.

„Beate, ist es das, was dich, wie ich bemerkt habe, gegen Fräulein von Ronach einnimmt?"

Was sie gegen Griseldis einnahm, konnte sie ihm nicht sagen. Aber sie nickte hastig, als sei er auf der rechten Fährte.

„Sie muß doch sehen und fühlen, daß in diesem Haus kein Grund zum Jubilieren ist."

Harro strich sich über die Stirn. Wenn Beate eine Ahnung hätte, wie wohl ihm Griseldis' sonniger Frohsinn tat, wie dankbar er ihr war, daß sie seinem Kind von ihrem Frohsinn abgab. Aber er fühlte instinktiv, daß er Beate nicht sagen durfte, welch wohltätigen Einfluß die neue Hausgenossin auf ihn ausübte.

War seine Ahnung richtig, hegte Beate ein wärmeres Empfinden für ihn, dann fühlte sie vielleicht instinktiv, was er sich selbst nur zögernd eingestand – daß er Griseldis von Ronach liebte.

Ja – er liebte dieses Sonnengeschöpf, dieses lebensfrische, starke, gütige Mädchen mit dem tapferen Sinn und dem liebevollen Herzen. Er liebte sie, wie er nie zuvor eine Frau geliebt hatte. Und wenn er nicht ein geächteter, verfemter Mann gewesen wäre, würde er diese Liebe ihr ehrlich und offen zeigen und mit aller Inbrunst um ihre Gegenliebe werben. So aber mußte er seine Gefühle in sich verschließen, sonst vertrieb er sie möglicherweise von Treuenfels und brachte seine Tochter um eine liebevolle, verständige Erzieherin.

„Warum soll Fräulein von Ronach herzlos sein, Beate? Sie weiß, daß ich für meine Tochter eine heitere Gesellschaft wünsche. Des Kindes wegen ist sie heiter. Darum solltest du ihr nicht grollen. Und wenn es dir möglich ist, so komm ihr etwas weniger schroff entgegen. Ich möchte sie in Treuenfels festhalten. Gilda hängt ihr mit großer Liebe an und lernt spielend leicht bei ihr, weil die junge Dame die rechte Art hat, ihr alles beizubringen. Aber sei vernünftig, Beate, und nimm dir mein Schicksal nicht mehr zu Herzen, als ich es selbst tue."

„Ich will es versuchen, Harro, lieber Harro – ich möchte dir ja alles zuliebe tun", stieß sie hervor und ging schnell hinaus, weil sie meinte, sich nicht länger beherrschen zu können.

Harro sah ihr unbehaglich nach. Dann atmete er tief auf und ging durch die offenstehende Tür, die aus dem Zimmer direkt auf die Terrasse führte, hinaus ins Freie.

Es war ein herrlicher Frühlingstag, ein Maientag, wie ihn die Dichter besingen. Wie von einer Sehnsucht getrieben, ging er über die Terrasse hinüber nach dem Park. Dort wußte er Griseldis mit seinem

Töchterchen. Bei schönem Wetter hielt Griseldis die Unterrichtsstunden in einem offenen Pavillon im Park ab.

Unbemerkt kam er näher und stellte sich lauschend hinter eine Gebüschgruppe. Es wurde gerade eine Rechenstunde abgehalten.

Auf dem Tisch lagen blanke Kieselsteine, in kleine Gruppen gesondert. Damit lehrte sie Gilda subtrahieren, dividieren und multiplizieren. Gilda war mit Feuereifer dabei, und wenn sie richtig gerechnet hatte, gab es einen Kuß zur Belohnung.

Als die Rechenstunde zu Ende war und Griseldis die Bücher lachend vor Gildas Näschen zusammenklappte, trat Harro aus seinem Versteck hervor.

„Ich habe hinter dem Gebüsch verborgen Ihrem Unterricht beigewohnt, Fräulein von Ronach. Sie haben eine große Gabe, den Unterrichtsgegenstand zu beleben. Ich kann mich nicht besinnen, jemals eine so vergnügliche Rechenstunde bei meinem Hauslehrer gehabt zu haben."

Griseldis war ein wenig rot geworden, als er plötzlich vor ihr stand. Aber schnell hatte sie sich wieder gefaßt.

„Ich habe auch in der Schule Fächer gehabt, die mich schrecklich langweilten. Dazu gehörte auch das Rechnen. So mache ich mir nun für alles eine vergnügliche Methode zurecht."

„Und mit großem Erfolg", erwiderte der Graf und setzte sich neben Gilda nieder. „Ich darf doch ein Weilchen Platz nehmen?" fragte er.

Griseldis nickte munter. „O ja, eine Viertelstunde ist jetzt Pause."

Er sah wichtig nach der Uhr.

„Also eine Viertelstunde darf ich bleiben. Wie ging es denn mit dem Rechnen, Schwälbchen?" fragte er sein Töchterchen.

Gilda nickte vergnügt. „Griseldis sagt, ich habe es gutgemacht."

„Da bist du aber froh, daß sie mit dir zufrieden ist? Ich wäre es an deiner Stelle auch", sagte er lächelnd. Und sich an Griseldis wendend, fragte er:

„Was kommt denn nachher an die Reihe?"

„Oh, das schlimmste Fach für meine kleine Schülerin – Schreiben."

„Das ist das Schlimmste?"

„Ja, weil es mit absolutem Stillsitzen verbunden ist. Das behagt uns nicht."

„Wenn ich schön geschrieben habe, dann erzählst du mir das Märchen von Prinzeß Maienblüte zu Ende, die von dem bösen Rittersporn gefangengehalten wurde."

„Was ich versprochen, halte ich auch."

„Unter allen Umständen?" fragte der Graf.

Griseldis nickte energisch. „Unter allen Umständen. Ich verspreche nie etwas, was ich nicht halten kann."

Gilda sprang davon, um Blumen zu pflücken auf der Parkwiese. Als der Graf nun mit Griseldis allein war, fragte er:

„Wie gefällt es Ihnen in Treuenfels auf die Dauer, Fräulein von Ronach? Haben Sie noch keine Langeweile gehabt?"

„Langeweile? Das ist für mich ein ganz unbekannter Begriff. Und es gefällt mir von Tag zu Tag besser hier. Noch nie habe ich einen Frühling erlebt wie diesen. Unsere enge Mietwohnung mitten in der kleinen Stadt ließ den Begriff Frühling nie so recht in mir lebendig werden. Aber hier! Ich habe das alles von Tag zu Tag wachsen sehen. Und wenn ich oben aus meinem Fenster auf das Blütenmeer zu meinen Füßen blicke, da könnte ich vor Freude weinen."

Ihre schlichte Art rührte ihn.

„Also sind Sie zufrieden mit der Aussicht aus Ihrem Fenster?"

„Sehr."

„Und sonst auch mit allem andern?"

„Ja, Herr Graf."

„So bleibt Ihnen gar kein Wunsch – gar keiner?"

Sie errötete jäh unter seinem dringenden Blick, aber sie faßte sich schnell. „Doch, einen Wunsch habe ich schon lange."

„Wollen Sie mir ihn nicht nennen? Wenn es möglich ist, möchte ich Ihnen diesen Wunsch erfüllen, denn ich bin Ihnen viel – sehr viel Dank schuldig."

„Dank? Wofür?"

„Dafür, daß Sie sind, wie Sie sind", sagte er langsam.

„Daran habe ich doch keinen Verdienst."

„Ich denke doch. Also – was haben Sie für einen Wunsch?"

Sie sah ihn an, daß es ihm warm ums Herz wurde.

„Dicht neben meinem Zimmer liegt ein runder Turm. Er hat einen Söller. Auf den Söller dieses Turms möchte ich einmal hinauf. Überhaupt – dieser Turm ist der einzige Teil des Schlosses, den ich noch nicht besichtigt habe. Er ist verschlossen. Und ich möchte, wenn es gestattet ist, auch das Innere des Turmes besichtigen. Das reizt mich natürlich."

„Also das Verbotene reizt auch Sie?" fragte er lächelnd.

„Ich weiß ja nicht, ob es verboten ist. Sonst würde es mich vielleicht noch mehr reizen."

„Fürchten Sie nicht, so eine Art Blaubartskammer in diesem Turm zu finden?" fragte er mit bitterem Spott.

„Dann würde ich diesen Wunsch nicht ausgesprochen haben."

„Nun, er soll Ihnen gern erfüllt werden. Aber erst will ich den Turm einmal selbst besichtigen und für Licht und Sonne darin sorgen. Er ist sehr lange abgeschlossen gewesen, und Sie sollen nicht mit Staub und Spinnweben in Berührung kommen."

„Oh, Staub und Spinnweben gehören zu so einem alten Turm wie zu einer alten Flasche Wein."

„So? Dann darf ich das nicht entfernen, um Ihre Illusion nicht zu stören. Sie sollen den Turm mit Staub und Spinnweben kennenlernen. Aber ich darf doch wenigstens mit hinaufkommen auf den Söller."

Wieder stieg das Blut jäh in ihr Gesicht. Zum Glück kam jetzt Gilda mit einem Blumenstrauß herbei.

„Wirst du mir einen Kranz winden, Griseldis?"

„Gern. Garnfäden haben wir ja hier im Tischkasten."

Er sah den schönen, schlanken Händen zu, die so geschickt und sicher arbeiteten.

„Ich glaube, Sie sind eine Tausendkünstlerin; sogar Kränze können Sie winden", sagte er.

„Das ist nicht schwer."

„Mir scheint, alles, was Sie tun, ist nicht schwer."

„Willst du auch einen Kranz haben, Papa?" fragte Gilda, die an Griseldis' Knie gelehnt stand und ihr zuschaute.

„Ja – das möchte ich wohl – wenn mir Fräulein von Ronach einen binden will."

„Gern will ich es tun."

Eine Weile herrschte Schweigen. Harro sah still auf Griseldis' Hände herab. Sie hatte nun einen Kranz fertig. Den drückte sie Gilda auf die blonden Locken.

Griseldis begann nun einen zweiten Kranz zu winden.

„Dieser Kranz soll wirklich für mich bestimmt sein?“ fragte der Graf.

Sie nickte lächelnd. „Ja, wie Gilda es wünscht.“

„Mir wird das Leben keine Kränze mehr winden – nur auf meinen Sarg wird man mir noch welche legen. Vielleicht auch das nicht einmal.“

Sie ließ die Hände sinken und sah in sein düsteres Gesicht.

„So schwarz sehen Sie heute wieder ins Leben, Herr Graf. Das sollten Sie nicht tun.“

„Ich bin heute wieder in einer sehr bösen Stimmung. Deshalb suchte ich Sie auf. Sie sind ja doch zum Hausarzt für meine kranke Seele geworden. Ich möchte mich wieder einmal ausklagen und mich von Ihnen trösten lassen. Sie können das so gut. Aber wenn ich Ihnen lästig falle, dann schicken Sie mich fort.“

Glücklich war sie, daß er mit seinem Leid zu ihr kam, und so heiß war der Wunsch, ihm zu helfen.

„Lästig fallen können Sie mir niemals, Herr Graf. Sie wissen ja auch ganz genau, wie stolz ich auf mein Amt als Ihr Arzt bin. Bitte, seien Sie doch nicht so traurig und verbittert. Sehen Sie nur, wie hell die Sonne scheint. Und da drüben liegt Ihr schönes, stolzes Schloß, ringsum Ihr herrlicher Besitz. Sie haben ein geliebtes Kind, Sie sind gesund.“

„Gesund? Ist man gesund, wenn man eine kranke Seele hat, wenn man Qualen leidet, wie ich sie leiden muß“, stieß er bitter hervor.

Wie gern hätte Griseldis lind und leise über die düstere Stirn des Mannes gestrichen, denn ihre junge Seele liebte mit der schrankenloser Innigkeit. Wäre er nicht der einsame, unglückliche, von allen guten Freunden verlassene Mann, hätte er wohl schwerlich Zeit und Lust gefunden, sich so angelegentlich mit ihr zu befassen.

Groß und ernst sah sie ihm in die Augen. „Ist es heute wieder einmal so schlimm?“ fragte sie weich.

Er drückte die Hand vor die Augen und seufzte tief auf.

„Ich kann diese hellen, klaren Sonnentage nicht vertragen. Dann empfinde ich es immer mit doppelter Wucht, daß ich ein Ausgestoßener bin, von allen Freuden des Lebens.“

Straff richtete sie sich auf.

„Sie stoßen sich selbst aus. Niemand wird Sie hindern, sich Freuden zu suchen, soviel Sie wollen.“

„Das glauben Sie ja selbst nicht. Ich bin keine Einsiedlernatur, bin ein Mensch, der Geselligkeit braucht. Ich leide darunter, daß ich gemieden werde wie ein Aussätziger.“

Sie beugte sich vor und sah ihn fest und ruhig an.

„Nein, so dürfen Sie nicht reden. Ihr Unglück macht Sie überempfindlich. Ich möchte wetten, daß Ihre Freunde nur darauf warten, daß Sie wieder in Verkehr mit Ihnen treten. Sie kommen wohl deshalb nicht nach Treuenfels, weil sie nicht wissen, ob Sie jemand sehen wollen.“

„Freunde? Im Unglück hat man keine Freunde. Und Sie irren, wenn Sie glauben, daß man mit mir verkehren würde. Vielleicht ein paar Menschen, die im Ehrenpunkt nicht empfindlich sind, würden vielleicht mit mir auch jetzt noch verkehren. Aber diesen Verkehr mag ich nicht. Und die andern kann ich nicht haben. Da ist zum Beispiel drüben in Dalheim mein bester Freund, Baron Dalheim. Als ich noch im Glück lebte, schien er unzertrennlich von mir zu sein. Ich traf ihn im Wald, gleich nach meiner Freilassung. Er gab sich den Anschein, mich nicht zu sehen.“

Sie erblaßte vor dem Schmerz, der aus seinen Worten sprach.

„Vielleicht sah er Sie wirklich nicht?“

„Doch, er hat mich groß angesehen – und weigerte mir seinen Gruß. Und ich konnte nicht Rechenschaft dafür fordern. Begreifen sie, was das für mich heißt? Wehrlos Beleidigungen ausgesetzt zu sein, das ist für einen Mann das härteste.“

„Vielleicht glaubte er aber auch, Sie wollten ihn nicht sehen. Baron Dalheim ist doch derselbe, der gegen Sie zeugen mußte.“

„Ja, er allein wußte außer meiner Frau und meiner Base, daß ich das Fläschchen mit dem indischen Gift besaß. Und er mußte darüber aussagen.“

Griseldis hob schnell ihr Antlitz und sah ihn forschend an. „Komteß Beate wußte auch um dieses Gift?“ fragte sie hastig.

„Ja, sie war dabei, als ich es meiner Frau und Baron Dalheim zeigte.“

„Ah – das wußte ich nicht. Von ihr war in Ihrem Prozeß nicht die Rede.“

„Nein. Sie verweigerte als meine Verwandte ihre Aussage.“

„Das war – ich bitte um Verzeihung für meine Offenheit – sehr unklug von ihr.“

„Warum?“

„Weil jeder annehmen mußte, daß sie als Ihre Verwandte nur eine belastende Aussage verweigern würde.“

„Sie hätte aber auch keine entlastende machen können.“

„Doch, sie hätte den Richtern ein Charakterbild von Ihnen entwerfen können, damit diese die Überzeugung gewannen, daß Sie einer solchen Tat nicht fähig waren. Ich hätte jedenfalls an Komteß Beates Stelle meine Aussage nicht verweigert.“

„Ja, Sie – Sie wären tapfer auf dem Plan gewesen, das glaube ich. Aber Beate fürchtete wohl die Aufregungen dieses Prozesses. Sie war ja an jenem Morgen, als ich verhaftet wurde, selbst ganz kopflos und – doch lassen wir das."

„Ich möchte Ihnen einen Rat geben. Darf ich?"

„Gewiß."

„Wollen Sie nicht einmal die ganze Angelegenheit einem tüchtigen Detektiv übergeben?"

Er machte eine abwehrende Bewegung.

„Ach, Sie denken an einen Sherlock Holmes, der Wundertaten des Scharfsinns vollbringt? Es ist ja von gerichtlicher Seite alles getan worden, um Licht in diese Angelegenheit zu bringen. Vergeblich! Und ich selbst habe die Zimmer meiner Frau durchsucht, bis in den verborgensten Winkel, um auf eine Spur zu kommen. Ich glaube jetzt fest daran, daß meine Frau selbst das Gift aus meinem Schreibtisch entwendet und es selbst in den Wein getan hat. Meine Base brachte mich darauf, daß meine Frau vielleicht nur in einer spielerischen Laune das Gift versucht hat."

„Dieser Ansicht war Komteß Beate?" fragte Griseldis langsam.

„Ja."

„Und sie glaubt also auch an einen Selbstmord Ihrer Frau Gemahlin?"

„Ja – sie glaubt fest daran und hat mich auch davon überzeugt."

„So fest, daß Sie nun gar keinen Versuch mehr machen wollen, einen etwaigen andern Täter ausfindig zu machen?" sagte sie.

„Ja, ich weiß, daß ein andrer Täter nicht in Frage kommen kann. Nein, nein – es ist die einzige Möglichkeit, daß meine Frau aus Unbedacht, Laune oder sonst einem mir unbekannten Grund Selbstmord verübt hat."

„Aber hätte sie Ihnen dann nicht eine Zeile hinterlassen, ein Abschiedswort für ihr Kind?"

„Vielleicht tat sie es nicht, weil sie nur mit dem Gedanken spielte."

„Dann hätte sie aber vielleicht erst recht einen Brief hinterlassen, um dies Spiel recht effektvoll zu gestalten."

„Ah – ich merke, Sie haben sich über den Charakter meiner Frau informiert. Nun ja, es war auch mir das Unverständlichste, daß sie schweigend aus dem Leben ging. Deshalb habe ich auch alles durchsucht, ob ich nicht ein Schreiben von ihr fände."

Griseldis hing mit gespanntem Ausdruck an seinen Lippen. Nun sagte sie zögernd:

„Würden Sie es sehr anmaßend finden, wenn ich Sie bitten würde, mir zu gestatten, die Zimmer Ihrer verstorbenen Frau Gemahlin zu besichtigen?"

„Nein, gewiß nicht. Taktlose Neugier halte ich diesen Räumen fern. Deshalb habe ich sie verschlossen. Aber Ihnen will ich gern die Schlüssel geben. Darf ich fragen, weshalb Sie die Zimmer besichtigen wollen? Aus Neugier geschieht das nicht."

Sie war einen Moment sichtlich verlegen. Aber dann sah sie ihn groß und voll an.

„Ich fürchte, Sie werden mich auslachen, aber trotzdem will ich es Ihnen sagen. Ich gehe schon seit einiger Zeit mit dem Gedanken um, Ihnen diese Bitte auszusprechen. Aber bitte, lachen Sie mich nicht aus."

„Nein, nein, gewiß nicht."

„Also – ich hatte einen seltsamen Traum, der mich auf diese Zimmer hinwies."

„Was war es denn für ein Traum?"

Sie zögerte eine Weile. Dann sagte sie leise:

„Ich möchte Ihnen diesen Traum nicht erzählen – nicht jetzt, vielleicht später einmal. Der Traum hat mich sehr beschäftigt."

„Wenn ich Sie so vor mir sehe – das blühende,

lachende Leben selbst –, dann muß ich doch darüber lächeln, daß Sie einem Traum Bedeutung zumessen.“

„Weil er so seltsam war und doch so klar und bestimmt. Aber lächeln Sie nur ruhig über mich. Ich freue mich über jedes Lächeln auf Ihrem Antlitz.“

Aber dann sagte sie hastig: „Darf ich einige Fragen an Sie richten, die mit meinem Traum zusammenhängen?“

„Ja, fragen Sie nur.“

„Das Schlafzimmer Ihrer Frau Gemahlin befindet sich direkt unter meinem Zimmer, dicht neben dem runden Turm, nicht wahr? Hat es an den Wänden eine dunkle Holzvertäfelung, die mit einem breiten Bordbrett abschließt?“

„Ja.“

„Und wird das Bordbrett in bestimmten Zwischenräumen von geschnitzten Pilastern getragen?“

Er hob fragend die Augen.

„Sie haben sich das Zimmer von jemand beschreiben lassen?“

„Nein – ich sah es im Traum – mit hellen Möbeln, die nicht gut zu dem Holz der Wände paßten.“

„Das sahen Sie im Traum? Nein – das ist unmöglich! Man sprach Ihnen davon.“

„Nein – niemand! Also stimmt meine Beschreibung? Das Bett stand mit dem Kopfende an der Wand, die an den Turm stößt. Und in diesem Bett sah ich eine schöne, blonde Frau liegen, die eine der Flechten, die lang herabfielen, wie ein Band um den Hals geschlungen.“

„Das ist seltsam! Meine Frau hatte die Gewohnheit, eine Flechte stets um den Hals zu legen. Sie meinte, das sei wärmer als ein Tuch. Und das haben Sie im Traum gesehen?“

„Ja, ganz deutlich.“

„Und was sahen Sie noch?"

Griseldis zitterte leise vor Erregung, aber sie mühte sich, ruhig zu erscheinen. „Alles kann und will ich Ihnen nicht sagen, was ich sah. Nur einiges noch. Über der Holzvertäfelung dieses Zimmers sah ich nur etwas Lichtblaues, als wenn der freie Himmel darüber ausgebreitet wäre – und doch war der Raum abgeschlossen."

„Das Zimmer ist über der Vertäfelung an den Wänden und oben mit lichtblauer Seide bespannt. Wissen Sie, was ich von Ihrem Traum denke?"

„Nun?"

„Daß Sie von all diesen Dingen etwas gehört haben und es dann im Traum zusammenfaßten."

„Nein, ich weiß gewiß, daß ich nicht ein Wort über dieses Zimmer gehört habe, so wenig wie davon, daß Ihre Frau Gemahlin einen ihrer Zöpfe um den Hals zu legen pflegte. Und ich habe noch nie in meinem Leben einen so klaren, lebhaften Traum gehabt, bei dem ich mir so fest alle Einzelheiten eingeprägt habe. Und – wenn das Zimmer der Frau Gräfin wirklich so aussieht, wie ich es im Traume sah – dann – ja – dann hat dieser Traum für mich eine noch tiefere Bedeutung erhalten. Ich brenne nun darauf, das Zimmer zu sehen."

„Und Sie wollen mir nichts weiter über diesen Traum sagen?"

„Ich habe das Gefühl, als dürfte es nicht sein – jetzt noch nicht. Aber etwas möchte ich Sie noch fragen?"

„Bitte, tun Sie es ungehindert."

„Hatte Ihre Frau Gemahlin einen seltsamen, eigenartigen Ring in ihrem Besitz – einen Goldreifen, der wie eine Schnur gewunden war, die oben mit einer Rosette zusammengebunden und mit zwei Quästchen abschloß, die von Rubinen gebildet waren? Auch inmitten der Rosette befand sich ein großer, runder Rubin."

Nun lachte Graf Harro gutmütig.

„Haben Sie diesen Ring etwa auch im Traum gesehen?"

Griseldis wurde blaß.

„Existiert solch ein Ring?" fragte sie atemlos.

„Ja, gewiß. Sie haben ihn doch sicher an der Hand meiner Base gesehen, sonst könnten Sie ihn nicht so genau beschreiben?"

„Komteß Beate besitzt einen solchen Ring?"

„Ja, sie erhielt ihn als Geschenk von meiner Frau. Und Sie haben ihn wahrscheinlich bei ihr gesehen."

„Nein", sagte sie leise, ganz benommen, „ich sah diesen Ring im Traum – nur im Traum. Ganz sicher sah ich ihn niemals an Komteß Beates Hand. Aber ich möchte ihn gern einmal sehen."

„Sie brauchen meine Base nur zu bitten, Ihnen den Ring zu zeigen. Übrigens – mir fällt da ein, daß sie sonst den Ring täglich trug. Tut sie das jetzt nicht mehr? Ich habe nicht darauf geachtet."

„Nein, Komteß Beate hat noch nie einen Ring getragen, solange ich in Treuenfels bin."

„So? Nun, jedenfalls können Sie sie bitten, daß sie Ihnen den Ring zeigt."

„Ich möchte es nicht gern tun, Herr Graf. Komteß Beate würde auch vielleicht nicht auf meine Bitte eingehen. Darf ich Sie deshalb bitten, heute bei Tisch vielleicht die Komteß zu bitten, Ihnen den Ring zu zeigen? Sie müßten es unter irgendeinem Vorwand tun, damit die Komteß nicht merkt, daß dieser Wunsch von mir ausgeht. Sie dürfte das nicht erfahren."

„Ah – Sie haben auch schon bemerkt, daß die Komteß Ihnen unsympathisch gegenübersteht?"

Griseldis zögerte. Aus diesem Grund hatte sie

nicht gebeten, daß der Graf nach dem Ring fragen sollte. Sie hatte zu dieser Bitte eine andre Veranlassung. Aber sie ließ ihn bei dieser Vermutung.

„Ja, ich habe es gemerkt."

„Und was halten Sie für den Grund dieser Abneigung?"

Wieder zögerte Griseldis. Sie wußte, daß dieser Grund nichts war als Eifersucht. Das wollte sie aber nicht sagen.

„Für Zuneigung und Abneigung gibt es oft keine Gründe."

„Nun gut, ich werde es also ganz diplomatisch anfangen. Im übrigen bitte ich Sie, auf die Abneigung meiner Base nicht soviel Gewicht zu legen. Sie ist, seit das Unglück über mein Haus gekommen, sehr nervös. Das haben Sie doch schon selbst beobachten können, zum Beispiel damals, als sie vor dem Bild meiner Frau so erschrocken war."

„Früher war die Komteß nicht so nervös?" fragte Griseldis.

„Nein, ich habe nie etwas bemerkt. Sie hat sich das alles sehr zu Herzen genommen. Seien Sie also nachsichtig, wenn sie Ihnen nicht so begegnet, wie Sie es wünschen. Um nochmals auf den Ring zu kommen – wahrscheinlich hat meine Base einmal über den Ring mit Ihnen gesprochen, oder Sie haben ihn doch gesehen, ohne es zu wissen. Denn dieser Schnurenring, wie wir ihn nennen, ist von einer sehr originellen Form."

Er neckte sie noch ein wenig mit ihrem seltsamen Traum; sie blieb aber nachdenklich.

Und nun kam Gilda wieder herbei, die inzwischen auf der Wiese herumgetollt hatte.

Diese sah darauf nieder. Sie hatte in Gedanken immer weitergeflochten. „Ja, er ist fertig, Gilda. Er mußte ja größer werden als der deine. Sieh – hier setzen wir noch eine schöne, große Margerite als Schluß und winden ihn zu. Nun ist er fertig."

„So, Papa, nun hast du auch einen Kranz. Griseldis sagt, wenn sie Kränze windet: Jeder Blume Glanz ist ein Glück im Lebenskranz! Griseldis, das hast du auch für Papas Kranz gewünscht?"

„Ja, Gilda – bete darum, daß dieser Kranz deinem lieben Vater so viel Glück bringt, wie Blumen darin sind", erwiderte Griseldis leise.

Harro sah in Griseldis' errötendes Gesicht. Griseldis erschrak vor dem Blick, ein Blick, der ihr zu Herzen drang wie eine heiße Bitte.

Sie sprang plötzlich auf und schüttelte die Blumen von ihrem Schoß.

„Nun ist unsre Pause aber reichlich zu Ende, Gilda, wir müssen jetzt wieder an die Arbeit gehen."

Harro erhob sich lächelnd. „Das heißt für mich, daß ich überflüssig bin", scherzte er.

„Wir müssen die Schulstunden pünktlich einhalten, Herr Graf, damit Gilda an Regelmäßigkeit gewöhnt wird."

„Ich gehe schon! Und heute nachmittag gehen wir auf den Turmsöller."

„Wohin wollen wir gehen, Papa?" fragte Gilda.

„Da hinauf", sagte er, auf den runden Turm zeigend.

„Oh, das ist schön; da gehe ich mit, nicht wahr?"

„Ja, Gilda, ganz gewiß", erwiderte Griseldis.

Der Graf strich Gilda über das seidenweiche Haar. „Auf Wiedersehen bei Tisch."

Der Graf ging davon. Behutsam trug er seinen bekränzten Hut in der Hand. Und im Schloß, in seinem Zimmer angelangt, löste er den Kranz von dem Hut und barg ihn in dem Geheimfach seines Schreibtischs, wo das leere Giftfläschchen lag.

Möchten diese Blumen den Fluch in Segen wandeln, der meinem Leben anhaftet. O Griseldis – wie liebe ich dich – könnte ich dich halten an meiner Seite, dachte er.

Während Griseldis Gilda Schreibunterricht gab, konnte sie ihren Gedanken nicht gebieten. Sie rief sich ihren Traum ins Gedächtnis zurück.

In diesem Traum hatte sie oben auf dem Turmsöller gestanden. Ganz allein war sie da oben gewesen. Da hatte sie plötzlich etwas kühl und seltsam angeweht, als stehe jemand neben ihr. Sie wandte sich um und sah eine schöne, blonde Frau neben sich, in der sie sofort die Gräfin Alice erkannte. Sie trug ein weißes Gewand, die blonden Zöpfe hingen vom Haupt herab, und der eine war wie ein Band um ihren Hals geschlungen. Sie zeigte Griseldis einen Ring und winkte ihr zu, daß sie ihr folgen solle. Und dann war Griseldis im Traum hinter der weißen Gestalt hergegangen, durch ein Treppenhaus und ein Zimmer, das sie nicht kannte. Plötzlich befand sie sich in dem Raum, den sie Graf Harro beschrieben hatte, also im Schlafzimmer der Gräfin – in ihrem Sterbezimmer, und in ihrem Bett lag die Gräfin. Neben ihrem Bett stand ein Nachtschränkchen, wie in Griseldis' eigenem Zimmer, und auf diesem Nachtschränkchen stand ein gefülltes Weinglas, in dem ein rötlich goldener Wein funkelte. Eine Hand, die aus der Wand über dem Nachtschränkchen zu wachsen schien, ließ drei Kugeln, wie Perlmutter, in den Wein fallen.

Hierauf verschwand das ganze Traumbild, und Griseldis hatte das Gefühl, als schwebe sie eine Weile haltlos in der Luft. Sie erwachte und fand sich in ihrem Bett. Griseldis hatte es nun seltsam berührt, als sie hörte, daß der Schnurenring wirklich existierte.

Und sie war froh, daß Graf Harro ihr versprochen hatte, sie in den Turm zu führen. Auch daß sie die Zimmer der Gräfin würde sehen dürfen, war ihr lieb.

Als die Schreibstunde zu Ende war, ging Griseldis mit Gilda ins Schloß. Es war Zeit, für die Mittagstafel Toilette zu machen. Bei Tisch zeigte sich heute Komteß Beate etwas freundlicher Griseldis gegenüber. Sie gewann es sogar über sich, eingehend mit ihr über Gildas Fortschritte zu sprechen. Sie erteilte ihr auch ein Lob.

Griseldis war sehr erstaunt, daß Beate ihr heute so freundlich entgegenkam. Aber sie sah schärfer als Graf Harro. Sie fühlte, daß die Feindseligkeit der Komteß heute nur geschickt verborgen war und daß sie vielleicht noch stärker war als sonst.

Im Anfang ihres Hierseins hatte sie sich den Kopf zerbrochen, warum sie von der Komteß gehaßt wurde. Und sie hatte das Rätsel zu lösen versucht. Lange war ihr das nicht gelungen, bis sie schließlich eines Tages ganz schnell die Lösung fand. Sie hatte die Komteß beobachtet, als diese sich allein glaubte, wie sie hinter Graf Harro hersah. Und da hatte sie eine verzehrende Leidenschaft in ihren Blicken aufflammen sehen. Seit jener Stunde wußte sie, daß die Komteß ihren Vetter liebte, und daß sie wohl hoffte, seine zweite Frau zu werden und Gilda die Mutter zu ersetzen. Als sie aber nun sah, daß Gilda ihr Herz an die neue Erzieherin hängte, als sie sah, daß sich Graf Harro viel mit ihr beschäftigte, da war wohl Eifersucht in ihr erwacht. Vielleicht sah sie in ihr ein Hindernis ihrer Pläne, und das ließ sie ihr gehässig gegenüberstehen.

Diese Erkenntnis ließ Griseldis das Benehmen der Komteß in einem milderen Licht erscheinen. Sie konnte ihr eine gewisse Teilnahme nicht versagen, denn sie erkannte sehr wohl, daß Graf Harro für seine Base nichts empfand als eine mitleidige Duldung.

Während der Mittagstafel sagte Graf Harro zu Beate:

„Ich vermisse an deiner Hand den Schnurenring, Beate, den dir Alice schenkte. Trägst du ihn nicht mehr?"

Griseldis beobachtete die Komteß während dieser Frage und sah, wie sie leicht die Farbe wechselte und wie versteinert vor sich hinsah.

Die Stimme der Komteß klang rauh und schwer, als sie sagte:

„Ich besitze diesen Ring nicht mehr."

„Du besitzest ihn nicht mehr? Wie soll ich das verstehen?"

„Ich habe den Ring diesen Winter verloren. Er muß mir von der Hand geglitten und in den Schnee gefallen sein. Trotz allen Suchens fand ich ihn nicht wieder."

„Das ist schade. Es war ein originelles Schmuckstück", sagte er.

Beate richtete sich empor, als habe sie glücklich eine peinliche Erklärung hinter sich.

„Du kannst dir denken, wie sehr ich es bedauere, den Ring verloren zu haben, da ihn mir doch Alice schenkte. Ich wagte gar nicht, es dir zu gestehen."

„Ach – deshalb warst du so betreten bei meiner Frage?"

„Ja – deshalb", erwiderte sie mit einem seltsam toten und leeren Ausdruck in den Augen, den aber nur Griseldis bemerkte.

„Nun, ich werde dir gern aus Alices Schmucksachen einen andern Ring auswählen, den du zum Andenken an sie tragen kannst", sagte der Graf gutmütig. Und dann zog er einen Schlüsselbund hervor und legte ihn vor Griseldis hin. „Hier sind die Schlüssel zu den Zimmern meiner Frau, Fräulein von Ronach. Sie können dieselben besichtigen, wann Sie wollen. Aber bitte, geben Sie mir die Schlüssel zurück. Ich möchte sie gern selbst in Verwahrung behalten."

Griseldis nahm die Schlüssel in Empfang.

„Ich danke Ihnen vielmals, Herr Graf. Wenn Sie es mir gestatten, werde ich mir die Zimmer gleich noch heute ansehen, im Laufe des Nachmittags. Darf Gilda mich dorthin begleiten?"

„Gewiß, Sie werden ja dafür sorgen, daß mein Töchterchen nichts in Unordnung bringt. Ich möchte gerade für Gilda die Zimmer so erhalten, wie sie von ihrer Mutter verlassen worden sind. Später wird sie ja wohl diese Zimmer bewohnen wollen, wenn sie erst erwachsen ist."

„Ich werde dafür sorgen, daß nichts berührt und vom Platz gerückt wird."

Während dieser Unterhaltung zwischen Griseldis und dem Grafen hatte Komteß Beate wie versteinert dagesessen, und nur ihre glühenden schwarzen Augen waren von einem zum andern gegangen mit einem unheimlich lauernden Blick.

„Fräulein von Ronach will die Zimmer deiner Frau besichtigen?" frage sie nun, heiser vor unterdrückter Erregung. „Und das gestattest du? Du leidest doch sonst nicht, daß jemand diese Räume betritt."

„Allerdings nicht. Vor neugierigen Augen sollen sie verschlossen bleiben. Du kannst sie natürlich jederzeit betreten, Beate. Vielleicht begleitest du Fräulein von Ronach heute nachmittag durch die Räume."

Griseldis, die wieder ihre Augen forschend auf

Beate ruhen ließ, sah, daß diese sich verfärbte und mit einem starren Blick vor sich hinsah. Es war, als schaudere sie zusammen.

„Nein, nein, ich – ich habe heute keine Zeit", stieß sie hastig hervor.

„Nun, so werden Sie mit Gilda allein in diesen Räumen weilen, Fräulein von Ronach, und Sie können sich überzeugen, ob sie Ihren Träumen entsprechen."

Griseldis hatte die Komteß mit Interesse beobachtet. Nun sah sie rasch zu dem Grafen hinüber.

„Ich bin sehr gespannt, ob sich die Wirklichkeit mit meinem Traum deckt."

„Sie müssen es mir sagen, ob es der Fall ist."

„Hat Fräulein von Ronach von den Zimmern deiner Frau geträumt?" fragte die Komteß spöttisch.

„Ja, denke dir, sie sah im Traum das Schlafzimmer Alices – sah diese selbst, ihren blonden Zopf um den Hals gelegt – und sah sogar im Traum den Schnurenring, den du verloren hast", erwiderte der Graf harmlos, ohne Beate anzusehen, da er sich gerade vorlegte, weil der Diener einen neuen Gang servierte.

Aber Griseldis sah die Komteß an und erschrak, als sie sah, daß deren Gesicht schlaff und fahl wurde und die Augen einen fast irren Blick annahmen.

„Den Schnurenring?" stammelte sie.

„Ja, nach dem ich vorhin fragte. Seit wann vermissest du ihn eigentlich?"

„Ich weiß es nicht mehr genau."

„Wenn gnädigste Komteß gestatten – ich weiß den Tag noch ganz genau, an dem Sie ihn verloren haben", sagte der Diener Heinrich, der bei Tisch servierte.

Die Komteß warf dem Diener einen flackernden Blick zu und wollte etwas sagen.

„Nun, Heinrich, wann ist es denn gewesen?“ fragte der Graf.

„Es war an dem Tag, an dem wir die hochselige Frau Gräfin tot auf ihrem Lager fanden und hier im Haus alles durcheinanderging. Ich kam gerade von oben und war vor Schrecken ganz zittrig in den Beinen. Da begegnete ich der gnädigen Komteß in der Halle. Sie kam von draußen. Und da sagte sie mir, sie habe einen Ring verloren – den Schnurenring. Wahrscheinlich sei er ihr im Freien abhanden gekommen, im Schnee. Es sei auch möglich, sie habe den Ring im Haus verloren. Gnädigste Komteß erinnern sich vielleicht, daß ich darauf sagte: Ach, Komteß, es ist ein noch viel größeres Unglück geschehen, die gnädigste Gräfin ist tot.“

Griseldis konnte währenddem ihren Blick nicht von der Komteß wenden. Das Antlitz der Komteß hatte einen sehr verstörten Ausdruck.

„Es mag sein – ich weiß es nicht mehr –, an jenem schrecklichen Tag war ich nicht Herr über meine Gedanken“, preßte sie hervor.

Graf Harro wurde jetzt auf sie aufmerksam.

„Beate – du kannst noch immer nicht ruhig bleiben beim Gedanken an diesen Tag.“

„Nein – das werde ich nie, niemals. Bitte – laß uns von etwas anderm reden.“

Griseldis sah blaß und still auf ihren Teller herab. Sie zwang sich, mit Gilda zu plaudern.

Dann wurde der Nachtisch gereicht, und während Griseldis Gilda davon vorlegte, sagte Graf Harro beiläufig:

„Ich möchte dich bitten, Beate, mir nachher den Schlüssel zum runden Turm in mein Arbeitszimmer hinüberzuschicken.“

Griseldis sah, daß die Komteß leise zusammenzuckte. Das bemerkte auch Graf Harro.

„Den Schlüssel zum runden Turm?“

„Ja. Du verwahrst ihn doch mit den übrigen Schlüsseln.“

„Es kann wohl sein. Ich weiß es nicht. Er war ja jahrelang nicht im Gebrauch. Ich will nachsehen. Was willst du mit dem Schlüssel?“

Das sollte gleichmütig klingen, und der Graf nahm es auch dafür, aber Griseldis hatte das Empfinden, als wenn die ganze Seele der Komteß in Aufruhr wäre.

Graf Harro lächelte.

„Was werde ich mit dem Schlüssel wollen, Beate – den Turm aufschließen. Wir wollen hinauf auf den Söller. Fräulein von Ronach möchte gern die Welt einmal von oben betrachten.“

Sie – immer sie – wie ich sie hasse, dachte Beate und rang mit aller Kraft um Ruhe und Fassung.

„Ich würde dir raten, Fräulein von Ronach die Erlaubnis dazu zu verweigern. Der runde Turm ist vor Jahren abgeschlossen worden, weil eine Anzahl Treppenstufen sich gelockert hatte.“

„Ganz recht, das weiß ich. Die zweite Treppe ist schadhaft. Und deshalb will ich auch selbst mit hinaufsteigen, damit es keinen Unfall gibt. Ich werde übrigens nächstens den kleinen Schaden reparieren lassen. Schließlich ist es schade, wenn der Turm nicht mehr betreten wird. Vom Söller aus hat man eine herrliche Aussicht. Und außerdem sind die Turmzimmer ganz originell eingerichtet.“

Während dieser Worte des Grafen hatte sich die Komteß wieder völlig in die Gewalt bekommen.

„Es wird aber alles sehr verstaubt sein, und wenn du den Turm wiedereröffnen willst, muß wohl erst eine gründliche Säuberung und Lüftung der Räume vorgenommen werden.“

„Allerdings, Beate, sobald die Stufen repariert

sind, hast du wohl die Güte, eine gründliche Säuberung vornehmen zu lassen."

Graf Harro sah lächelnd auf Griseldis: „Wir gehen heute noch hinauf. Fräulein von Ronach will den Turm genießen wie eine alte Flasche Wein, mit Staub und Spinnweben. Also bitte, schicke mir den Schlüssel herüber. Wenn du Lust hast, kannst du auch mit hinaufsteigen, Beate. Für unbedingte Sicherheit verbürge ich mich."

„Ich will sehen, ob ich Zeit dazu habe", erwiderte die Komteß mit farblosen Lippen, matt und tonlos.

Griseldis brachte Gilda zur Ruhe für ihr Mittagsschläfchen. Aber sie war dabei so ernst und still, daß Gilda zum erstenmal nicht mit ihrer jungen Erzieherin zufrieden war. Und als nach einer Weile ihr Vater kam, um ihr vor dem Schlafengehen, wie gewöhnlich, noch einen Kuß zu geben, sagte sie:

„Griseldis hat Kopfweh, Papa. Sie hat heute gar keinen Spaß mit mir gemacht."

„Sind Sie nicht wohl, Fräulein von Ronach?"

„Es ist nichts von Bedeutung, Herr Graf. Solange Gilda schläft, werde ich einen Spaziergang in den Wald machen. Dann verliert sich mein Kopfweh schnell."

„Ich sah schon bei Tisch, daß Sie sehr blaß waren. Es fiel mir auf. Sie wollen uns doch nicht krank werden?"

„Gewiß nicht. Es ist nur eine leichte Unpäßlichkeit", sagte sie . . .

Griseldis hatte kein Kopfweh, aber sie war von Unrast und Bangigkeit befallen worden, die ihr sonst fremd waren, als wenn irgendein Unheil vor ihr stehe.

In ihrer Seele war etwas erwacht, infolge ihres

Traumes und des seltsamen Benehmens der Komteß, worüber sie sich nachzudenken fürchtete. Und doch ließ sie der Gedanke daran nicht los.

Und so lief sie, wie auf der Flucht vor diesem Gedanken, in den Wald. Sie ging den Schloßberg hinab und weiter und weiter auf den schmalen, sich kreuzenden Waldwegen.

Sie hatte den Treuenfelser Forst zu Fuß und zu Wagen schon nach allen Richtungen durchstreift und fand sich gut zurecht. Es war still und menschenleer ringsumher.

Wie lange Griseldis gelaufen war, wußte sie nicht, als sie plötzlich stutzte und stehenblieb. Da war sie an einer breiten Fahrstraße angelangt, die sie nicht kannte. Sie sah, aus ihren Gedanken erwachend, um sich.

Ein Blick auf die Uhr belehrte sie, daß es Zeit war, umzukehren. In diesem Augenblick hörte sie das Rollen eines leichten Wagens und das Aufschlagen von Pferdehufen. Sie blickte die Straße entlang und gewahrte nun, daß ein eleganter, leichter Dogcart, von einer Dame gelenkt, daherkam. Ein Groom saß mit untergeschlagenen Armen hinter ihr.

Griseldis wollte eben umkehren, da stutzte sie plötzlich und sah die Dame auf dem Wagen scharf an. Dieser war schnell näher gekommen, und nun erblickte auch die Dame, die den Wagen lenkte, Griseldis. Sie sahen sich beide ungläubig staunend an. Mit einem jähen Zügelruck hielt die Dame den Wagen an.

„Seldis! Bist du das wirklich?"

„Tilly. Mein Gott – Tilly – wie kommst du hierher?"

Tilly von Sarnow warf dem Groom die Zügel zu und sprang vom Wagen herunter.

„Und wie kommst du hierher? Das hätte ich mir

nicht träumen lassen, daß ich Dich hier im Dalheimer Forst auflesen würde. Deine letzte Nachricht erhielt ich aus dem Stift St. Marien. Du teiltest mir mit, daß du im Begriff seiest, eine Stellung anzunehmen, und daß du mir baldigst mehr mitteilen wolltest. Seither hörte ich nichts von dir", sagte sie und ging langsam, Griseldis umschlungen haltend, mit dieser auf dem schmalen Waldweg auf und ab.

„Ich habe dir doch einen ausführlichen Brief geschrieben, Tilly, vor etwa vier Wochen. Ich habe mich gewundert, keine Antwort darauf zu erhalten."

„Und wohin hast du diesen Brief adressiert?"

„An deine ständige Adresse. Ich wußte wohl, daß du mit deiner Mutter auf Reisen warst, aber nicht, wo du dich aufhieltest."

„Ah – nun ist mir das erklärlich. Mein zerstreuter Papa hat sicher vergessen, mir deinen Brief nachzuschicken."

„Ah – du hältst dich in Dalheim auf?"

„Ja, mein Schatz, für einige Wochen. Im Vertrauen will ich dir nur gleich offenbaren – ich habe mich mit dem jungen Baron Fritz Dalheim verlobt."

„Ich denke, ich befinde mich noch im Treuenfelser Forst. Also gleich sollst du alles hören. Erst laß mich dir aber von Herzen Glück wünschen zu deiner Verlobung. Werde so glücklich, wie du es verdienst. Und nun mein Bericht. Die Stellung als Erzieherin, die mir in Aussicht stand, habe ich erhalten und angetreten, schon im März. Seitdem befinde ich mich in Schloß Treuenfels als Erzieherin der Tochter des Grafen Treuenfels."

„Bei Graf Harro Treuenfels? Demselben Grafen Treuenfels, der des Mordes an seiner Gemahlin angeklagt und wegen mangelnder Beweise freigesprochen wurde?"

„Ja, Tilly, bei demselben."

„Heilige Kümmernis! Ein riesig couragiertes Wesen bist du ja immer gewesen. Das hast du ja bewiesen, als du mein Schwesterchen vor dem Ertrinken bewahrtest und sie mit eigener Lebensgefahr aus dem Wasser holtest. Aber daß du diese Stellung angenommen hast – das ist doch tollkühn."

„Warum?" fragte Griseldis ernst.

„Mein Gott – ich hätte ja eine Todesangst – daß mir ein gleiches geschehen könne wie der Gräfin Treuenfels – oder daß mir deren Geist erschien."

„Eine solche Angst kenne ich nicht."

„Ja, fürchtest du dich denn nicht vor Graf Treuenfels?"

„Nein, Tilly, ich fürchte mich nicht vor ihm. Ich wußte, schon ehe ich nach Treuenfels kam, daß der Graf unschuldig ist."

„Du wußtest es? Hattest du denn Beweise dafür?"

„Nein, aber solcher Beweise bedurfte ich nicht. Die Frau Domina des Stiftes St. Marien hat mir den Glauben an seine Unschuld beigebracht. Und wenn man einmal in das Gesicht dieses Mannes gesehen, dann weiß man ganz sicher, daß er solch einer Tat nicht fähig ist. Aber sage mir, Tilly, wenn dir jemand von mir sagen würde, ich hätte einen Mord begangen, würdest du das glauben?"

„Nein – auf keinen Fall."

„Nun, siehst du, so geht es mir mit Graf Treuenfels. Ich lebe nun seit einem Vierteljahr in Treuenfels, sehe den Grafen täglich, habe seine Ansichten kennengelernt. Ich beobachte ihn, wie er zu seinem Kind ist. Und ich sage dir, er ist ein todunglücklicher Mann, der schwer an einem unverdienten Schicksal trägt, aber nie und nimmer ein heimtückischer Verbrecher. Ich lege meine Hand für seine Unschuld ins Feuer." Griseldis faßte plötzlich Tillys

Hand und sagte mit vor Aufregung bebender Stimme:

„Tilly, du hast einmal von mir verlangt, ich soll dir einen großen Wunsch nennen, den du mir erfüllen könntest. Für mich würde ich niemals einen solchen Wunsch äußern. Aber jetzt – jetzt wüßte ich etwas, womit du mir einen großen, großen Dienst erweisen könntest."

„Wenn es in meiner Macht liegt, so will ich es tun."

„Ich bitte dich, Tilly, daß du deinen Verlobten zu bestimmen suchst, daß er Graf Treuenfels aufsucht, um ihm einmal die Hand zu reichen, um ihm zu sagen: Ich glaube an deine Unschuld, denn ich kenne dich besser als deine Richter. – Du ahnst nicht, wie er darunter leidet, daß er gemieden wird. Die Ohnmacht, den schimpflichen Verdacht zu entkräften, macht ihn ganz elend. Wenn ich dir doch die Überzeugung beibringen könnte, daß Graf Treuenfels unschuldig ist. Willst du mir meine Bitte erfüllen, Tilly?"

Diese sah Griseldis mit großen Augen an. „Was ist dir dieser Mann, Seldis, daß du so für ihn eintrittst?" fragte sie leise.

„Er ist ein Unglücklicher, Tilly. Und du weißt, ich kann keinen Bedrückten leiden sehen. Ich liebe das Kind von Herzen und hege unbegrenzte Hochachtung vor dem Grafen, der mich meine abhängige Stellung in keiner Weise fühlen läßt. Ich habe es so gut in seinem Haus, wie ich es noch nie gehabt habe, und bin ihm dafür dankbar. Wenn dein Verlobter zu ihm käme, würde das ein Lichtblick in seinem verdüsterten Leben sein. Tilly – laß mich nicht umsonst bitten."

„Ich will deinen Wunsch erfüllen, Seldis, mein Wort darauf. Jetzt will ich meinen ganzen Einfluß geltend machen, meinen Verlobten zu bestimmen, in dieser Angelegenheit endlich seinem eigenen Herzen zu folgen."

Griseldis drückte mit einem aufleuchtenden Blick ihre Hände. „Ach, Tilly – liebe Tilly – wenn du es erreichen würdest."

Die beiden Damen waren wieder bis an den Fahrweg herangekommen. Und da sahen sie zu gleicher Zeit einen Reiter. Tilly winkte ihm zu.

„Fritz – Fritz! Ach bitte, komm hierher!" rief sie dem Reiter zu.

Und zu Griseldis gewendet, sagte sie:

„Du kannst gleich selbst Zeuge sein, wie ich mein Versprechen einlöse."

Baron Dalheim war vom Pferd gestiegen und kam schnell auf die beiden Damen zu. Er war eine frische Erscheinung, und seine Augen verrieten, daß er seine Braut herzlich liebte. „Du wolltest mir entgegenkommen, Tilly?" fragte er und küßte ihr die Hand.

„Ja, Fritz, und ich freue mich, daß ich es tat, denn ich fand hier ganz unerwartet auf meinem Weg meine beste Freundin, Griseldis von Ronach, die Retterin unsrer Ruth. Mama und ich haben dir viel von ihr erzählt."

„Mein gnädiges Fräulein, meine Braut schwärmte in begeisterter Weise von Ihnen. – Aber nun freue ich mich, Sie kennenzulernen."

„Das beruht auf Gegenseitigkeit, Herr Baron."

„Lieber Fritz, jetzt habe ich etwas viel Wichtigeres mit dir zu besprechen. Höre mich an", sagte Tilly eifrig, ergriff einen Knopf seiner Reitjoppe und erzählte ihm, was sie soeben mit Griseldis besprochen hatte.

Baron Dalheim hörte sichtlich erregt zu, und als Tilly schwieg, sah er nachdenklich in Griseldis' Augen.

„Verehrtes, gnädiges Fräulein, Sie sehen mich in einer recht peinlichen Lage in dieser Angelegenheit. Mein Herz drängt mich schon lange, Graf Treuenfels aufzusuchen, aber ich habe doch immerhin einige Bedenken gehabt."

Griseldis atmete tief auf. Sie war sehr bleich, aber ihre Augen leuchteten. „Herr Baron, Sie kennen doch Graf Treuenfels von Kind auf; haben Sie je den Eindruck gehabt, als sei er einer so heimtückischen, abscheulichen Tat fähig? Zugegeben, daß er eine starke Veranlassung hatte, seiner Gemahlin zu grollen, zugegeben selbst, er wäre imstande gewesen, sie im Zorn umzubringen – aber auf so kalte, heimtückische Art –, halten Sie das für möglich? Wäre er nicht so, hätte er sich zu dieser Tat bekannt, oder – er hätte sich selbst gerichtet. Das ist meine heilige Überzeugung."

Baron Dalheim war sichtlich bewegt.

„Ich schäme mich vor Ihnen, weil ich nicht in gleicher Weise für Graf Treuenfels eingetreten bin, wie Sie es tun. Ich schäme mich schon lange, daß ich ihm damals ausgewichen bin und ihm meinen Gruß versagte. Ich weiß sonst, weiß Gott, immer ganz genau, was ich will, aber in dieser Sache bin ich in einer elenden Unentschlossenheit gewesen. Wenn er mich jetzt kalt abfallen ließe, könnte ich es ihm nicht einmal übelnehmen."

„Das wird er nicht tun, Herr Baron", erwiderte Griseldis überzeugt.

„Das glaube ich auch nicht, Fritz, ich habe Griseldis versprochen, dich zu bestimmen, den Grafen aufzusuchen. Und ich bitte dich nun herzlich, es zu tun."

„Ich habe mich durch Mamas ängstliches Bedenken beeinflussen lassen. Also, Fräulein von Ronach, Sie haben mein Wort, ich komme morgen nach Treuenfels."

„Oh, wie danke ich Ihnen, Herr Baron, und auch dir, Tilly. Glauben Sie mir, Sie tun ein gutes, edles Werk.“

„Ihr Verdienst ist doch viel größer. Ich werde Graf Treuenfels sagen, wie tapfer Sie für ihn eingetreten sind.“

Griseldis hob erschrocken die Hände. „O nein, sagen Sie ihm nichts davon, daß ich mit Ihnen gesprochen habe. Ihr Kommen würde nur halben Wert für ihn haben. Bitte, lassen Sie ihm den Glauben, daß Sie selbst den Weg zu ihm gefunden haben. Das wird ihn viel mehr freuen.“

„Ich werde also über unser heutiges Zusammentreffen schweigen. Aber, falls wir uns in seiner Gegenwart begegnen sollten, wie motiviere ich da unsre Bekanntschaft?“

„Ich würde mich freuen, morgen in Treuenfels Ihre Bekanntschaft zu machen. Aber vielleicht begegnen wir uns gar nicht. Deshalb will ich Ihnen gleich jetzt noch einmal herzlich danken.“

„Es braucht keinen Dank. Bitte, beschämen Sie mich nicht.“

„Und wann sehe ich Dich wieder, Seldis?“ fragte Tilly.

„Das weiß ich noch nicht, Tilly. Treffe ich mit dem Herr Baron in Treuenfels zusammen, so wird es wohl eine Gelegenheit geben, ich werde dann um Urlaub bitten.“

Das Brautpaar verabschiedete sich nun von Griseldis. Es war sehr spät geworden. Mit flüchtigen Schritten eilte sie heimwärts. Sie war so glücklich, daß sie dem geliebten Mann in aller Stille und Heimlichkeit einen Dienst hatte erweisen können.

Als Griseldis heimkam, fand sie das Kind in Gesellschaft ihres Vaters. Sie entschuldigte sich, noch etwas atemlos vom schnellen Lauf.

„Ich hatte meinen Spaziergang zu weit ausgedehnt und konnte leider nicht zur rechten Zeit zurück sein“, sagte sie.

„Und in Ihrem Pflichteifer haben Sie sich atemlos gelaufen. Mußte das sein?“

„Ich weiß doch, daß Gilda sich nicht gern von jemand anders ankleiden läßt.“

„Sie haben sie sehr verwöhnt und sich damit unnötig festgebunden und allerlei Mühsal aufgeladen.“

Griseldis umschlang Gilda mit beiden Armen. „Wenn ich in meinem Leben keine andre zu tragen hätte, wäre ich beneidenswert“, sagte sie.

„Du bliebst schrecklich lange, Griseldis! Wir wollen doch auf den Turm“, sagte Gilda, sich an sie schmiegend.

„Dazu ist ja noch immer Zeit, Gilda.“

„Ich schlage vor, wir nehmen nun schnell den Tee ein und steigen dann auf den Turm, Fräulein von Ronach. Denn Sie wollen doch sicher bei Tageslicht noch die Zimmer meiner Frau besichtigen, um sie mit Ihrem Traumbild zu vergleichen“, sagte der Graf mit leisem, gutmütigem Spott.

„Ich glaube, Sie machen sich über mich lustig, Herr Graf. Aber ich habe nichts dagegen, wenn es Ihnen nur ein wenig Vergnügen bereitet.“

„Wie freundlich Sie immer um mich besorgt sind.“

Sie lachte froh, im Bewußtsein, daß sie diese Anerkennung heute redlich verdient hatte.

„Ein Arzt muß immer auf das Wohl seiner Patienten bedacht sein. Und ich will doch meinen Posten als Arzt nicht verlieren.“

„Ich werde Sie auch dieses Amtes nicht entheben, wenn Sie es nicht freiwillig niederlegen."

„Oh, das wird nie geschehen."

„Eines Tages werden Sie es vielleicht doch tun."

„Freiwillig gewiß nicht."

„Wenn Sie einmal Treuenfels verlassen."

„Warum sollte ich das, wenn ich nicht fortgeschickt werde?"

„Gibt es nichts, was Sie hinausruft in die Welt, fort aus Treuenfels?" fragte er erregt.

„Nichts – gar nichts. Solange mich Gilda braucht, bleibe ich gerne."

„Und wenn Sie meine Tochter immer braucht?"

„Oh, es gäbe nichts Lieberes für mich!"

„Wirklich nicht? Möchten Sie immer in dem stillen Treuenfels bleiben?"

„Ich wüßte keinen Platz auf der Welt, wo ich lieber wäre als hier."

„In der Einsamkeit meines Schlosses?"

„Bei meiner lieben, kleinen Gilda, die ich liebe und die mich liebt. Es gibt keinen schöneren Ort für mich."

„Ist das wahr?"

„Sonst spräche ich es nicht aus."

„Und wenn ich Sie nun beim Wort nehme und Sie binde, auf lange, lange Zeit? Wenn ich einen Vertrag mit Ihnen abschließen würde?"

„Es bedarf keines Vertrages, Herr Graf."

Jetzt ein freier, unbescholtener Mann sein, der dieses holde, lebensfrische Geschöpf auf Lebenszeit an sich binden dürfte – welch ein Glück mußte das sein. Die Erregung ließ ihn verstummen. Er wandte sich plötzlich ab und ging davon, weil er fürchtete, seine Fassung zu verlieren. Griseldis sah ihm nach. Aber Gilda ließ ihr nicht Zeit, ihren Gedanken nachzuhängen. Sie forderte ihr Recht.

Gleich darauf trafen sie am Teetisch wieder mit Graf Harro zusammen. Er war wieder ganz ruhig.

Aber die Komteß schien wieder sehr nervös und ungleichmäßig. Und als der Graf gleich darauf mit Griseldis und Gilda aufbrach, um in den Turm hinüberzugehen, blieb sie wie erstarrt sitzen und sah den drei Menschen mit einem unbeschreiblichen Blick nach. Das war ein Blick wie aus den Augen von Verdammten.

Harro ging mit Griseldis und Gilda um das Schloß herum bis zu dem runden Turm. Er war ringsum mit Ginsterbüschen bewachsen, und nur die schmale Eingangspforte war frei. „Kann man den Turm nicht vom Schloß aus betreten, ohne ins Freie zu müssen?" fragte Griseldis.

„Wenn der Turm auch direkt an das Schloß angebaut ist, so fehlt ihm doch jede direkte Verbindung mit dem Schloß. Der runde Turm liegt ganz isoliert. Der Erbauer des Turmes hatte sich oben eine Sternwarte angelegt und benutzte ihn zu alchimistischen und astronomischen Studien. Es ist ein wenig umständlich, hierherzugelangen. Meine Eltern benutzten ihn nur, wenn bei großen Festlichkeiten viel Logiergäste in Treuenfels waren, um diese dort unterzubringen. Meist wurden junge, ledige Herren darin einquartiert. Deshalb sind Betten in den Zimmern aufgestellt worden. Kurz vor seinem Tod sprach mein Vater davon, daß er eine Verbindungstür durch die Mauer brechen lassen wollte, die an das Schloß stößt. Aber diese Mauern sind unglaublich stark und eisenfest. Es läßt sich schwermachen. Und so ist auch mein Vater wieder davon abgekommen."

Griseldis dachte daran, daß sie in ihrem Traum mühelos durch die dicken Wände in das jenseits liegende Schlafzimmer der Gräfin hindurchgegangen war. Und an ihren geheimen Wandschrank mußte sie denken.

„Vielleicht hat der Erbauer des Turmes doch beim Bauen schon eine Verbindungstür vorgesehen. Vielleicht existiert eine verborgene Tür, von der Sie keine Ahnung haben?“ sagte sie, ihre heimliche Erregung beherrschend.

„Ach, Sie wollen unbedingt mein gutes, altes Treuenfels mit geheimnisvollem Zauber umkleiden.“

„Nun, dergleichen findet man doch in allen alten Schlössern.“

„Gewiß! Wir haben ja auch einen unterirdischen Gang im Schloß, mit einem geheimen Zugang, der zu einem tiefen Keller führt. Aber dieser Keller dient uns jetzt vorzüglich als Weinkeller, und den Zugang haben wir zumauern lassen. Sonst ist aber in Treuenfels keine Spur von Romantik übriggeblieben.“

„Oder Sie wissen nichts davon“, sagte Griseldis.

„Sie sind hartnäckig, Fräulein von Ronach. Aber hier sind wir am Turm. Nun warten Sie, bitte, mit Gilda einige Minuten. Ich will erst hinaufgehen und Licht einlassen, und vor allen Dingen nachsehen, ob Sie ungefährdet passieren können.“

Damit zog er den Schlüssel aus seiner Tasche.

„Sehen Sie sich den Schlüssel an – er sieht auch nicht romantisch aus.“

„Aber er hat einen eigenartigen Bart. Sehen Sie, Herr Graf – da ist direkt eine Herzform ausgeschnitten. Solche Schlüssel findet man jetzt nicht mehr. Aber er muß gut verwahrt gewesen sein, da nicht eine Spur von Rost daran ist.“

Sie wischte mit ihrem Taschentuch über den Bart des Schlüssels, und er hinterließ nicht den kleinsten Schmutzfleck.

Graf Harro schob den Schlüssel ins Schloß. Er glaubte, viel Kraft anwenden zu müssen; wenn auch der gut verwahrte Schlüssel nicht rostig war, das Schloß, das der Unbill der Witterung ausgesetzt war, mußte rostig sein und würde sich schwer öffnen lassen. Aber zu seinem Erstaunen drehte sich der Schlüssel leicht und mühelos im Schloß.

Der Graf machte eine Bemerkung darüber, und Griseldis sah mit forschendem Blick auf das Türschloß.

Leicht und lautlos drehte sich auch die Tür in den Angeln.

Als Graf Harro im Turm verschwunden war, zog Griseldis rasch den Schlüssel wieder aus dem Schloß und wischte mit ihrem Taschentuch nochmals über den Schlüsselbart. Und siehe da – auf dem weißen Tuch hinterließ jetzt der Schlüssel Ölspuren. Das Schloß mußte vor nicht allzu langer Zeit reichlich geölt worden sein.

Und doch sollte seit Jahren diese Tür nicht geöffnet worden sein?

Schnell steckte Griseldis den Schlüssel wieder ins Schloß und drehte ihn hin und her. Er schloß leicht und lautlos. Griseldis sah mit einem nachdenklichen Blick auf die Ölspur in ihrem Taschentuch.

Inzwischen war Graf Harro die erste Treppe hinaufgestiegen und öffnete nun oben einen hölzernen Fensterladen.

„Es ist nicht so schlimm, wie ich dachte. Die Luft ist erträglich und die Staubschicht nicht so dicht, als ich angenommen hatte!“ rief er hinunter.

Dann verschwand er und stieg weiter hinauf. Auch in der zweiten und dritten Etage öffnete er ein Fenster, und nach einer Weile kam er dann wieder zurück.

„So, der Aufstieg kann beginnen, Fräulein von Ronach. Nur bei der zweiten Treppe ist bei den drei untersten Stufen etwas Vorsicht geboten. Bitte, gehen Sie voran. Ich habe Licht gemacht auf den Treppen, Gilda führe ich selbst."

Langsam stieg Griseldis die etwas steile und schmale Treppe empor. Es waren Steinstufen, auf denen sich eine ganz feine, grüne Moosschicht angesetzt hatte. Zwanzig Stufen führten empor zum ersten Stock. Da kam ein kleiner, halbrunder Absatz, von dem aus das geöffnete Fenster ins Freie und eine Tür in das unterste Turmzimmer führte. Die Tür war zu. Der Treppenabsatz war mit Holz gedielt. Das Holz war mit Ölfarbe gestrichen und eine leichte Staubschicht lag darüber. Aber Griseldis bemerkte, daß von der Treppe bis zu der Tür ein schmaler Streifen lief. Es sah aus, als sei da vor einiger Zeit leise mit einem Besen darübergewischt worden.

Oder als wenn die Schleppe eines Frauenkleides darübergestreift wäre, dachte Griseldis und sah forschend auf diesen Streifen.

Die lockeren Stufen wurden glatt passiert, ohne jeden Unfall.

Harro führte Gilda, indem er sie von hinten unter den Armen stützte. So ging es in den dritten Stock, von wo aus eine hohe, steile Wendeltreppe bis zum Söller hinaufführte. Diese Treppe hatte ein eisernes Geländer. Der Graf hatte eine Falltür geöffnet, um den Zugang zum Söller freizumachen.

Endlich war Griseldis oben auf dem Söller und sah über die Brustwehr in das blühende, grünende Land im hellen Sonnenglanz.

Graf Harro stand neben ihr und sah in ihr leuchtendes Gesicht. Gilda blickte durch die Schießscharten hinab und plauderte in ihrer lieben, drolligen Art lustig drauflos.

„O wie schön, wie wunderschön! Geht Ihnen nicht das Herz auf, Herr Graf, wenn Sie da hinabsehen und sich sagen: All das Schöne, was ich sehe, ist mein Eigentum?“

„Ja“, sagte er leise, „das Herz geht mir auf. Aber nicht all das Schöne, was ich sehe, ist mein Eigentum.“

Sie merkte nicht, daß er sie dabei mit einem schmerzlichen Blick ansah, denn sie ließ ihre Augen entzückt auf der blühenden Landschaft ruhen.

„Aber doch fast alles, Herr Graf. Das muß doch ein königliches Gefühl sein. Sind sie nicht glücklich darüber?“

„Ich liebe meine Heimat, meinen Besitz, aber ich gäbe ihn willig hin, wenn ich mir damit meinen ehrlichen, unbescholtenen Namen wiederkaufen könnte.“

„Aber dann wären Sie arm.“

„Arm – aber frei und glücklich, und imstande, mein Schicksal zu meistern. Das trifft mich ja so hart, daß ich nichts, gar nichts tun kann, mein Geschick freundlicher zu gestalten. Und ich bin doch noch jung – und habe ein Herz in der Brust, das von Sehnsucht nach Glück erfüllt ist.“

Das brach wie ein Stöhnen aus seiner Brust. Er sah sie dabei an, daß sie plötzlich sehr bleich wurde und leise vor Erregung zitterte. Sie wußte nicht, ob sie ihre Sinne trogen und sah nur fassungslos in seine Augen. Und aus diesen Augen leuchtete ihr eine heiße, sehnsüchtige Qual entgegen, ein starkes, inniges Verlangen.

Ihr war plötzlich, als drehe sich der Turm in tollem Wirbel mit ihr herum. Ihre Hand klammerte sich an die Brustwehr des Söllers, als brauche sie einen Halt.

Sie wußte plötzlich, daß sie geliebt wurde, wie sie selber liebte. Sie sah in seinen Augen, daß sich seine einsame, unglückliche Seele zu ihr geflüchtet hatte. Und sie erzitterte unter dieser Gewißheit, die Freude und doch zugleich ein tiefes Leid in ihr auslöste. Denn zwischen dem Grafen Harro Treuenfels, dem reichen Besitzer dieser gesegneten Grafschaft, und der armen, schlichten Erzieherin seiner Tochter war eine tiefe Kluft, die wohl nicht zu überbrücken war.

Nicht daran dachte sie, daß er nicht wagte, die Hand nach ihr auszustrecken, weil ein Makel auf seinem Namen ruhte. Sie meinte nur, ein Graf Treuenfels dürfte nicht zu den bezahlten Angestellten seines Hauses hinabsteigen.

Und doch hätte sie jubeln und jauchzen mögen. Er liebt mich – er liebt mich!

Sie schloß einen Moment die Augen und lehnte blaß und fassungslos an der Brustwehr. Und er sah sie an mit einem schmerzlich brennenden Blick. Er fühlte, daß sie in diesem Augenblick das Geheimnis seiner Seele erraten hatte. Zehn Jahre seines Lebens hätte er willig dahingegeben, wenn er sie hätte in seine Arme nehmen dürfen.

Griseldis war, als spräche die Seele des geliebten Mannes zu der ihren, als sie mit geschlossenen Augen vor ihm stand. Und da war es plötzlich, wie in ihrem seltsamen Traum, als stehe die Gräfin neben ihr und winkte ihr zu folgen. Es zog sie mit aller Kraft – sie wußte nicht wohin.

„Griseldis, du schläfst wohl?“ tönte da Gildas Stimme an ihr Ohr und rief sie in die Wirklichkeit zurück.

„Nein, die Sonne blendet mich, Gilda“, antwortete sie, wie aus einem Traum erwachend.

Sie widmete sich aber nun dem Kind. Auch der

Graf beugte sich zu Gilda hinab. Dabei berührte seine Hand die von Griseldis. Die beiden Hände zuckten erschrocken zurück.

Um nur etwas zu sagen, rief Griseldis:

„Ich möchte jeden Tag bei schönem Wetter hier heraufsteigen."

„Das können Sie tun, Fräulein von Ronach. Ich lasse gleich morgen früh die Stufen festmauern, und dann gebe ich den Schlüssel in ihre Hände."

Griseldis dankte ihm. Und es war ihr sehr lieb, daß sie den Schlüssel erhalten sollte. Ihr war, als müsse dieser Turm ein Geheimnis bergen, das sie um jeden Preis ergründen müsse. Ihr Traum erschien ihr immer mehr Bedeutung zu gewinnen.

Erst hatte sie das Zimmer im dritten Stock besichtigt, nun betraten sie das im zweiten Stock. Griseldis sah sich aufmerksam in diesem Zimmer um. Es hatte, dem Bau des Turmes entsprechend, eine halbrunde Form; der Raum für die Treppe und den Treppenabsatz vervollständigte den kreisförmigen Umriß des Turmes.

Da drüben, jenseits dieses Zimmers, liegt mein Schlafzimmer, dachte Griseldis, hauptsächlich der Wand Beachtung schenkend, die an das Schloß angrenzte.

An der Stelle der Wand, wo drüben in ihrem Schlafzimmer ihr Bett stehen mußte, hing hier ein schöner alter Teppich. Neben diesem Teppich, also Wand an Wand mit ihrem Nachtschränkchen, war ein hoher Spiegel angebracht, der einen breiten Goldrahmen hatte. Und dieser Goldrahmen – Griseldis' Herzschlag stockte, zeigte dasselbe originelle Delphinmuster wie drüben der Rahmen des Bildes, der die Tür zu dem Wandschrank bildete. Wenn ihre Rechnung stimmte, lag hinter diesem Spiegel der Hohlraum, der sich unter ihrem Wandschrank befand, wie sie durch Klopfen auf den Boden des Wandschrankes festgestellt hatte. Sie hätte am liebsten sofort den Spiegelrahmen genau untersucht und abgetastet, ob sich etwa einer der Delphine auch niederdrücken lassen würde.

Jedenfalls nahm sie sich vor, bei der nächsten Gelegenheit, wenn sie allein hier im Turm weilte, den Spiegelrahmen genau zu untersuchen.

Nun ging es in den ersten Stock hinab. Griseldis sah wieder mit kritischen Augen auf die schmale Spur auf dem Fußboden des Treppenabsatzes, die aussah, als habe die Schleppe eines Frauenkleides darübergestreift. Doch sagte sie auch jetzt nichts darüber, daß diese Spur ihr bewies, daß dieser Treppenabsatz von nicht allzu langer Zeit von einer Frau betreten worden war, ebenso wie ihr das geölte Schloß bewies, daß ein Mensch, vielleicht zu derselben Zeit, den Turm geöffnet haben mußte. Noch aufmerksamer als oben sah sich Griseldis in diesem Turmzimmer um.

Wand an Wand mit diesem Zimmer, vielleicht etwas höher als dieses, mußte das Schlafzimmer der Gräfin Alice liegen, in dem sie einen so plötzlichen Tod gefunden hatte. Griseldis' Herz klopfte unruhig, als sie hier unten, an der Stelle, wo oben der Spiegel angebracht war, einen gestickten Wandbehang erblickte, der vom Fußboden bis fast an die Decke reichte, und seltsamerweise in einen breiten Goldrahmen gefaßt war, der ebenfalls das Delphinmuster zeigte.

Griseldis betrachtete das alles sehr aufmerksam, aber welche Kombination sie daran knüpfte, konnte niemand ihrem Gesicht ansehen.

Liebe macht blind – oder hellseherisch. Und Griseldis' Liebe zu Graf Harro hatte ihr etwas von einer Hellseherin verliehen. Außerdem war sie sehr scharfsichtig und hatte eine gute Beobachtungsgabe. Der innige Wunsch, Graf Harro helfen zu können, ließ sie nicht ruhen. Sie wollte versuchen, das Geheimnis zu ergründen, das über dem Tod der Gräfin Alice ruhte. Und ihr seltsamer Traum hatte ihr einen leisen Fingerzeig gegeben, den sie vielleicht nicht beachtet hätte, wenn sie nicht eben der starke Wunsch beseelt hätte, Licht in diese dunkle Angelegenheit zu bringen. Leise dämmerte ihr doch der Gedanke, daß Gräfin Alice tatsächlich ermordet worden war – von einem andern Menschen natürlich als von ihrem Gatten. Als sie eine Weile später den Turm mit Graf Harro und Gilda verließ, war sie fest entschlossen, das Geheimnis zu ergründen, das den Tod der Gräfin umgab. Sie hatte das Gefühl, als berge dieser Turm die Lösung des rätselhaften Vorganges beim Tod der Gräfin.

Bei all diesen Erwägungen hatte es Griseldis noch vermocht, scheinbar unbefangen mit Graf Harro und Gilda zu plaudern.

Als sie ins Schloß zurückkehrten, fragte Harro lächelnd:

„Nun, wie sind Sie mit diesem Ausflug ins Land der Romantik zufrieden?“

Er hatte sich jetzt wieder in der Gewalt und zeigte sich ruhig und beherrscht. Die Angst, Griseldis vielleicht aus Treuenfels zu vertreiben, wenn er sich nicht im Zügel hielt, gab ihm die Kraft dazu.

„Ich bin sehr zufrieden, Herr Graf. Und ich freue mich sehr, daß Sie mir den Schlüssel zum Turm anvertrauen wollen. Ich werde sehr viele meiner freien Stunden darin zubringen.“

„Und sie werden dann träumen, daß Sie eine verwunschene Prinzessin sind, die in diesem Turm auf die Erlösung durch einen schönen jungen Prinzen hofft.“

„Fehlgeschossen, Herr Graf! Ich werde in dem Turm etwas ganz anderes tun als träumen, obwohl ja mein seltsamer Traum auf dem Turmsöller begann." Er sah mit einem verhalten zärtlichen Ausdruck in ihre Augen.

„Sie machen mich sehr neugierig auf diesen Traum. Werden Sie ihn mir bald erzählen?"

„Ich weiß noch nicht, wann. Aber eines Tages werde ich es sicher tun."

„Schade, daß ich Ihnen den Ring nicht zeigen konnte, da er verlorengegangen ist. Ich möchte nur wissen, wer Ihnen den Ring beschrieben hat und wer Ihnen davon sprach, daß meine verstorbene Frau eine Flechte um den Hals zu legen pflegte."

„Sie sehen schon wieder aus, Herr Graf, als wollten Sie mich meines Traumes wegen auslachen."

„Nein, das will ich gewiß nicht tun. Ich necke Sie nur gern ein wenig damit."

Sie betraten die Schloßhalle und sahen nicht, daß hinter einer der dicken Säulen verborgen Komteß Beate im Halbdunkel der Halle stand und ihnen mit unheimlich flackernden Augen entgegensah.

Als sie in ruhiger Unterhaltung die Halle durchquert hatten und an der Komteß vorübergegangen waren, da atmete diese auf, als sei sie von einer drükkenden Last befreit worden. Und dann sank sie in einem Sessel zusammen, als trügen sie ihre Füße nicht mehr.

Auf der Treppe verabschiedete sich Graf Harro von Griseldis und Gilda.

Griseldis suchte nun mit Gilda die Gemächer der Gräfin auf. Sie hielt das Kind an der Hand, damit es nichts von den umherliegenden Gegenständen berühre. Langsam gingen sie aus einem Zimmer in das andre. Und dabei sprach Griseldis mit dem Kind über seine verstorbene Mutter und suchte ihm ein liebes Bild von ihr einzuprägen. Wie in allen Dingen wußte sie auch hier die rechten Worte zu finden. Trotzdem Gilda keine besonders herzbewegende Erinnerung an ihre Mutter hatte, sorgte Griseldis dafür, daß diese Erinnerung idealisiert wurde.

Endlich betraten sie auch das Schlafzimmer, und einen Augenblick stand Griseldis fassungslos. Ja – das war das Zimmer, das sie im Traum gesehen hatte, mit all den Einzelheiten der Einrichtung. Da war die kunstvolle Täfelung der Wände mit den gemusterten Hölzern, und da stand das Bett, in dem sie die Gräfin hatte liegen sehen. Der blaue Seidenstoff der Decke, die hellen Möbel, das Nachtschränkchen neben dem Bett – das war alles wie in ihrem Traum.

Das Herz klopfte ihr bis zum Hals hinauf. Aber es geschah nichts. Nur ihr Traum stand klar und scharf vor ihrer Seele.

Sie trat an das Nachtschränkchen heran. Aber ihre Vermutung, über demselben ein ähnliches Bild mit den Delphinenrahmen zu finden, bestätigte sich nicht. Auf der Holzvertäfelung befand sich überhaupt kein Bild. Und die gemusterten Hölzer griffen so glatt und lückenlos ineinander, daß hier unmöglich eine geheime Tür zu einem Wandschrank sich befinden konnte.

Sie vergegenwärtigte sich, wie in ihrem Traumbild die Hand und der Arm aus der Wand herauswuchsen, und wie diese Hand die drei Perlmutterkugeln in das Weinglas fallen ließ. Und plötzlich zuckte sie zusammen. Da an der Wand, an derselben Stelle, wo oben bei ihr das Bild hing, sah sie drei runde Perlmutterblättchen, die in die Vertäfelung eingelegt waren. Und diese Perlmutterblättchen wirkten genau wie die drei Kugeln, die in ihrem Traum in das Weinglas gefallen waren.

Sie preßte die Hand aufs Herz, und ihre Gedanken arbeiteten fieberhaft. Doch da begann Gilda sich zu langweilen und forderte Griseldis auf, mit ihr hinauszugehen. Diese war aber noch nicht gewillt, das Zimmer zu verlassen. Ein zweites Mal konnte sie nicht gut von Graf Harro die Schlüssel zu den Gemächern der Gräfin erhalten. Was sie hier erkunden wollte, mußte heute, jetzt gleich, geschehen.

Sie faßte in die Tasche ihres Kleides. In ihren Sachen hatte sie heute eine hübsche, bunte Glaskugel gefunden, mit der sie als Kind gespielt hatte. Diese Kugel hatte sie zu sich gesteckt, um sie Gilda zu schenken. Die Kugel mußte ihr helfen, Gildas Aufmerksamkeit von sich abzulenken und sie zu beschäftigen.

„Sieh, Gilda, was ich hier habe."

„O wie schön. Gib mir die Kugel!" bat sie, in die Hände klatschend.

„Ja, du sollst sie bekommen, wenn du ein Weilchen ruhig damit spielen willst."

„O ja, das will ich tun."

Da führte Griseldis Gilda in das Nebenzimmer.

„So, Gilda, hier auf dem großen Teppich kannst du die Kugel hin und her laufen lassen. Ich sehe mir inzwischen noch einiges an", sagte sie.

Gilda war es zufrieden und spielte mit der Kugel. Griseldis aber ging schnell in das Schlafzimmer zurück. Sie trat wieder an das Nachtschränkchen heran und blickte mit scharfen, spähenden Augen über die darüber befindliche Wand. Und wie magnetisch angezogen, drückte sie fest auf das oberste Perlmutterblättchen. Aber es rührte sich nicht. Nun drückte sie auf das zweite. Aber auch das gab in keiner Weise nach. Aber als sie nun sehr kräftig auf das unterste Blättchen drückte, gab es nach. Es wich in die Wand zurück, und zugleich ertönte ein leise schnappendes

Geräusch. Und leise wich eines der großen, zusammengesetzten Holzquadrate aus der Vertäfelung. Es war eine Tür zu einem ebensolchen Wandschrank wie oben in Griselids' Zimmer.

Sie zitterte vor Erregung und sah in den Wandschrank hinein. Er war leer und hatte genau dieselbe spitzwinklige Form wie der in ihrem Zimmer. Er war, genau wie der oben, in die dicke, runde Turmwand eingebaut. An der breitesten Stelle war der Schrank gut einen Meter tief.

Nun beugte sie sich in den Wandschrank hinein und beklopfte den Boden. Das klang genauso hohl und dumpf wie oben. Ganz sicher befand sich unter diesem hölzernen Boden keine feste Mauer, sondern ein Hohlraum.

Bestätigte sich nun ihre Vermutung, daß sich drüben im Turm hinter dem Spiegel und hinter dem in einen Rahmen gespannten Wandteppich Hohlräume befanden, zu denen Spiegel und Wandteppich die Türen bildeten, dann war das Turmzimmer von dem Schlafzimmer der Gräfin nur durch den hölzernen Boden dieses Wandschrankes getrennt, wenn drüben die geheimen Türen offenstanden.

Ihr Traum bekam durch diese Entdeckung Bedeutung. Hier aus der Wand, die als Tür des Wandschrankes diente, war die Hand, der Arm herausgekommen in ihrem Traum. Und aus dieser Hand fielen Tropfen in das Weinglas der Gräfin.

Wie, wenn durch diesen Wandschrank eine verbrecherische Hand den Weg gefunden hätte, die das Gift in das Weinglas der Gräfin getan hätte? Die Untersuchung hatte festgestellt, daß nach Graf Harro niemand als die Zofe das Zimmer der Gräfin mehr betreten hatte. Und die Zofe hatte ihrer Herrin das Weinglas gefüllt und war dann entlassen worden. Als die Zofe die Gräfin verließ, saß diese, bereits für die Nacht entkleidet, im Nachthemd am Toilettenspiegel ihres Ankleidezimmers. Während sie da saß, konnte da nicht eine verbrecherische Hand aus dem Wandschrank herausgelangt und das Gift in den Wein geträufelt haben? Die Gräfin trank dann ahnungslos den vergifteten Wein, der sie sofort tötete. Der Mörder mußte den Weg zu seinem Opfer, wenn ihre Vermutungen zutrafen, durch den Turm gefunden haben. Und im Turm waren auf dem Treppenabsatz die Spuren einer Frauenschleppe. Und das Schloß im Turm zeigte noch Ölspuren. Es mußte dann um die Zeit, da die Gräfin starb, reichlich geölt worden sein.

„Vater im Himmel, vergib mir, wenn ich durch meinen Verdacht eine Unschuldige kränke. Aber hilf mir, daß ich Licht in diese geheimnisvolle Sache bringe, hilf mir, seine Unschuld an den Tag zu bringen."

Das Perlmutterblättchen sprang wieder glatt in die Vertäfelung ein.

Langsam ging Griseldis ins Nebenzimmer. Da lag Gilda auf dem Teppich und spielte mit der Kugel.

„Komm, mein Herzkind, nun wollen wir noch ein wenig hinaus ins Freie gehen."

Als sie die Zimmer der Gräfin verlassen hatten, schloß sie diese ab. Und sie hatte das Gefühl, als müsse es ihr nun gelingen, Graf Harros Unschuld an den Tag zu bringen.

Sie atmete tief auf, als sie mit Gilda ins Freie trat. Gottlob, hier draußen im Sonnenschein wurde ihr die Brust freier. Sie schalt sich selbst aus, daß sie sich bedrücken ließ. War heute nicht ein heller, leuchtender Glückstag für sie? Soviel Gutes war ihr geschehen. Die Begegnung mit Tilly und Baron Dalheim, das Zusammensein mit Harro – und die erworbene Gewißheit, daß er sie liebte. Dazu gab ihr das Schicksal einen Fingerzeig, wo und wie sie nach den Beweisen für Harros Unschuld suchen mußte. War das nicht alles Veranlassung zur Freude?

Sie war sehr töricht, daß sie sich das Herz bedrükken ließ.

Erst bei der Abendtafel sah Griseldis Graf Harro wieder.

Griseldis übergab bei Tisch dem Grafen die Schlüssel zu den Zimmern der Gräfin Alice.

„Ich danke Ihnen, Herr Graf, daß Sie mir die Besichtigung dieser Räume gestattet haben“, sagte sie. Und sie merkte sehr wohl, daß sie von Komteß Beate mit einem unruhig lauernden Blick beobachtet wurde.

„Nun, haben die Zimmer zu Ihrem Traumbild gestimmt?“ fragte er lächelnd.

„Ziemlich genau. Im übrigen war ich sehr erstaunt, in all diesen Zimmern eine moderne Einrichtung zu finden. Sie ist sehr schön und geschmackvoll; aber mir gefallen doch die andern Räume des Schlosses viel besser. Zu diesen alten, dicken Mauern, den tiefen Fensternischen und dem wundervollen Parkettboden wollen mir die modernen Möbel stillos erscheinen.“

„Da sind Sie ganz meiner Meinung. Aber meine Frau liebte die alten Möbel gar nicht und verbannte sie aus ihren Zimmern. Doch habe ich sie alle gut verwahren lassen. Es sind Sachen von hohem Kunstwert darunter.“

„Und wie ist die Besichtigung des Turmes verlaufen? Hat dieser vor Ihren scheinbar sehr kritischen Augen Gnade gefunden?“ fragte Beate entschieden etwas zu höhnisch.

Griseldis sah sie groß und ruhig an. „Ich finde die

Aussicht vom Turmsöller wunderbar schön, und die Turmzimmer haben eine sehr malerische und stimmungsvolle Einrichtung."

„Du kannst mir wohl gleich den Schlüssel zum Turm zurückgeben, Harro", wandte sich die Komteß an ihren Vetter, „damit ich ihn wieder verwahre."

„Morgen früh werden die Stufen festgemauert, und wenn das geschehen ist, will ich Fräulein von Ronach den Schlüssel übergeben. Sie möchte den Blick vom Turmsöller öfter genießen."

Griseldis sah die Komteß an. Sie sah wieder sehr fahl aus.

„Du sagtest doch, die Turmzimmer sollen erst gesäubert und gelüftet werden."

„Allerdings, und zwar kann das gleich morgen früh geschehen, wenn die Stufen festgemauert werden. Bis morgen abend kann dann wohl alles fertig sein."

„Eilt es denn so sehr damit?" fragte die Komteß, Griseldis einen feindseligen Blick zuwerfend.

„Ja, ich möchte das schnell erledigt haben. Und bitte, lasse die Betten aus den Zimmern herausschaffen."

Die Komteß ahnte, daß auch diese Anordnung nur Griseldis zu Gefallen getroffen wurde. Was hatte sie im Turm zu suchen? Was berechtigte sie, in die Zimmer der Gräfin einzudringen? Dieses hergelaufene Geschöpf durfte sich scheinbar alles erlauben und tat es mit einer Selbstverständlichkeit, die an Unverschämtheit grenzte.

Die Komteß war vor Eifersucht halb besinnungslos. Aber sie mußte sich den Bestimmungen des Grafen fügen.

Gleich nach dem Abendessen wurde sie in einer häuslichen Angelegenheit abgerufen, und Harro und Griseldis waren eine Weile allein.

So ein unbedingtes Alleinsein war ihnen selten beschieden. Meist war Gilda in ihrer Gesellschaft. Und dieses Alleinsein wirkte auf die beiden Menschen ein. Es lag etwas Unausgesprochenes, süß Schmerzliches zwischen ihnen. Die Luft mit einer heimlichen Zärtlichkeit erfüllt, wagten sie es nicht, sich in die Augen zu sehen.

Aber Griseldis lag doch eine Frage zu sehr am Herzen. Und so nahm sie sich zusammen und sah ihn an.

„Sie werden mich sicher auslachen, Herr Graf, aber in meinem Traum erblickte ich, in die Wand des Schlafzimmers der Frau Gräfin eingelassen, einen geheimen Wandschrank. Ist Ihnen ein solcher vielleicht bekannt?"

„Sie scheinen einen ganzen Roman geträumt zu haben. Ich muß Sie leider enttäuschen. Geheime Wandschränke gibt es in Treuenfels nicht. Sie haben doch gesehen, daß die Holzvertäfelung alle Wände deckt."

Griseldis wußte nun, was sie wissen wollte, nämlich daß der Graf tatsächlich keine Ahnung von den geheimen Wandschränken hatte.

„Das habe ich mir ja auch gesagt. Aber es könnten ja in andern Räumen Wandschränke existieren."

„Sie haben es sich scheinbar in den Kopf gesetzt, Treuenfels romantisch zu machen. Damit Sie sich darüber beruhigen, rate ich Ihnen, lesen Sie einmal unsere Familienchronik durch. Darin ist jedes Zimmer des Schlosses genau beschrieben, und alles, was unser Geschlecht erlebt und erlitten hat, finden Sie darin aufgezeichnet. Es ist ein sehr umfangreiches Buch. Aber meine Base Beate hat, glaube ich, die ganze Chronik auswendig gelernt. Halbe Nächte lang hat sie darin gelesen."

„Und Sie würden mir Einsicht in diese Chronik gestatten?"

„Gewiß. Sie finden sie in der Bibliothek in dem ersten Schrank neben der Eingangstür."

Jetzt kam die Komteß zurück, und Griseldis brachte schnell ein andres Thema auf.

Am andern Morgen erwachte Griseldis mit dem Gefühl, als sei heute ein Festtag. Heute wollte ja Baron Dalheim kommen, wollte dem Freund die Hand reichen und ihm sagen, daß er an seine Unschuld glaubte.

Sie sah mit strahlenden Augen zum Fenster hinaus. Wieder war die ganze Welt in goldenes Sonnenlicht getaucht.

Heute wählte Griseldis ein weißes Kleid. Sie hatte das Gefühl, als müsse sie ihrer festlichen Stimmung Ausdruck geben.

Als sie fertig war und sich in dem Spiegel betrachtete, lachte sie sich an.

„So ist es recht, Griseldis, festlich mußt du heute aussehen."

Und dann ging sie zu Gilda hinunter.

Leise legte Griseldis mit Henriette die Sachen für Gilda zurecht und ließ das Bad für sie richten.

Endlich wachte Gilda auf.

„Langschläferchen! Schau, die Sonne ist auf deinem Bettchen."

„Oh, du trägst ja heute ein weißes Kleid, Griseldis."

„Ja, darf ich das nicht?"

„O doch; es gefällt mir gut."

Graf Harro saß schon mit der Komteß am Frühstückstisch und las in der Zeitung.

Über Griseldis' Stimmung hatte sich beim Anblick

der Komteß ein Schleier legen wollen, aber sie ging gegen dies beklemmende Gefühl an. Gleich nach dem Frühstück ging Griseldis mit Gilda in den Pavillon im Park, um den Unterricht zu beginnen.

„Wollen Sie wieder auf die Felder hinaus, Herr Graf?“ fragte Griseldis, sehr in Sorge, daß er abwesend sein könne, wenn Baron Dalheim kam.

Griseldis bemerkte Beates bösen Blick nicht, aber der Graf fing ihn auf. Er wunderte sich selbst, daß Griseldis diese Frage an ihn richtete. Es mußte ihr also doch wohl sehr am Herzen liegen, daß er nach dem Pavillon kam. Und dieser Gedanke erfüllte ihn mit einer Freude.

Er war gestern auf dem Turmsöller erschrocken gewesen, als er merkte, daß Griseldis das Geheimnis seiner Liebe erraten hatte. Er hatte gefürchtet, sie werde nun eine eisige Zurückhaltung betonen, um ihm zu verstehen zu geben, daß er nichts zu hoffen habe. Aber zu seiner innigen Freude war das nicht geschehen. Sie gab sich ihm gegenüber wie sonst.

„Nein“, entgegnete er, „ich reite heute nicht mehr aus, ich habe zu Hause zu tun. Und wenn Sie nicht zanken, komme ich zur Pause in den Park und sehe, was mein Kindchen gelernt hat.“ Griseldis errötete jäh. Im Gesicht der Komteß las sie auch strengste Mißbilligung. Aber Graf Harro hatte es gottlob nicht übel vermerkt. Mochte die Komteß sich entrüsten. Ihr konnte sie ja doch nie etwas recht machen. Die Hauptsache war, daß sie nun wußte, daß der Graf zu Hause blieb und den Baron nicht verfehlen konnte.

Sehr aufmerksam war sie heute nicht beim Unterricht. Immer wieder flog ihr Blick zum Schloß hinüber. Sie konnte die Auffahrt sehen und mußte unbedingt bemerken, wenn Baron Dalheim ankam.

Ach – wie war dieser Morgen lang! War es Baron

Dalheim am Ende leid geworden? Kam er doch nicht?

Die zweite Schulstunde war gerade zu Ende, da kam Graf Harro vom Schloß herüber. Griseldis machte Gilda darauf aufmerksam. Diese eilte jubelnd ihrem Vater entgegen, und er fing sie in den Armen auf. Sie zog ihn dann mit nach dem Pavillon, und er mußte sich niedersetzen.

„Komm, Papa, Griseldis erzählt jetzt ein Märchen, da mußt du mit zuhören“, sagte Gilda und machte es sich auf seinem Knie bequem.

Griseldis wollte erst nicht mit dem Märchen beginnen. Aber er bat darum.

So erzählte denn Griseldis ein Märchen.

Als ihr Märchen zu Ende war, atmete er tief auf. „Da kann man wieder zum Kind werden, Fräulein von Ronach. Sie erzählen ganz wundervoll. Aber mit einem Punkt bin ich gar nicht einverstanden gewesen.“

Sie sah fragend in sein lächelndes Gesicht.

„Ihre Märchenprinzessin hatte schwarzes Haar wie Ebenholz. Das gefällt mir nicht. Märchenprinzessinnen müssen goldenes Haar haben – so wie Sie – dann sind es erst richtige Märchenprinzessinnen. Ich hätte plötzlich große Lust, ein Märchenprinz zu sein. Aber leider bin ich keiner – ich bin nur so eine Art garstiger Froschkönig, der nicht das Recht hat, eine schöne Prinzessin zu freien, sondern der hübsch warten muß, bis er einmal von seiner scheußlichen, abschreckenden Gestalt erlöst wird, vor der sich alle Menschen entsetzen.“

Griseldis vermochte nichts zu sagen, obwohl sie wußte, daß seine Worte einen besonderen Sinn hatten.

„Der arme, arme Froschkönig“, wiederholte er leise.

Da hob sie den Kopf. Er sah Tränen in ihren Augen funkeln.

„Er wird erlöst werden, der arme Froschkönig“, erwiderte sie mit zitternder Stimme.

„Ich glaube es nicht.“

„Doch, Papa; der Froschkönig wird erlöst von der jungen, schönen Königstochter. Sie wirft ihn an die Wand und ruft: ‚Ach, der garstige Frosch!‘ Und husch – da steht mit einem Male ein schöner Prinz vor ihr, und sie machen Hochzeit und es gibt ein großes Fest, das hundert Tage dauert.“

„Solch ein Fest, das dauert dann ein ganzes Leben lang für den Prinzen und seine Prinzessin“, sagte er.

„Ja, für die beiden, aber doch nicht für die andern Leute.“

„Hast recht, Gilda, glücklich ist man nur zu zweien. Nicht wahr, Fräulein von Ronach?“

Zum Glück wurde sie der Antwort überhaupt enthoben. Der Diener Heinrich kam schnell auf den Pavillon zu.

„Herr Baron Dalheim wünschen den Grafen zu sprechen“, meldete er. Graf Harro setzte Gilda nieder und erhob sich mit einem Ruck. Er war leichenblaß geworden und sah den Diener an, als habe er sich verhört.

„Was sagen Sie, Heinrich?“

Dieser wiederholte seine Meldung.

Der Graf wandte Griseldis sein blasses Gesicht zu und sah sie an.

Er strich sich über die Stirn. „Ich komme“, sagte er zu dem Diener, und dieser ging schnell nach dem Schloß zurück.

„Verstehen Sie das, Fräulein von Ronach? Baron Dalheim kommt zu mir nach Treuenfels! Was bedeutet das?“

„Das wird bedeuten, daß er sich eines Besseren besonnen hat, Herr Graf."

„Es wird nichts als eine Enttäuschung dabei herauskommen", sagte er matt und ging mit schweren Schritten davon.

Baron Dalheim war in einen Salon geführt worden. Dort hatte ihn Komteß Beate empfangen. Als Harro das Schloß betrat und vernahm, daß Baron Dalheim mit der Komteß im Salon sei, sandte er den Diener zu dem Baron und ließ ihn in sein Arbeitszimmer bitten. Er wollte bei dieser Begegnung mit dem ehemaligen Freund keine Zeugen haben.

Hochaufgerichtet, aber sehr blaß stand er mitten in seinem Arbeitszimmer, als der Baron eintrat. Eine Weile standen sich die beiden Männer stumm gegenüber. Auch der Baron war sichtlich erregt. Und die stolzen, wahrhaften Augen des Grafen besiegten vollends die letzten Bedenken des Barons. Er schritt nun schnell auf den Freund zu mit ausgestreckten Händen.

„Harro – lieber Harro – kannst du mir verzeihen?"

Harro zuckte zusammen und strich sich über die Stirn.

„Dir verzeihen, Fritz? Du bittest mich um Verzeihung – du – der du mich vor kurzem nicht kennen wolltest?"

„Ja, Harro, darum eben bitte ich dich um Verzeihung. Ich kann nichts zu meiner Entschuldigung sagen, als daß ich auf meine Mutter mehr gehört habe als auf mein eigenes Herz. Meine Mutter glaubt ja auch nicht, daß du schuldig bist – aber Frauen können sich wohl schwerer über eine solche Situation stellen als Männer. Ich war aus dem Gleichgewicht durch den Prozeß und alles, was damit zusammenhing. Und als ich dir nun im Wald begegnete, da gab ich aus einem ganz dummen, unerklärlichen Gefühl heraus Fersengeld. Das habe ich schon tausendfach bereut. Aber nun habe ich endlich den Mut gefaßt – und da bin ich, Harro. Bitte – gib mir deine Hand und verzeihe mir. Schlag ein, Harro – beschäme mich nicht noch mehr, obwohl ich es verdiene."

Harro hatte mit steigender Erregung zugehört. Es war, als löse sich ein furchtbarer Bann von seiner Seele. Langsam, wie tastend legte er seine Hand in die des Freundes.

„Du hast mir sehr weh getan, Fritz. Gerade von dir tat es hundertfach weh. Ich hätte dir das nie – niemals angetan. Und wenn man dich verurteilt hätte, ich hätte doch an dich geglaubt und wäre an deiner Seite gestanden. Daß du mich fallenließest, ich konnte es nicht fassen."

„Ich weiß selbst nicht, wie es kam, Harro! An deine Schuld glaubte ich nicht, obwohl ich mir sagte, daß du damals schwer gereizt warst. Und da waren noch so viele Momente – und durch das Verhör und das Her und Hin wurde man ganz verdreht. Und dann – ich sah das Giftfläschchen in deiner Hand – du sagtest selbst aus, daß niemand als du zu dem Gift gelangen konnte – da bin ich wohl eine kurze Zeit an dir irre geworden. Du hattest ja ein Recht, deine Frau zu strafen. – Ich war meiner selbst nicht sicher und wußte nicht, was ich tun sollte. Willst du mir nun verzeihen? Soll alles vergessen sein, Harro?"

Harro sah ihn groß und ernst an.

„Du weißt nicht, was ich gelitten habe, Fritz. Es liegen furchtbare Monate hinter mir. Wie ich sie ertragen habe, weiß ich selber nicht. Ich kann es noch nicht fassen, daß du wieder Hand in Hand neben mir stehst. Alle sind von mir abgefallen, außer den wenigen Menschen, die meine Einsamkeit teilen."

„Das wird anders werden, Harro. Wie ich, so werden viele andre zur Vernunft kommen und den Weg wieder zu dir finden. Und ich werde nun fest und treu zu dir stehen, Harro – und mit mir meine Braut, Tilly von Sarnow."

„Die du bei deinem Onkel kennenlerntest."

„Ja – dieselbe. Tilly gab mir endlich ihr Jawort – und nun ist sie in Dalheim, und unsere Verlobung wird veröffentlicht. Und ich soll dich herzlich, wenn auch unbekannterweise von meiner Braut grüßen."

„Sie läßt einen Verfemten grüßen? Dann muß sie sehr großherzig sein."

„Ja, sie ist ein Prachtgeschöpf, und sie hat Herz und Mund auf dem rechten Fleck. Am liebsten wäre sie selbst mit nach Treuenfels gekommen. – Aber ihre Mutter meinte, es ginge nicht. Und da hat sie mich denn allein ziehen lassen mit einer Menge guter Ermahnungen und – ja – und mit einem Auftrag. Meine Braut hat in Erfahrung gebracht, daß eine Freundin von ihr, ein Fräulein Griseldis von Ronach, in deinem Haus weilt."

„Fräulein von Ronach – allerdings, sie ist die Erzieherin meiner Tochter. Und du sagst, deine Braut ist mit ihr befreundet?"

„Jawohl, nicht nur so landläufig befreundet – es ist eine echte, rechte Freundschaft zwischen den beiden. Sie haben die Schule zusammen besucht und sind fast unzertrennlich gewesen. Meine Braut schwärmt von dieser Freundin – und ihre ganze Familie schwärmt mit. Dieses Fräulein von Ronach muß ein ganz außerordentliches Geschöpf sein. Und außerdem ist die Familie meiner Braut der jungen Dame zu großem Dank verpflichtet. Fräulein von Ronach hat die um sechs Jahre jüngere Schwester meiner Braut vor dem Ertrinken gerettet – und das damals zwölfjährige Mädchen unter eigener Lebensgefahr gerettet."

„Das sieht ihr ähnlich. Aber sie hat nie davon gesprochen, daß sie ein Menschenleben gerettet hat."

Der Baron sah ihn forschend an.

„Hm! Du scheinst also auch eine große Meinung von ihr zu haben, wie die ganze Familie Sarnow."

„Von Fräulein von Ronach kann man nur eine große Meinung haben, wenn man sie kennt", sagte der Graf warm und überzeugt.

„Das freut mich von dir zu hören. Also, wie gesagt, meine Braut hat erfahren, daß Fräulein von Ronach hier in Treuenfels ist, und sie hat mir nun aufgetragen, die junge Dame von ihr zu grüßen und sie herzlichst einzuladen, sie in Dalheim zu besuchen. Du wirst es doch erlauben, daß sie meine Braut besucht?"

„Selbstverständlich! Ich werde dich mit ihr bekannt machen."

„Ja, ich bitte dich darum, lieber Harro. Aber erst laß uns noch ein wenig zusammen plaudern. Wir haben uns doch wohl noch mancherlei zu sagen. Meine Mutter läßt dich übrigens auch grüßen. Tilly hat auch sie zur Vernunft gebracht. Und zugleich im Namen meiner Mutter und meiner Braut bitte ich dich herzlich, übermorgen mit uns das Fest unserer Verlobung zu feiern. Es sind so ziemlich alle Familien aus der Umgegend geladen, und du könntest dich bei dieser Gelegenheit das erstemal wieder in der Gesellschaft zeigen, und zwar auf neutralem Boden."

„Nein, mein lieber Fritz, dazu bin ich nicht imstande. Es ist ein großes Opfer von dir. Aber ich bin nicht der Mann, mich in Gesellschaft dulden zu lassen. Es würde über meine Kraft gehen, mich von allen Seiten ansehen zu lassen wie ein wildes Tier. Wer mich sehen und sprechen will und allen zum Trotz an mich glaubt, der weiß mich ja zu finden, wie du mich gefunden hast. Es hat mir sehr, sehr wohl getan, daß du zu mir gekommen bist und mir die Hand gereicht hast. Das will ich dir nie vergessen. Und wenn du einmal eine Stunde für mich frei hast, werde ich mich herzlich freuen, dich in Treuenfels begrüßen zu dürfen. Sage es, bitte, auch deiner Mutter. Ich küsse ihr die Hand dafür, daß sie sich bereit erklärt hat, mich in ihrem Haus zu empfangen. Aber ich will dieses Opfer nicht von ihr annehmen. Deiner Braut lege meine Verehrung zu Füßen. Ich wünsche euch von ganzem Herzen Glück. Möge eure Ehe eine harmonischere sein, als die meine es war, die mein ganzes Dasein zerstört hat."

„Ich danke dir, Harro. So gern ich dich aus deiner Einsamkeit erlöste – Garantie kann ich leider nicht übernehmen für das Verhalten meiner Gäste. Aber wenn du auch der Festlichkeit nicht beiwohnen willst, so könntest du uns doch besuchen, wenn wir allein sind."

„Dringe nicht in mich, Fritz – ich kann es nicht tun. Der Gedanke, daß mich jemand mißtrauisch anblicken könnte, macht mich nervös. Überlaß mich meinem Schicksal, Fritz. Und willst du es erträglicher gestalten, so komme zu mir, so oft du kannst. Auch Beate wird sich freuen, wenn wieder ein Mensch zu uns kommt. Du hast sie begrüßt, nicht wahr?"

„Ja, Harro, und ich muß dir sagen, daß ich sie furchtbar verändert finde, viel mehr als dich. Ich bin erschrocken, als ich sie sah. Sie sieht aus, als sei sie krank, mehr seelisch als körperlich."

„Ich habe es auch schon bemerkt, daß Beate sehr verändert ist. Sie hat sich das alles zu sehr zu Herzen genommen. Ich wollte sie zur Erholung fortschicken, aber sie geht nicht. Und so kann ich ihr nicht helfen, so gern ich auch möchte."

Die beiden Herren gingen hinaus in den Park und suchten Griseldis auf. Diese sah sie kommen, und ihr Herz klopfte. Sie sah in Harros Gesicht und sah ein Leuchten in seinen Augen. Sie hätte dem Baron dankbar die Hand drücken mögen, daß er sein Versprechen gehalten hatte.

Als die Herren herangekommen waren, erhob sich Griseldis.

„Fräulein von Ronach – gestatten Sie – Baron Dalheim wünscht Ihnen vorgestellt zu werden."

„Ich komme mit einem Auftrag zu Ihnen, gnädiges Fräulein", sagte dieser, und weder er noch Griseldis verrieten mit einer Miene, daß sie sich kannten. „Meine Braut, Fräulein Tilly von Sarnow, weilt zur Zeit mit ihrer Mutter in Dalheim, und heute mittag trifft ihr Vater mit ihrer Schwester Ruth ein. Meine Braut hat von Ihrem Hiersein gehört und läßt Sie, zugleich im Namen ihrer Mutter, um Ihren Besuch bitten. Die ganze Familie Sarnow wird sich herzlich freuen, Sie begrüßen zu können."

„Ich danke Ihnen, Herr Baron. Bitte, sagen Sie den Damen, daß ich gern kommen werde. Ich darf mich wohl einen Nachmittag freimachen, Herr Graf?"

„Selbstverständlich! Und ich freue mich, daß Sie ein wenig Zerstreuung haben werden."

„Der Zerstreuung bedarf ich nicht, aber ich werde mich freuen, liebe Freunde wiederzusehen. Wenn es Ihnen recht ist – und auch Ihnen, Herr Baron, werde ich mir erlauben, morgen nachmittag in Dalheim vorzusprechen."

„Bei dieser Gelegenheit bin ich ganz zufällig hinter ein Geheimnis gekommen, Fräulein von Ronach", bemerkte Harro lächelnd. „Ich hörte von Baron Dalheim, daß Sie die Schwester seiner Braut vor dem Ertrinken gerettet haben."

Griseldis errötete jäh, als sei sie auf einer schlimmen Tat ertappt worden. „Ach – das ist doch nicht der Rede wert", sagte sie verlegen.

„Erlauben Sie, mein gnädiges Fräulein – da muß ich doch sehr widersprechen. Die Schwester meiner Braut und ihre Familie sind durchaus nicht der Ansicht, daß Ruths Leben nicht der Rede wert sei", sagte der Baron scherzhaft entrüstet.

„So ist es natürlich nicht gemeint, Herr Baron. Ich meine nur, was ich getan, ist nicht wert, erwähnt zu werden."

„Mich hätte es aber sehr interessiert", sagte Harro, Griseldis ansehend.

„Das konnte ich nicht wissen, Herr Graf."

„Nein – konnten Sie das nicht wissen?" fragte er fast vorwurfsvoll.

„Für mich war es nichts Großes, Ruth Sarnow zu retten, ich bin eine sehr tüchtige Schwimmerin, es war wirklich weiter nichts als eine etwas anstrengende Schwimmtour. Ruth war allerdings in ihrer Todesangst kaum zu bändigen, aber ich besitze ja gottlob starke, gesunde Arme und habe sie zu ihrem Heil bezwungen."

„Sie wollen Ihr Verdienst abschwächen. Meine Braut hat mir die Sache doch wesentlich dramatischer geschildert."

„Also begraben wir dies Thema lieber, Herr Baron, damit ich Ihnen nicht länger widersprechen muß."

Die Herren plauderten noch eine Weile mit Griseldis.

Zwischendurch erneuerte Baron Dalheim seine Bekanntschaft mit der kleinen Gilda.

„Du warst so lange nicht in Treuenfels, Onkel Baron."

Er versprach ihr, jetzt wieder sehr oft zu kommen.

Im besten Einvernehmen gingen die beiden Herren dann nach dem Schloß zurück. – Erst bei Tisch sah Griseldis dann Graf Harro wieder.

„Übrigens findet Dalheim auch, daß du gar nicht wohl aussiehst, Beate. Du solltest doch etwas für dich tun", sagte er im Laufe des Gesprächs. Die Komteß sah ihn mit einem unbeschreiblichen Blick an, schüttelte aber nur stumm den Kopf.

Am nächsten Tag fuhr Griseldis nach Dalheim. Die Komteß sah es mit feindseligen Blicken, daß Harro den neuen und eleganten Wagen für Griseldis hatte anspannen lassen. Graf Harro hatte versprochen, sich selbst mit seinem Töchterchen zu befassen, damit Griseldis ohne Sorge bleiben konnte, solange sie wollte.

In Dalheim wurde sie mit herzlicher Freude empfangen. Ruth lief ihr schon entgegen und hing an ihrem Hals, und dann kamen die andern alle und umringten sie.

Auch der Baronin Dalheim wurde sie vorgestellt. Diese fand Gefallen an Griseldis und erkundigte sich lebhaft nach der kleinen Gilda.

„Sie müssen mir das Kind nächstens einmal herüberbringen, Fräulein von Ronach", bat sie.

Nachdem Griseldis in Dalheim den Tee mit eingenommen hatte, fuhr sie nach Treuenfels zurück. Und sie hatte ein Gefühl, als sei das ihre rechte Heimat. Als sie in Treuenfels ankam, lief ihr Gilda jubelnd entgegen und umarmte sie stürmisch. Graf Harro sah seinem Töchterchen nach, als hätte er es ihr am liebsten nachgetan.

Er war mit Gilda nach der Teestunde spazierengegangen und hatte mit ihr gespielt. Aber Gilda hatte immer wieder gefragt: „Kommt Griseldis noch immer nicht zurück, Papa?“

Dann hatte er im stillen gedacht:

Wäre sie erst wieder hier. Treuenfels ist ein Schattenreich, wenn sie nicht als belebende und wärmende Sonne darin weilt.

„Du darfst nicht wieder so lange von uns fort, Griseldis. Wir haben uns nach dir gebangt, Papa und ich.“

Errötend sah Griseldis in Graf Harros Gesicht. Seine Augen verrieten ihr, daß Gilda wahr gesprochen hatte.

„Ich habe es zwar meinem Töchterchen mit keinem Wort verraten, daß es so ist, aber sie hat es wohl instinktiv herausgefühlt. Die Sonne fehlte mir in Treuenfels“, sagte er leise.

Diese Worte gaben ihr ein herrliches Heimatgefühl. Es wärmte ihr Herz, daß sie vermißt worden war.

Griseldis richtete nun Grüße aus an Graf Harro und teilte ihm mit, daß die Baronin sie gebeten hatte, ihr Gilda einmal zuzuführen.

„Das kann natürlich geschehen, Fräulein von Ronach. Ich werde der Frau Baronin dankbar sein, wenn sie meinem Kind Interesse entgegenbringt.“

„Wenn Sie gestatten, Herr Graf, werde ich dann Ende der Woche mit Gilda hinüberfahren. Meine kleine Freundin, Ruth Sarnow, möchte das Komteßchen gern kennenlernen, ehe sie Dalheim wieder verläßt. Ruth ist ein frisches, lustiges Kind.“

„Bestimmen Sie das ganz nach Ihrem Wunsch. Und hier habe ich auch noch etwas für Sie. Ein gewichtiger Brief aus St. Marien. Die Adresse ist von

Mutter Anna geschrieben. Aber sicher sind da wieder Einlagen von allen neunundzwanzig Stiftsdamen drin."

Damit überreichte er ihr ein großes, dickes Kuvert.

„Sie sind praktisch, die lieben Stiftsweiblein, und sparen auf diese Weise das Porto."

„Müssen Sie all diese Briefe beantworten?" fragte er lächelnd.

„Nein, ich berichte alles, was ich zu berichten habe, an Mutter Anna oder Tante Agnes, die lesen meine Briefe dann vor – aber unter zwölf Seiten darf ich nicht schreiben."

„O weh, soviel erleben Sie ja in Treuenfels gar nicht."

„Es fehlt mir nie an Stoff, Herr Graf", erwiderte sie.

Bei der Abendtafel legte Harro Beate und Griseldis die von Dalheim eingetroffenen schriftlichen Einladungen zum Verlobungsfest vor.

„Du wirst hoffentlich annehmen, Beate, damit du wieder einmal unter Menschen kommst", sagte er.

Die Komteß sah ihn an.

„Wirst du der Einladung Folge leisten, Harro?" fragte sie.

„Nein, Beate – ich nicht."

„Dann nehme ich natürlich auch nicht an."

„Es ist mir aber ein unangenehmer Gedanke, Beate, daß auch du auf allen Verkehr verzichten willst, meinetwegen."

„Was soll mir ein Verkehr, den du nicht teilst, Harro. Ich mag die Menschen nicht und brauche sie nicht."

„Und doch wäre Zerstreuung so gut für dich."

„Nein, nein. – Ich verlange nicht nach Gesellschaft."

„Aber Sie besuchen das Fest, Fräulein von Ronach?“ fragte er.

Beate ärgerte sich, daß man auch Griseldis eingeladen hatte und sah sie finster an. Griseldis merkte das aber nicht. Sie legte die Einladung neben ihren Teller.

„Nein, Herr Graf. Ich habe bereits in Dalheim abgelehnt.“

Seine Augen strahlten auf. Was ihn von Beate unangenehm berührte, freute ihn von Griseldis. Aber er versuchte ihr trotzdem zuzureden. Sie schüttelte aber mit liebem Lächeln den Kopf.

„Was soll ich unter all den fremden Menschen, Herr Graf? Ich habe meine Freunde wiedergesehen und werde sie Ende der Woche noch einmal sehen. Das ist mir genug.“

Die Komteß sah Griseldis höhnisch an, als wollte sie sagen, was für eine Wichtigtuerei.

Griseldis beachtete das aber nicht.

Harro redete nun Griseldis nicht weiter zu. –

Am folgenden Sonnabend nachmittag fuhr Griseldis mit Gilda nach Dalheim hinüber. Das Komteßchen wurde von allen Seiten sehr verwöhnt und liebkost. Am meisten beschäftigte sich aber Ruth mit ihr, und mit dieser freundete sich Gilda herzlich an.

Auf der Heimfahrt plauderte sie sehr vergnügt von ihrer neuen Freundin Ruth.

Heute hatte Harro nicht in Treuenfels auf Griseldis' Rückkehr gewartet. Heute war ja Gilda in ihrer Gesellschaft, und das gab ihm einen Vorwand, dem Wagen entgegenzureiten. Am Grenzweg zwischen Treuenfels und Dalheim wartete er auf seinem Pferd, bis der Wagen in Sicht kam.

Er ritt ihm entgegen, und während er Gilda begrüßte, traf sein Blick aufleuchtend in Griseldis' Augen.

„Ich habe mich namenlos nach dir gesehnt“, sprachen diese Augen zu ihr. Und sie fühlte mit einem leisen Erschauern, wie teuer sie ihm war und wie sehr er sie liebte. Es stieg feucht in ihren Augen auf vor Ergriffenheit.

Sie konnten beide nicht sprechen, aber dafür plauderte Gilda sehr lebhaft. – Es kamen nun wieder sehr ruhige Tage. Die Stufen im Turm waren repariert und die Turmzimmer gereinigt worden und entzückten Griseldis in ihrem neuen Glanz ganz ehrlich und ohne alle Nebengedanken, trotzdem sie alles, was mit dem Turm zusammenhing, besonders interessierte.

Komteß Beate hatte jedes Winkelchen säubern lassen; aber Griseldis hatte eine seltsame Beobachtung gemacht. Die Komteß ging zwar selbst mit in den Turm hinüber, aber sie betrat ihn erst, als alle Fenster geöffnet waren und die Leute schon alle an der Arbeit waren. Dann hatte sie sogar selbst hie und da mit Hand angelegt und eigenhändig die Möbel mit hin- und hergerückt. Die Dienstboten konnten ihr nichts recht machen, und dabei schreckte sie bei jeder Gelegenheit zusammen und sah sich scheu und unruhig um. Und als Griseldis in der Zeit, da Gilda schlief, nach dem Turm gegangen war und in das Zimmer blickte, in dem Beate hantierte, da konnte sich diese kaum beherrschen. „Bitte, verlassen Sie den Turm, bis alles sauber ist, wir können jetzt hier niemand brauchen“, sagte sie schroff.

Da ging Griseldis davon. Sie hatte erschrocken in das verstörte, fahle Gesicht der Komteß gesehen. Das Reinigen dieser Zimmer schien ihr eine Qual zu sein, und doch legte sie gegen ihre Gewohnheit selbst Hand mit an.

Und als die Arbeit getan, als jedes Zimmer sauber war, verließ die Komteß als erste den Turm. Sie stand eine Weile unten neben der offenen Tür und lehnte an der Mauer wie eine Schwerkranke. Und über ihren Körper rann Schauer um Schauer, und auf der Stirn perlte kalter Schweiß, den sie, mit bebenden Händen das Tuch haltend, abtrocknete.

So sah sie Griseldis stehen. Sie stand hinter einem Gebüsch verborgen, dem Ausgang des Turmes gegenüber. Griseldis wurde vor Erregung bleich.

Bei Tisch hatte die Komteß dann Graf Harro den Schlüssel des Turmes ausgeliefert.

„Es ist nun alles in Ordnung, Harro“, sagte sie, und Griseldis hatte das Empfinden, als sähe sie nicht mehr so widerwillig, daß Griseldis den Turmschlüssel ausgehändigt bekam.

„So, Fräulein von Ronach, nun können Sie ungehindert den Söller und die Turmzimmer besuchen, so oft Sie wollen. Vielleicht nehmen wir alle zusammen zuweilen den Tee drüben ein. Was meinst du dazu, Beate?“

„Das ist doch zu umständlich, Harro. Und dann – die Stoffe sind doch alle schon recht mürbe und fadenscheinig. Man darf diese Zimmer nicht viel benutzen.“

„Nun, dann muß ich diesen Gedanken fallenlassen. – Also werden Sie vorläufig Alleinherrscherin im runden Turm sein, Fräulein von Ronach. Hoffentlich lernen Sie dort das Gruseln nicht.“

Griseldis sah die Komteß an. Diese sah aus, als hätte sie heute das Gruseln gelernt.

Seit dieser Stunde besaß also Griseldis den Turmschlüssel zu ihrem ausschließlichen Gebrauch. Und sie verbrachte jeden Tag die Zeit im Turm, in welcher Gilda ihre Mittagsruhe hielt.

Sie sprach nicht darüber. Niemand im Schloß wußte, wann sie hinüberging. Aber Harro sah einige Male den goldblonden Mädchenschopf über der

Brustwehr des Söllers auftauchen. Und dann mußte er an sich halten, daß er ihr nicht folgte. Seine Liebe zu Griseldis wurde täglich heißer und tiefer, und er litt namenlos unter dem Bewußtsein, daß er sie nicht sein eigen nennen konnte. Er glaubte kein Recht zu haben, die entscheidende Frage an sie zu stellen. Hatte er ihr doch keinen makellosen Namen zu bieten.

Aber er fieberte vor Sehnsucht nach ihrem Besitz und litt unsäglich unter dem Bewußtsein, von allem Lebensglück ausgestoßen zu sein.

Seit sie den Schlüssel zum Turm hatte, mühte sie sich jeden Tag, einen geheimen Mechanismus an den beiden Delphinenrahmen zu finden. In ihrem Kopf hatte es sich festgesetzt, daß der Spiegel und der gestickte Wandbehang geheime Türen zu den Hohlräumen unter dem Wandschränkchen bildeten und daß auf diese Weise eine Verbindung zwischen den Turmzimmern und ihrem und der Gräfin Schlafzimmer herzustellen sein müsse. Sie hätte darauf schwören mögen, daß auf diesem Weg das tödlich wirkende Gift in den Wein gelangt war. Und wessen Hand das Gift in das Weinglas geträufelt hatte, das wurde ihr auch zur Gewißheit. Sie konnte kaum noch zweifeln.

Und diese Erkenntnis durchschüttelte sie wie ein Fieber, zuweilen hatte sie ein angstvolles Gefühl, als dürfe sie nicht weiter auf dem eingeschlagenen Weg, als drohe ihr ein Unheil.

Bisher war es ihr noch nicht gelungen, einen der winzigen, unzähligen Delphine aus den Rahmen herauszudrücken, wie bei dem Bild in ihrem Zimmer. Täglich mühte sie sich, abwechselnd oben und unten, den richtigen Delphin zu finden. Täglich begann sie ihr Spiel von neuem.

Und da sie nicht zum Ziel kam, untersuchte sie

eines Abends den Wandschrank in ihrem Zimmer ganz genau. Sie hatte sich eingeschlossen und tastete sorgsam die ganze innere Wand des Schrankes ab, denn sie war überzeugt, daß hier oben bei ihr genauso wie unten bei der Gräfin eine Verbindung mit dem Turm herzustellen sei. Vielleicht hatte der Erbauer des Turmes diese Verbindung nur geschaffen, um sich Speisen oder andere Sachen herüberreichen zu lassen aus dem Schloß. Oder – vielleicht war er ein eifersüchtiger Gatte, der, in dem Hohlraum versteckt, seine Gattin belauschen wollte? Das Schlafzimmer der Gräfin Alice war seit Generationen immer das Schlafzimmer der Schloßherrinnen gewesen.

So suchte also Griseldis Zoll um Zoll das Innere ihres Wandschrankes ab. Ihre Schmucksachen hatte sie längst aus dem Wandschrank wieder entfernt. Und eine Person im Schloß konnte vielleicht auf den Gedanken kommen, in ihrer Abwesenheit den Wandschrank zu kontrollieren – die einzige Person, die anscheinend das Geheimnis der Wandschränke außer ihr kannte.

Griseldis besaß eine elektrische Taschenlampe. Diese Taschenlampe holte sie eines Abends hervor und leuchtete in den Wandschrank hinein. Und sie beschloß, von jetzt ab diese Taschenlampe immer bei sich zu tragen. Denn wenn es ihr eines Tages glückte, die Hohlräume zu entdecken, mußte sie eine Beleuchtung bei sich haben.

Jetzt beleuchtete sie jedes Fleckchen des Wandschrankes damit. Und da entdeckte sie ganz hinten in der spitzen Ecke ein winziges Holzpflöckchen, das ein wenig vorstand. Sie hielt es erst für ein Astloch. Aber dann faßte sie doch danach. Sie suchte es herauszuziehen. Das ging nicht. Dann drückte sie fest darauf. Es gab nicht nach. Schließlich suchte sie es nach der Seite zu bewegen und als sie es noch mehr in den spitzen Winkel hineinschob, wich plötzlich der Boden des Wandschrankes wie eine Klappe nach unten, legte sich glatt an die Mauer an. Griseldis hatte einen leisen Ruf ausgestoßen. Erschrocken lauschte sie in ihr Zimmer zurück. Neben ihren Zimmern wohnte ja Komteß Beate. Sie durfte nichts hören.

Griseldis atmete tief auf. Und nun leuchtete sie mit ihrer Taschenlampe in den Hohlraum hinunter. Wenn jemand in diesem Hohlraum stand, konnte er kaum mit ausgestrecktem Arm bis an den Boden des Wandschrankes reichen.

Aber sie machte erst einmal eine wichtigere Entdeckung. An der Turmseite sah sie in dem Hohlraum die Umrisse einer Tür. Sie schien dick zu sein, keinerlei Schloß war daran zu sehen. Aber eine Tür war es, in der ungefähren Größe der Delphinrahmen.

Griseldis atmete tief und schwer. Ihre Ahnung hatte sie nicht betrogen.

Diese Entdeckung gab ihrem Verdacht neue Nahrung. Sie versuchte nun den Boden des Wandschrankes wieder zu schließen. Es wollte erst nicht gelingen. Aber schließlich gelang es ihr, indem sie eine Schere in das Holz einstach und den Boden daran emporzog, bis er wieder einschnappte in das Schloß.

Sehr erregt suchte sie nun ihr Lager auf. Und es war ihr doch ein beruhigendes Gefühl, daß der Turmschlüssel in ihrem Besitz war.

Lange konnte sie nicht einschlafen. Ihre Gedanken arbeiteten ruhelos an der Erlösung des geliebten Mannes.

Am nächsten Morgen stand sie schon gegen fünf Uhr auf. Es ließ ihr keine Ruhe mehr. Sie wollte sogleich in den Turm hinüber. Wenn sie jetzt gleich ging, hatte sie bis um acht Uhr drei Stunden vor sich. Soviel Zeit hatte sie im Laufe des Tages nie. In ihrem Kleid barg sie ihre Taschenlampe und ein Nähetui, in dem sie Scherchen, Messer und Nadeln aufbewahrte.

Leise, um von Komteß Beate nicht gehört zu werden, verließ sie ihr Zimmer. Im Schloß war noch alles still. Nur der alte Heinrich war schon wach. Er wickelte eben die Teppiche zusammen, die geklopft werden sollten.

Griseldis grüßte ihn freundlich. Er sah sie erstaunt an.

„Schon so zeitig wach, gnädiges Fräulein?“

„Ich habe Kopfweh und will ins Freie, Heinrich.“

„Die Luft ist klar und frisch. Das wird guttun.“

Griseldis nickte ihm zu und ging hinaus. In wenigen Minuten hatte sie den runden Turm erreicht. Sie schloß die Tür auf und zog sie dann hinter sich zu, so daß sie eingeklinkt war.

Und nun eilte sie die Treppe empor und in das Turmzimmer im ersten Stock. Schnell machte sie sich an die Arbeit. Mit einer feinen Stopfnadel fuhr sie erst einmal zwischen Wand und Delphinrahmen entlang. Die Spitze der Nadel stach in einen kaum sichtbaren Zwischenraum. Der Rahmen war fest angeschraubt. Etwa einen Meter über dem Fußboden blieb die Nadel hängen. Hier gab es einen Widerstand. Also mußte der Mechanismus, der die Tür öffnete, in dieser Höhe zu suchen sein. Sie tastete sorgsam alle die kleinen Delphine ab, die in dieser Höhe lagen. Und heute sollten ihre Bemühungen endlich von Erfolg sein. Wirklich ließ sich einer der kleinen Delphine aus dem Rahmen heraus in die Wand drücken. Es gab ein schnappendes Geräusch, und die geheimnisvolle Tür öffnete sich einen Spalt weit. Griseldis sank vor Erregung in die Knie und mußte sich erst fassen. Aber lange gab sie sich dieser Schwäche nicht hin. Sie öffnete die Tür. Sie war sehr dick und mit irgendeiner Füllung versehen. Aber diese dicke, schwere Tür drehte sich lautlos in den Angeln. Griseldis machte sich nun erst wieder ein kleines Zeichen auf dem Delphinleib, der das Schloß zu dieser Tür bildete. Dann öffnete sie die Tür weit und trat in den Hohlraum hinein. Sie sah, daß auch diese Tür von innen kein Schloß hatte. Sie leuchtete empor und sah über sich den Boden des Wandschranks, dessen Tür sich im Schlafzimmer der Gräfin Alice befand.

Tief atmete sie auf. Sie hatte gefunden, was sie suchte. Das war ein weiteres Glied in der Kette.

Eine Weile stand sie ganz benommen vor dieser Entdeckung. Endlich raffte sie sich wieder auf und leuchtete nun oben in den spitzen Winkel hinein. Richtig – da saß ein kleines Schnappschloß. Sie drückte den Holzpflock zur Seite, und das Schloß sprang auf. Der Boden des Wandschrankes senkte sich hinab.

Griseldis leuchtete empor in den Wandschrank hinein. Sie sah ganz deutlich den Umriß der geheimen Tür. Aber an dieser Tür war innen das Schloß zu sehen. Wenn man auf einen Stuhl trat, konnte eine große Person wohl bequem die Wandschranktür von innen öffnen und – sie war dann auch imstande, das Glas auf dem Nachtschrank der Gräfin Alice zu erreichen. –

Griseldis wollte das Experiment versuchen. Aber ein Blick auf ihre Uhr belehrte sie, daß es Zeit war, ins Schloß zurückzukehren. So trat sie nur noch einmal in den Hohlraum und schloß von unten den Wandschrankboden. Dabei entfiel ihr die Taschenlampe. Diese blieb brennend, und das scharfe Licht beleuchtete hell den Fußboden des Hohlraumes. Da sah sie einen blitzenden Gegenstand liegen. Sie beugte sich herab und hielt in der Hand einen Ring – einen seltsam geformten Ring – den Schnurenring mit den Rubinen, den sie im Traum gesehen hatte.

Totenbleich taumelte Griseldis aus dem Hohlraum heraus und fiel kraftlos auf einen runden, lehnenlosen Sessel. Wie Frostschauer ging es über ihren Körper. Die Zähne schlugen ihr zusammen. Das war das letzte Glied in der Kette – dieser Ring war ein Beweis, daß ihr Verdacht den rechten Weg gegangen war.

Beates Ring – sie hatte ihn verloren oder vermißt am Todestag der Gräfin Alice. Seither hatte sie ihn nicht mehr getragen.

Ahnte sie nicht, daß sie diesen Ring hier verloren hatte? Oder hatte sie das Grauen nicht wieder allein hierhergehen lassen, um den Ring zu suchen? War sie deshalb so sehr gegen einen Besuch des Turmes gewesen? Fürchtete sie, daß der Ring im Turm gefunden werden könne?

Und aus dieser Furcht heraus hatte sie wohl ihr Grauen besiegt, als der Turm gereinigt werden sollte, und selbst mit hier gearbeitet, um sich zu vergewissern, daß der Ring nicht irgendwo lag und zum Verräter wurde. Den Mut, allein hierzubleiben und in dem Hohlraum nach dem Ring zu suchen, hatte sie wohl nicht gehabt. Blaß und elend saß Griseldis da und starrte auf den Ring herab, als habe sie selbst einen Mord auf dem Gewissen. Sie konnte nicht mehr zweifeln, daß Beate die Mörderin der Gräfin Alice war. Alle Verdachtsgründe sprachen dafür. Sie hatte die Gräfin ermordet, weil sie Graf Harro liebte und sich selbst an die Stelle der Gräfin setzen wollte.

Aber wie hatte sie Kenntnis erhalten von dieser geheimen Verbindung des Turmes mit dem Schloß? War sie durch Zufall dahintergekommen, wie sie selbst, oder – hatte sie vielleicht in der so eifrig gelesenen Familienchronik etwas davon gelesen?

Griseldis verlangte danach, diese Chronik durchzusehen. Vielleicht fand sie dadurch einen weiteren Beweis. Gleich heute nach Tisch wollte sie damit beginnen.

Es erschien ihr nun alles erklärlich. Nur eins wußte sie noch nicht: wie Beate in den Besitz des Giftes gelangt war, das Graf Harro doch in einem Geheimfach seines Schreibtisches verborgen hatte. Fassungslos sah Griseldis auf den Ring herab.

Nun hatte sie ihn gefunden. Sicher hatte die Komteß in ihrer verbrecherischen Erregung nicht bemerkt, daß ihr der Ring von der Hand geglitten war. Und sie hatte dann nicht gewußt, wo sie ihn verloren hatte. Griseldis faltete die Hände über dem Schnurenring und betete.

Dann erhob sie sich und schloß die geheime Tür. Es war höchste Zeit. Den Ring verbarg sie mit dem Nähetui und der Taschenlampe in ihrem Kleid, dann eilte sie hinab, schloß den Turm und kehrte auf einem kleinen Umweg ins Schloß zurück. Jetzt mußte sie doppelt vorsichtig sein, denn wenn Beate nur eine Ahnung hatte, daß sie ihr nachspürte, dann...

Griseldis schauerte zusammen. Sie fürchtete sich zum erstenmal in ihrem Leben vor einem Menschen.

Als sie die Schloßhalle betrat, hätte sie fast vor Schrecken aufgeschrien. An der Tür traf sie auf die Komteß. Diese sah sie scharf und forschend an. „Wo kommen Sie so früh schon her? Waren Sie schon aus?“

War ihr die Komteß auch schon immer unheimlich und verdächtig erschienen, so erschien sie ihr jetzt grauenhaft und furchtbar.

„Ich war ein wenig im Freien – ich hatte Kopfweh", stammelte sie und eilte an der Komteß vorüber die Treppe hinauf.

Sie kam aus dem Turm – und verschwieg es mir. Warum? Oh – wie ich sie hasse –, ich könnte sie töten, dachte sie. Sie schauerte zusammen wie im Entsetzen über ihre eigenen Gedanken. Mit starren Augen lief sie ins Freie, wie auf der Flucht vor sich selbst, als müsse sie ihren eignen Gedanken entfliehen.

Griseldis war auf ihr Zimmer geeilt. Gilda schlief zum Glück noch. So hatte sie noch eine Viertelstunde für sich, um sich zu fassen und zu beruhigen. Kraftlos sank sie in einen Sessel und faltete die Hände im Schoß. „Vater im Himmel! Vater im Himmel – hilf mir! Was soll ich nun tun, wie das Werk, das ich begonnen habe, zu Ende führen?"

So saß sie eine Weile und ließ ihre Gedanken jagen. Und dann sprang sie auf und schloß die Tür. Sie holte den Ring hervor, betrachtete ihn genau. Wie rote Blutstropfen schimmerten die Rubine.

Was sollte sie mit dem Ring beginnen?

Wenn sie ihn zurückgab, ersann die Komteß irgendeine Ausrede und ließ keine Klarheit aufkommen. Nein – sie durfte nicht einmal ahnen, daß der Ring gefunden worden war. Sollte sie nicht lieber jetzt gleich Graf Harro alles erzählen, was sie erkundet hatte? Aber auch das durfte nicht sein. Er würde in seiner Erregung vielleicht alles verderben. Sie mußte erst noch zu ergründen suchen, wie Beate zu dem Gift gelangt war und wie zu der Kenntnis der geheimen Türen. Aber – den Ring – wo barg sie ihn? Sie überlegte. Hier in ihrem Zimmer erschien er ihr nirgends sicher genug verborgen. Wer bürgte ihr dafür, daß die Komteß nicht heimlich in ihrer Abwesenheit ihre Sachen durchsuchte?

Sie barg den Ring in einem Kästchen und steckte

ihn in den Ausschnitt ihres Kleides. Hier war er vorläufig sicher, bis sie mit sich im klaren war, was sie tun sollte.

Dann wandte sie sich um und sah auf das Bild, das den Wandschrank abschloß. Wenn nun das Unheil auf demselben Weg zu ihr käme, wie zu Gräfin Alice? Beate haßte sie, wie sie die Gräfin gehaßt hatte.

Die Komteß liebte den Grafen und hatte seine Gemahlin aus Eifersucht umgebracht, um ihre Stelle einzunehmen. Konnte sie nun nicht auch ihr nach dem Leben trachten, wenn sie Gewißheit hatte, daß der Graf sie liebte? Griseldis atmete tief und schwer. Trotzdem sie ein mutiges, tapferes Geschöpf war, zitterte sie doch vor diesem Gedanken. Wenn die Komteß nun gar eine Ahnung hätte von dem, was sie erkundet hatte? Sie sah sich furchtsam um, als drohe ihr ein schweres Unheil.

„Das ist der Fluch der bösen Tat, daß sie, fortzeugend, Böses muß gebären." Auch Beate würde von einer bösen Tat zur andern getrieben werden, wenn man es ihr nicht unmöglich machte. Jedenfalls war größte Vorsicht dringend geboten.

Lange ließ sie sich von einer solchen ängstlichen Stimmung nicht niederdrücken. Ich muß vorwärtsgehen auf dem einmal beschrittenen Weg, und ich will. Graf Harros Glück und Seelenruhe gilt mir mehr als alles andre – mehr als mein Leben, dachte sie.

Der Gedanke gab ihr Mut.

Sie ging zu Gilda hinunter. Diese war eben erwacht und streckte ihr die Arme entgegen.

„Guten Morgen, Griseldis!"

„Guten Morgen, mein Herzkind! Hast du gut geschlafen?"

„Ja, sehr gut."

„Etwas Schönes geträumt?"

„Nein – gar nichts habe ich geträumt.“

„War dein Vater schon hier?“

„Nein, Griseldis, noch nicht.“

„Dann wollen wir uns eilen, daß du schnell fertig wirst.“

Als Graf Harro nach einer halben Stunde in das Zimmer seiner Tochter trat, kniete Griseldis gerade vor Gilda und band ihr eine breite, lichtblaue Schärpe um das weiße Stickereikleidchen. Graf Harro sah mit stiller Freude auf diese beiden geliebten Wesen herab. War es denn unmöglich für ihn, Griseldis an sich zu binden fürs ganze Leben? Durfte er nicht reinen Herzens nach ihrer Hand fassen? War er nicht ein Tor, mit seinen heißen Wünschen still neben ihr zu gehen? Konnte er es nicht ihr überlassen, ob sie seine Frau werden wollte oder nicht?

Er rang mit sich, ob er seiner Liebe Worte geben sollte, ob er sie bitten sollte, seine Frau zu werden. Willigte sie ein, würde das Schicksal für ihn erträglicher werden, dann war sein Leben doch nicht ganz ohne Sonne.

Griseldis hatte sich aus ihrer knienden Stellung erhoben. Sie hob die Augen zu dem Grafen empor und sagte, ein wenig erregt, aber sich zur Ruhe zwingend: „Ich möchte gern um eine Unterredung bitten, Herr Graf. Ich habe Ihnen eine Mitteilung zu machen. Aber es muß ohne Zeugen geschehen – und ich möchte nicht, daß es hier im Schloß geschieht.“

Er sah sie forschend an. Sie sah entschieden ein wenig bleich aus. „So geheimnisvoll, Fräulein von Ronach?“

„Herr Graf, ich möchte diese Unterredung als Geheimnis betrachtet wissen, das zwischen uns bleiben muß. Wollen Sie mir, bitte, sagen, wann und wo sie stattfinden kann?“

„Wollen Sie nicht in mein Arbeitszimmer kommen? Dann sorge ich dafür, daß uns niemand belauschen kann."

„Nein – ich will nicht, daß jemand im Schloß ahnt, daß ich etwas Besonderes mit Ihnen zu besprechen habe. Ich habe schwerwiegende Gründe dafür."

„So werde ich nachher in den Pavillon kommen. Gilda wird ja anders zu beschäftigen sein. Geht es so?"

„Ja – so geht es. Ich danke Ihnen."

Gilda hatte inzwischen auf Griseldis' Geheiß ihre Schulbücher zusammengelegt. Nun gingen sie alle drei zum Frühstück hinunter. Die Komteß stand schon wartend am Frühstückstisch und sah ihnen mit flackernden Augen entgegen. Das Frühstück wurde von den drei Erwachsenen schweigsam eingenommen. Jeder hing seinen Gedanken nach. Nur Gilda plauderte vergnügt und mußte zuweilen Antwort haben.

Gleich nach dem Frühstück ging Griseldis mit Gilda, wie gewöhnlich, in den Park hinaus, zum Unterricht.

Griseldis mußte sich heute sehr zusammennehmen, sah immer wieder unruhig nach dem Schloß hinüber, ob Graf Harro noch nicht kam.

Endlich sah sie seine hohe Gestalt zwischen den Bäumen auftauchen.

Sie schloß sofort, etwas frühzeitig, den Unterricht, und Gilda lief dem Vater entgegen. Sie legte mit bebenden Händen die Bücher zusammen, und dann stand Graf Harro vor ihr.

„Die Unruhe hat mich hierhergetrieben. Ich habe mir Gedanken gemacht, was Sie mir wohl zu sagen haben werden. Sogar daran habe ich denken müssen, daß sie mich um Ihre Entlassung bitten wollen", sagte er sichtlich erregt und unruhig.

„Nein, Herr Graf. Es ist etwas andres, was ich auf dem Herzen habe."

„Wenn Sie nur nicht fortwollen – dann ist alles gut", stieß er hervor.

Sie erzitterte unter seinem heißen, flehenden Blick. Und dann wandte sie sich an Gilda.

„Wir wollen wieder Kränze flechten, Gilda. Du mußt Blumen pflücken, Herzkind – recht viel Blumen. Hier hast du ein Körbchen, da legst du sie hinein. Aber pflücke nur welche mit langen Stengeln, du kannst dir Zeit lassen."

Gilda nickte vergnügt, nahm das Körbchen und sprang auf die Parkwiese hinüber. Sie war nun für lange Zeit beschäftigt.

Harro hatte sich Griseldis gegenüber an dem Tisch niedergelassen.

„So, Fräulein von Ronach, nun sind wir ohne Zeugen. Nun martern Sie mich nicht länger. Was haben Sie mir zu sagen? Ich weiß, daß Sie nicht grundlos um eine ungestörte Unterredung bitten. Sie müssen mir etwas Wichtiges zu sagen haben."

Griseldis hatte auch ihren Platz wieder eingenommen. Der Tisch stand zwischen ihnen.

„Ehe ich spreche, bitte ich Sie, mir Ihr Ehrenwort zu geben, daß Sie über das, was jetzt geschehen wird und über das, was ich Ihnen jetzt sagen werde, strengstes Stillschweigen bewahren werden, auch dann, wenn es Ihnen töricht oder unwichtig erscheint."

„Sie haben mein Ehrenwort, sprechen Sie."

Da sah sich Griseldis um, ob niemand in der Nähe war, nestelte das Kästchen mit dem Ring aus ihrem Kleid.

Sich wieder niederlassend, stellte sie das Kästchen geöffnet vor ihn hin, ohne ein Wort zu sagen.

„Der Schnurenring!" rief er erstaunt, den Ring aus dem Kästchen nehmend.

„Es ist also der Schnurenring? Derselbe, den Ihre verstorbene Frau Gemahlin Komteß Beate schenkte und den diese seit dem Todestag der Gräfin Alice vermißte und seither nicht wiedergefunden hat?"

„Ja, ja, er ist es gewiß."

„Nun, Herr Graf, es ist auch genau derselbe Ring, den ich in meinem Traum sah, ohne ihn je vorher erblickt zu haben."

„Niemand als Ihnen würde ich das glauben. Und wie kommen Sie zu diesem Ring?"

„Ich habe ihn gefunden."

„Wo?"

„An einer Stelle, auf die ich in meinem Traum hingewiesen wurde. Ich möchte Ihnen aber diese Stelle noch verschweigen, weil ich schwerwiegende Gründe dafür habe."

„Diese Gründe muß ich ehren, ohne sie zu kennen. Jedenfalls wird meine Base sehr froh sein, das originelle Schmuckstück wieder zu haben."

Griseldis fuhr auf.

„Sie darf den Ring aber vorläufig nicht wiederbekommen, Herr Graf."

„Nicht wiederbekommen?"

„Nein."

„Aber warum nicht?"

„Das kann ich Ihnen heute noch nicht sagen. Aber – es muß sein!"

„Es muß sein?"

„Ja, Herr Graf. Ich bitte Sie, den Ring in eine sichere Verwahrung zu nehmen und ihn niemand sehen zu lassen."

„Ich verstehe Sie nicht."

„Das glaube ich Ihnen. Am liebsten hätte ich Ihnen den Fund verheimlicht. Aber er muß gut verwahrt werden, und ich selbst wollte ihn nicht behalten. Ein Zufall könnte es fügen, daß er bei mir gefunden würde und – dann könnte ich in den Verdacht der Fundunterschlagung kommen."

„Aber, Fräulein von Ronach, wer sollte einen solchen Verdacht gegen Sie hegen?"

„Sie selbst wohl nicht, Herr Graf. Aber Sie haben es doch an sich selbst erfahren, wie leicht ein Unschuldiger in einen schlimmen Verdacht kommen kann. Deshalb übergebe ich Ihnen den Ring mit der Bitte, ihn gut zu verwahren."

„Gut, das will ich tun", sagte er und steckte den Ring sorglich zu sich.

„Und Sie vergessen nicht – niemand soll darum wissen – auch die Besitzerin des Ringes nicht."

„Sie haben mein Ehrenwort. Aber wollen Sie mir nicht sagen, weshalb Sie das alles so geheimnisvoll behandeln?"

„Nein – jetzt noch nicht. In meinem Traum zeigte mir Ihre verstorbene Frau Gemahlin diesen Ring. Ich habe nie etwas auf Träume gegeben, aber so seltsam habe ich auch noch nie geträumt. Es zwang mich etwas, zu suchen. Und ich fand den Ring. Man sagt, die Seele eines Ermordeten kann nicht eher Ruhe finden, bis der Mörder seine Strafe erhalten hat. Ich fühle, daß ich eine Aufgabe zu vollenden habe, und diese Aufgabe ist noch nicht beendet."

„Und was ist das für eine Aufgabe?"

Sie drückte die Hände ans Herz. Einen Augenblick zögerte sie noch.

„Ich will Ihre Unschuld an den Tag bringen, Herr Graf", sagte sie mit verhaltener Stimme.

Ungläubig, aber mit einem zärtlichen Blick, sah er sie an. Er beugte sich über den Tisch und faßte ihre Hand. „Das wird Ihnen nicht gelingen. Ich habe vergeblich alles versucht, Licht in das Dunkel zu bringen. Aber – sagen Sie mir – was treibt Sie dazu, sich um meine Unschuld zu bemühen?"

„Ich weiß es nicht – ich weiß nur, daß ich den Weg, den ich eingeschlagen habe, bis zu Ende gehen muß, und daß er mich zum Ziel führen wird", sagte sie leise, aber fest.

Da zog er ihre Hand zu sich heran. „Griseldis!" sagte er leise, mit bebender Zärtlichkeit.

Sie zuckte zusammen und wollte ihre Hand befreien.

„Nein – weichen Sie mir nicht aus, teure, liebe Griseldis! Ich habe lange mit mir gekämpft, ob ich Ihnen sagen darf, was in meinem Herzen für Sie lebt, was täglich tiefer und stärker wird und mein ganzes Sein erfüllt – so daß ich selbst mein Elend darüber vergesse. Aber heute morgen sagte ich: Wäre ich schuldig, ich wagte nicht so zu Ihnen zu sprechen. Aber meine Schuldlosigkeit gibt mir Mut. Ich liebe Sie, Griseldis, mit allen Fasern meines Seins. Wie ein leuchtender Sonnenstrahl kamen Sie in mein verfinstertes Dasein. Ihnen danke ich's, wenn ich dies Leben in Acht und Bann erträglich fand. Sie glaubten an mich und machten mich froh. Sie waren meinem Kind eine liebevolle Erzieherin. Wollen Sie Gilda eine treue Mutter sein, Griseldis, wollen Sie Ihre liebe Hand in die meine legen? Ich würde es Ihnen danken mein Leben lang. Nicht jeder Frau würde ich unter solchen Umständen meine Bitte aussprechen. Aber Sie sind stark, klug, gütig und tapfer, Sie würden mit mir gehen durch Not und Tod – wenn Sie mich lieben. – Und ich habe in Ihren Augen gelesen, daß Sie es tun. Griseldis – liebe, teure Griseldis – habe ich mich getäuscht?"

Mit zitternder Glückseligkeit hatte Griseldis seinen heißen, erregten Worten gelauscht. Das Glück machte sie stumm. Sie konnte nicht reden. Nur ihre Augen sahen ihn an und schienen in sein Herz wie die liebe Sonne.

„Griseldis – antworten Sie mir nicht?" bat er mit Zärtlichkeit.

Da atmete sie tief auf und legte, vom Glück überwältigt, ihre Stirn auf seine Hand, die noch die ihre hielt, als sei es köstlich, da zu ruhen. So lag sie eine Weile still, mit geschlossenen Augen. Und dann richtete sie sich wieder auf und sah ihn mit unverhüllter Liebe an.

„Ich danke Ihnen – oh – ich danke Ihnen von Herzen, daß Sie mir das gesagt haben. Ich will nicht unwahr sein – will Ihnen frei gestehen, daß ich Sie liebe. Ihr Schicksal bewegte mich, ich kam freudig hierher, um Ihnen zu dienen. Und als ich Ihnen das erstemal gegenüberstand, da wußte ich, daß mein Schicksal besiegelt war, daß mein Leben nur noch den Wert hatte, den Sie ihm geben würden. Mein inniges Mitleid mit Ihrem Schicksal war nichts – als Liebe. Und mein ganzes Dasein gipfelte nur noch in dem Wunsch, Ihnen zu dienen, Ihnen zu helfen mit all meinen Kräften. Es war wohl mein heißer, starker Wunsch, Ihre Unschuld an den Tag zu bringen, der den Himmel bewog, mir in meinem Traum einen Fingerzeig zu geben. – Aber ich darf und will nicht zulassen, daß Sie jetzt einen Schritt tun – den Sie vielleicht in Bälde nicht mehr tun würden. Jetzt sind Sie in einer niedergedrückten Stimmung, weil Sie einsam und zurückgezogen leben müssen. Aber wenn Sie zurückkehren in Ihre glänzenden Kreise, wenn Sie, der reiche Graf Treuenfels, wählen können unter den schönsten, glänzendsten Frauen, dann würden Sie vielleicht bereuen, daß Sie die arme Erzieherin Ihrer Tochter zur Frau gewählt haben. Und wenn ich das erkennen müßte, würde ich sehr – sehr unglücklich sein."

Er beugte sich über ihre Hände und küßte sie mit leidenschaftlicher Zärtlichkeit.

„Meine Märchenprinzessin, willst du dich und mich mit solchen Torheiten quälen? Hörst du nicht, daß ich dich liebe – dich – dich allein. Es wird nie eine schönere und glänzendere Frau für mich geben. Vielleicht hat der Himmel nur all das Dunkle, Trübe über mich verhängt, damit mir dein Licht um so heller strahlt. Gib mir dein Jawort, Griseldis, erlöse den armen Froschkönig und mache ihn glücklich. Ich will es dir ewig danken."

„Ja, ich will ihn erlösen, den armen Froschkönig, will ihn wieder zu einem schönen, stolzen Königssohn machen. Aber bitte, Sie sollen sich heute noch nicht binden, vielleicht gelingt es mir, Sie freizumachen aus Acht und Bann. Und wenn Sie dann noch als freier, stolzer Mann die Hand nach mir ausstrekken – dann – ach mein Gott – ich wüßte nicht, wie ich die Fülle meines Glückes dann fassen sollte."

„Griseldis, warum willst du mich durch dein Zögern quälen?"

„Nicht quälen – davor behüte mich Gott. Sie sollen wissen, daß ich mich bedingungslos in Ihre Hand gebe. Nur bitte ich noch um eine kurze Frist."

„Warum forderst du eine solche?"

„Weil – weil ich meine Aufgabe zuvor erfüllen möchte. Nur kurze Zeit warten Sie noch. Und – kein Mensch im Schloß darf ahnen, mit welchen Wünschen Sie an mich denken. Ich beschwöre Sie, das sorgfältig zu verbergen – vor allen Augen."

Sie dachte dabei an Beate. Es war eine unerklärliche Angst in ihr, als müsse ihr etwas Schreckliches geschehen, wenn die Komteß ahnte, daß der Graf sich um sie bewarb, und sie schauerte zusammen.

„Was ist dir, Griseldis?"

Sie lächelte schon wieder.

„Nichts – nichts – eine Torheit vielleicht. Ich fror

im hellen Sonnenlicht. Aber bitte, erfüllen Sie meinen Wunsch."

„Nun gut – wenn du mir versprichst, daß ich dich heute in vier Wochen meine Braut nennen darf."

Ein weiches, träumerisches Lächeln, das ihn entzückte, lag auf ihrem Antlitz.

„Ja – ich verspreche es", sagte sie leise.

„Griseldis" – stammelte er und sah zu ihr empor.

In demselben Augenblick zuckte sie schreckhaft zusammen. Mit verstörtem Gesicht sah sie nach einer Gebüschgruppe und zog hastig ihre Hände aus den seinen.

„Mein Gott!" stieß sie fassungslos hervor. Er wandte sich hastig um und sah gerade noch eine hohe, schwarzgekleidete Frauengestalt hinter den Büschen verschwinden – Beate.

„Was ist dir, Griseldis?" fragte er.

„Komteß Beate!" Sie erschauerte, weil die Augen der Komteß soeben in tödlichem Haß mit einem furchtbaren Ausdruck auf ihr geruht hatten.

Im Augenblick erfaßte der Graf, daß Griseldis eine Ahnung haben mußte, daß die Komteß ihn liebte. Deshalb wollte sie, daß niemand von seiner Liebe zu ihr erfuhr. „Hat sie dich erschreckt, Griseldis?" fragte er weich.

„Komteß Beate liebt Sie", stammelte sie noch unter dem Eindruck des haßerfüllten Blickes, „sie hat gesehen, daß Sie mir die Hände küßten."

„Ich kann ihr nicht helfen, Griseldis. Ich möchte sie schonen, soviel ich kann, und deshalb ist es wohl besser, sie verläßt Treuenfels. Ich werde dafür sorgen, daß sie auch fern von Treuenfels ein sorgloses Leben führen kann."

Griseldis antwortete nicht. Ein Gefühl war in ihr, daß sie nun schnell handeln müsse, um ihre Aufgabe zu erfüllen.

Jetzt kam Gilda mit ihrem Körbchen zurück, das voller Blumen war. „Sieh, Griseldis – so eine Menge Blumen. Nun kannst du Kränze winden."

Griseldis umschlang sie mit beiden Armen. Der Graf fühlte beglückt, daß diese Zärtlichkeit auch ihm gelten sollte.

„Es ist besser, ich laufe jetzt eine Weile umher. Wenn ich länger bleibe, stehe ich nicht mehr für mich ein. Und die Ungeduld wird mich nun ruhelos umhertreiben. – Auf Wiedersehen, Gilda – ich lasse dich mit deiner schönen Prinzessin allein – beneidenswerte Gilda!"

„Bitte – noch auf ein Wort", sagte sie leise.

„Was wünschen Sie, Fräulein Griseldis?"

Sie sah ihn an, daß er die Augen schließen mußte vor ihrem Zauber, um ruhig scheinen zu können.

„Ich möchte Sie bitten, mir zu gestatten, heute, vor Tisch noch, Ihr Arbeitszimmer zu betreten. Bitte, lassen Sie mich durch einen Diener rufen, mit dem Bemerken, daß Sie mir bezüglich Gildas Unterricht etwas zu sagen wünschen."

„Ich wüßte nicht, was ich lieber tun würde", sagte er und ging hastig, wie auf der Flucht vor sich selbst, davon.

„Wir müssen jetzt weiterlernen, mein Herzkind. Nun komm an die Arbeit", sagte sie.

Komteß Beate hatte sich, etwas weiter entfernt, ins Gebüsch versteckt und hatte die ganze Szene beobachtet. Wie giftige Pfeile flogen ihre Blicke zu Griseldis hinüber, und wenn Blicke töten könnten, hätten es die ihren getan.

Griseldis hielt nun pflichtgetreu noch eine Unterrichtsstunde ab.

Komteß Beate ging langsam ins Schloß zurück. Und auf ihrem Antlitz lag ein furchtbarer Ausdruck.

Als Griseldis nach einer Stunde mit Gilda das Schloß betrat, kam ihr der Diener Heinrich entgegen.

„Fräulein von Ronach, Sie möchten in das Arbeitszimmer des Herrn Grafen kommen. Er will wegen des Unterrichts der kleinen Komteß mit Ihnen reden."

„Ich komme sogleich. Geh inzwischen auf dein Zimmer, mein Herzkind, ich komme gleich zu dir."

Griseldis betrat das Arbeitszimmer des Grafen. Er stand, ihrer harrend, am Fenster und kam nun schnell auf sie zu.

Sie sah ihn groß und ernst an.

„Ich bin nur hierhergekommen – weil es sein mußte. Bitte – zeigen Sie mir das Geheimfach Ihres Schreibtisches, in dem Sie das Giftfläschchen aufbewahrten. Es ist nicht müßige Neugier, die mich zu dieser Bitte treibt. Und – ein Geheimnis ist ja wohl dieses Fach nicht mehr, seit der Verhandlung."

„Nein. Aber selbst, wenn es noch eins wäre – für dich sollte es keines sein, Griseldis."

Er trat an den Schreibtisch heran und drückte die verborgene Feder. Das Fach sprang auf, da lag das Fläschchen mit dem verwelkten Blumenkranz, den Griseldis für Harro gewunden hatte.

„Sieh – so viel Segen erwarte ich von diesem Kranz, den du mir gewunden, daß ich damit den Fluch zu bannen hoffe, der von diesem Fläschchen ausgegangen ist", sagte er leise.

„So Gott will, soll es noch mehr wirken – bis alle Schatten weichen. Darf ich das Fläschchen einmal in die Hand nehmen?"

„Ja – es ist ja vom Gerichtsmediziner von jeder Giftspur befreit worden."

„War es ganz gefüllt mit dem tödlichen Gift?"

„Wie ich es kaufte, ja, ich sah es nicht mehr

an, bis ich es den Herren vom Gericht auslieferte. Und da war es nur noch etwa zu zwei Dritteln angefüllt."

„Also in der Zwischenzeit mußte jemand von dem Gift etwas entwendet haben?"

Er bejahte es.

„Und das Quantum, das fehlte, war genug, um einen Menschen zu töten?"

„Zwei Tropfen davon genügten, einen alten Jagdhund von mir schmerzlos zu töten. Sie können Komteß Beate fragen, die dabei war, als ich das tat."

„War das, bevor Sie der Gräfin das Fläschchen zeigten?"

„Ja, längere Zeit vorher."

„Und – Sie glauben ja, daß Gräfin Alice Ihnen das Gift entwendete – wie glauben Sie wohl, ist sie hinter das Geheimnis gekommen, wo sich dieses Fach befindet?"

„Darüber habe ich lange nachgedacht und bin dann durch einen Zufall auf die Spur gekommen. Bitte, treten Sie ins Nebenzimmer, gehen Sie bis zur Eingangstür. Und nun sehen Sie in diesen Spiegel. Bitte, bleiben Sie so stehen und geben Sie acht, was Sie in dem Spiegel sehen."

Er hatte sie bei diesen Worten ins Nebenzimmer geführt und ging schnell in sein Arbeitszimmer, trat an seinen Schreibtisch, öffnete und schloß das Geheimfach und legte Kranz und Fläschchen wieder hinein. Das alles sah Griseldis deutlich im Spiegel. Und nun drehte er sich um und nickte Griseldis' Spiegelbild zu.

Sie kam schnell zu ihm herüber und war ganz blaß geworden. „Ja – man brauchte nur da drüben an der Tür zu lauschen, wenn Sie dies Geheimfach öffneten, dann war das Geheimnis enthüllt."

„Ja. Und das ist der einzige Vorwurf, den ich mir

in der ganzen Angelegenheit machen kann, daß ich dies Geheimnis nicht vor Lauschern genügend geschützt habe. Meine Frau wollte es ergründen. Nachdem habe ich das Fach bis zu ihrem Tod nicht mehr geöffnet. Ich habe Beate gefragt, ob meine Frau an jenem Abend nach mir das Zimmer verlassen habe, aber sie sagte mir, sie könne es mir nicht sagen. Aber möglich sei es schon."

Oder Komteß Beate hat das getan, dachte Griseldis.

Er sah sie lächelnd an. „Ist mein kleiner Sherlock Holmes nun befriedigt?"

Sie wußte, daß er ihre Bemühungen, Licht in das Dunkel zu bringen, nicht ernst nahm. Und das war ihr nur lieb. So wurde ihm die Aufregung erspart.

„Ja – ich bin befriedigt."

Er nahm ihre Hand und küßte sie. „Nun geh, Griseldis – ich darf nicht allein mit dir sein."

„Auf Wiedersehen bei Tisch", sagte sie und ging schnell hinaus.

Ihre Gedanken arbeiteten fieberhaft, und weiter und weiter spann sie an dem Faden, dessen Enden sich bald zu einem Kreis zusammenfinden sollten, um den wahren Mörder der Gräfin Alice darin zu fangen.

Bei Tisch herrschte eine seltsame Stimmung. Niemand sprach mehr als einige höfliche Worte. Komteß Beate saß mit schlaffen, fahlen Zügen da und starrte auf einen Fleck. Es krampfte Griseldis das Herz zusammen, als sie sich in die Seele dieser Frau hineindachte.

Gleich nachdem Gilda zu ihrem Mittagsschläfchen niedergelegt war, ging Griseldis hinunter in die Bibliothek. Das war ein großer Raum, in dem in halber Höhe eine Galerie herumlief. Die Wände waren bis oben hin mit Bücherregalen angefüllt. Von der

Galerie aus konnte man auch zu den obersten Regalen reichen.

In der Mitte stand ein großer, runder Tisch. An den Fenstern waren Klapptische angebracht.

Griseldis nahm aus dem ihr von Graf Harro bezeichneten Schrank die schwere, in Leder gebundene Chronik mit den dicken, vergilbten Blättern. Sie legte sie auf den runden Tisch und beugte sich darüber, ohne sich zu setzen.

Sie blätterte in dem Buch und überflog flüchtig die Seiten, die Aufzeichnungen reichten bis ins Jahr 1220 zurück.

Sie suchte den Namen des Grafen Hans Joachim von Treuenfels, des Erbauers des runden Turmes.

Und nach kurzem Suchen fand sie diesen Namen. Graf Hans Joachim von Treuenfels, geb. am 19. Oktober 1614, gest. am 13. Januar 1678. Griseldis las langsam durch, was Graf Hans Joachim selbst niedergeschrieben hatte, und stieß endlich auch auf die Stelle, wo von der Erbauung des Turmes die Rede war.

Er war tatsächlich gebaut worden, um den alchimistischen und astronomischen Studien des Grafen Hans Joachim zu dienen. Deshalb sollte der Turm ganz isoliert liegen, ohne jede Verbindung mit dem Schloß. Darüber sei jedoch seine junge Gemahlin so gar traurig gewesen, daß es ihm das Herz erweicht habe. Und er habe zwei sinnreich konstruierte Schlupfwinkel in die dicken Mauern bauen lassen, mit Öffnungen hüben und drüben. Die haben es zugelassen, daß seine junge Gemahlin zwar nicht aus dem Schloß zu ihm habe können, aber durch welches er sich doch hätte mit ihr unterhalten können. Es hieß dann weiter in der Chronik: „Auch manch artig Küßlein ist anitzt durch dies Schlupfwinklein von mir mit meiner lieben Fraue ausgetauschet worden, obgleich dies ein beschwerlich küssen war, bei dem ich stehen mußte auf einem Schemel und mein Gemahl nur schwach umfahen kunnt. Dieweil das Schlupfwinklein, das ich anitzt beschreiben will –“

Hier war die Seite zu Ende. Griseldis blätterte mit atemlosem Interesse um.

Aber der Satz wurde auf der anderen Seite nicht beendet, und es war keine Rede mehr von dem runden Turm.

Griseldis stutzte – las die letzten Worte wieder und wandte wieder um.

Da fehlt etwas, dachte sie, und zwar die Beschreibung der Schlupfwinklein. Sie drückte das Buch weit auseinander und sah tief zwischen die Seiten hinein. Und da entdeckte sie wirklich eine Spur. Hier war mit einem feinen Messerchen ein Blatt aus der Chronik herausgeschnitten worden.

Griseldis starrte auf das Buch herab. Da hatte jemand die Beschreibung des Schlupfwinkleins aus dem Buch entfernt. Waren es vielleicht dieselben Hände gewesen, die das Gift in den Wein der Gräfin träufelten?

Aber das wäre eine Unklugheit von Beate gewesen, einer von den kleinen Fehlern, die fast von allen Verbrechern begangen werden. Das Entfernen dieses Blattes war ein Beweis mehr für Griseldis, daß Beate wirklich die Täterin war. Sie hatte die Chronik vom Anfang bis zum Ende durchgelesen, sie hatte ein starkes Interesse daran gehabt, also – von den geheimen Wandschränken erfahren? Griseldis bog nochmals das Buch weit auseinander und sah scharf auf die Spur des abgetrennten Blattes. In diesem Augenblick wurde hastig die Tür geöffnet, und Beate trat ein. Griseldis erschrak so sehr, daß sie leise aufschrie.

Schnell trat die Komteß heran, warf einen Blick

auf die Chronik und sah dann mit starren, unheimlichen Augen in Griseldis' Gesicht.

„Wer hat Ihnen erlaubt, in dieser Chronik zu lesen?“ fragte sie schroff und rauh.

„Der Herr Graf“, erwiderte Griseldis, sich mit aller Macht zur Ruhe zwingend. Die Augen der Komteß glühten wie im Wahnsinn.

„Der Herr Graf – soso – der Herr Graf? Finden Sie nicht, daß er Ihnen ein wenig viel gestattet? Freilich – wie will er taktlose Aufdringlichkeiten abwehren? Sie interessieren sich wohl ungemein für die Geschichte dieses Hauses? Nun – dies Interesse ist ein taktloser Übergriff von Ihnen. Die Chronik der Grafen von Treuenfels darf nur Familienmitglieder interessieren, und mein Vetter sollte niemand Einblick darin gestatten, ohne meine Erlaubnis – denn ich bin auch eine Treuenfels.“

„Dann muß ich um Verzeihung bitten. Da Sie es nicht wünschen, werde ich selbstverständlich nicht weiter in die Chronik Einsicht nehmen. Ich wollte eben erst beginnen“, sagte sie, so ruhig sie konnte.

„Ich werde jedenfalls erst mit meinem Vetter über diese Angelegenheit sprechen, und bis das geschehen ist, werde ich das Buch unter Verschluß nehmen.“

Damit ergriff Komteß Beate das aufgeschlagene Buch. Und als sie merkte, an welcher Stelle das Buch aufgeschlagen war, erschien ein grauenerregender Ausdruck auf ihrem Gesicht.

Vor diesem Ausdruck ergriff Griseldis in jäher Angst die Flucht. Die Komteß machte auch eine Bewegung, als wolle sie das schwere Buch nach Griseldis schleudern, aber diese war schon entflohen.

Die Komteß sank kraftlos in einen Sessel, das schwere Buch fiel zur Erde. Sie sah starr darauf nieder. Endlich raffte sie sich auf. Sie hob das Buch empor und schloß es in den Schrank ein. Aber als sie zuschloß, sagte sie laut vor sich hin: „Es nützt ja doch nichts mehr."

Und auf ihrem Antlitz lag eine starre Ruhe und eine unheimliche Entschlossenheit.

Seit heute morgen hatte sie Gewißheit, daß ihr Vetter Griseldis von Ronach liebte. Und die Gewißheit machte ihren Haß zu einem tödlichen, der vor nichts zurückschreckt.

Geraden Weges begab sie sich zu Graf Harro. Er hatte ihr gesagt, daß er sie erwarte, weil er etwas mit ihr zu besprechen habe. Er wußte, daß er jetzt eine sehr unangenehme Szene vor sich hatte.

„Du wünschest mich zu sprechen, Harro?"

„Ja, Beate. Bitte, setz dich. Du siehst sehr leidend aus."

„Laß das – reden wir nicht davon."

„Doch, Beate. Ich bin in ernstlicher Sorge um dich. Deshalb will ich dir einen Vorschlag machen. Der Aufenthalt in Treuenfels tut dir nicht gut. Deshalb will ich dir helfen, ihn mit einem anderen zu vertauschen. Du sollst dir, wo es dir gefällt, eine neue Heimat schaffen. Ich werde dir gern eine größere Summe zu diesem Zweck anweisen und dir eine angemessene jährliche Rente auszahlen lassen."

„Du – du schickst mich fort – fort von Treuenfels?" brach es wie ein Stöhnen aus ihrer Brust.

„Es ist besser, du gehst, Beate; für dich und für mich. Es ist mir eine Qual mehr, dich leiden zu sehen."

Da sank sie plötzlich aus ihrem Sessel heraus vor seine Füße und grub ihr zuckendes Gesicht in seine Hand.

„Harro – Harro – hab' Erbarmen – ich – ich liebe dich – und ich vergehe an dieser Liebe."

Er hob sie auf und machte sich sanft, aber energisch los, als sie sich an ihn klammern wollte.

„Ich habe es geahnt, Beate, und habe dich tief bedauert. Aber gerade deshalb ist es nötig, daß du gehst. Arme Beate – geh jetzt auf dein Zimmer, beruhige dich und überlege dir meine Worte. Und wenn du dann eine Entscheidung getroffen hast, laß es mich wissen.“

Sie richtete sich empor und sah ihn an, wie der zum Tod Verurteilte seinen Henker. Ihre Lippen bewegten sich, als wolle sie noch etwas sagen. Und endlich wandte sie sich ab und ging hinaus, ohne ein weiteres Wort.

Starr geradeaus blickend ging sie in ihr Zimmer und stöhnte auf wie ein verwundetes Tier.

So lag sie eine Weile, bis das Öffnen und Schließen einer Tür an ihr Ohr drang. Das war die Tür, die zu Griseldis' Zimmer führte.

Beate hörte einen leichten Schritt an ihrer Tür vorübereilen. Es war Griseldis' Schritt. Sie kannte ihn.

Wie ein Tier kroch sie auf die Tür zu. Leise öffnete sie die Tür und spähte hinaus. Da sah sie Griseldis gerade noch auf der Treppe verschwinden.

Sie trat an das Fenster. Da unten ging sie, die blonde Hexe. Sie ging nach dem Turm hinüber. Was hatte sie immer wieder dort zu suchen? Auf dem Söller war sie selten zu sehen.

„Spioniert sie mir nach? Sie soll nicht über mich triumphieren.“

Als Griseldis im Turm verschwand, raffte sich Beate auf und folgte ihr.

Griseldis war, als sie die Bibliothek verließ, erst in ihre Zimmer geeilt. Die Furcht vor Beate war so stark in ihrer Seele, daß sie das Grauen schüttelte. Und sie hatte das Gefühl, als müsse sie sich beeilen, mit ihrer Mission zu Ende zu kommen, damit sie sich dann in Graf Harros Schutz flüchten konnte. Sehnsucht war in ihr, in seinen Armen zu ruhen und sich von ihm beschützen und behüten zu lassen. – Ein wahres, volles Glück konnte sie dem geliebten Mann nur bringen, wenn er als freier Mann neben ihr schreiten konnte. Und deshalb mußte sie erst ihr Werk zu Ende führen.

War Beate wirklich, wie sie nicht mehr zweifeln konnte, die Mörderin der Gräfin Alice, so hatte sie auch Verdacht geschöpft, daß sie ihr nachspürte. Das bewies Beates Verhalten in der Bibliothek. Würde die Komteß nun nicht alles tun, um sie unschädlich zu machen? Griseldis überlegte, ob sie nicht doch gleich zu Graf Harro gehen und ihm alles sagen sollte, damit er selber die Spur weiterverfolgen konnte.

Aber wenn sie einem Wahngebilde nachstrebte, wenn sie sich in ihrer Sucht, Harros Unschuld zu beweisen, in falsche Vermutungen verrannte? Noch hatte sie ja keinen eklatanten Beweis für die Schuld der Komteß. Oder war der Ring im Wandschrank Beweis genug? Sie wurde selbst wieder irre.

Und es trieb sie auch hinüber in den Turm. Sie wollte feststellen, ob es möglich war, daß man, wenn man auf einem Stuhl stand, in dem Hohlraum bis an die Tür zu dem Wandschrank gelangen, diesen öffnen und mit den Händen in das Zimmer der Gräfin reichen konnte.

Hatte sie darüber Gewißheit, wollte sie doch lieber Graf Harro alles sagen und gemeinsam mit ihm weiter nachforschen.

Sie steckte die Taschenlampe zu sich und eilte hinaus.

Viel Zeit hatte sie nicht mehr, denn Gilda würde bald erwachen. Doch brauchte sie ja auch nicht lange Zeit. In einer Viertelstunde konnte sie ihre Nachforschungen beendet haben.

Niemand begegnete ihr auf ihrem Weg. Die Dienerschaft war unten im Erdgeschoß, und Graf Harro und die Komteß waren auf ihren Zimmern.

Als sie am Turm anlangte, sah sie sich noch einmal vorsichtig um. Es war ringsum alles still und menschenleer. Schnell schloß sie die Tür auf und lehnte sie hinter sich an, damit sie durch ihr weites Offenstehen nicht verriet, daß sie im Turm war.

Mit einem sicheren Griff fand sie jetzt den gezeichneten Delphin. Griseldis trat in den Hohlraum. Sie wollte erst den Boden des Wandschrankes herunterklappen, ehe sie einen Stuhl hineinstellte, auf den sie steigen konnte. Sie leuchtete mit ihrer Taschenlampe empor, um das Schnappschloß zu finden. Und als die Klappe herniederfiel, ließ sie die Arme sinken und wollte nun aus dem Hohlraum ins Zimmer treten, um einen Stuhl zu holen. In demselben Augenblick sah sie plötzlich Beate durch das Zimmer auf sich zueilen, mit verzerrtem Gesicht und wahnsinnig glühenden Augen. Mit einem leisen Angstschrei wich Griseldis vor ihr zurück, in den Hohlraum hinein. Da warf die Komteß mit aller Kraft die schwere, gefüllte Doppeltür ins Schloß – Griseldis war in dem engen Hohlraum gefangen.

Mit haßerfüllten Augen und einem fast irrsinnigen Lachen schlug die Komteß noch mit der Faust an die Tür. „Nun wirst du Ruhe geben, blonde Hexe, nun spioniere weiter. Jetzt sind wir quitt“ – knirschte sie zwischen den Zähnen hervor, dann schlich sie aus dem Turmzimmer und die Treppe hinunter. Vorsichtig lugte sie erst durch die angelehnte Tür des Turmes. Niemand hatte sie vorher bemerkt, und niemand bemerkte sie jetzt, als sie aus dem Turm trat und diesen abschloß. Den Schlüssel warf sie in weitem Bogen in die dichten Ginsterbüsche. Dort mochte er liegen bis zum jüngsten Tag. Mit starrer Ruhe ging sie auf einem Umweg zum Schloß zurück.

Sie begab sich auf ihr Zimmer. Dort klingelte sie nach ihrer Dienerin. Als diese erschien, sagte sie mit einer unnatürlich ruhigen Stimme:

„Ich fühle mich nicht wohl und möchte zu Bett gehen. Niemand soll mich stören. Ich hoffe, eine lange Ruhe wird mir guttun. Vor morgen früh brauchen Sie mich nicht zu wecken, falls ich schlafen kann. Melden Sie dem Herrn Grafen, daß er mich erst morgen früh wiedersehen wird. Wecken Sie Henriette. Sie soll Komteß Gilda ankleiden, wenn diese ausgeschlafen hat. Fräulein von Ronach hat sich bei mir beurlaubt – ich glaube, sie ist nach Dalheim hinübergegangen und wird vor dem Abendessen nicht zurückkommen. Sagen Sie auch das dem Herrn Grafen – aber nur, wenn er nach Fräulein von Ronach fragt."

Die Dienerin entfernte sich und dachte bei sich, die Komteß müsse wohl ernstlich krank sein. Sie sah jammervoll elend aus und schien sich kaum aufrechthalten zu können.

Als sie allein war, schloß sie das Zimmer ab. Dann trat sie an ihren Schreibtisch. Aus dem Ausschnitt ihres Kleides nestelte sie eine silberne Kette. An dieser hing ein Schlüsselchen. Damit öffnete sie eine kleine Bronzekassette, die sie aus ihrem Schreibtisch nahm. Es waren Schmucksachen darin, und unter diesen holte sie ein kleines Kästchen hervor.

Als sie dieses öffnete, erschien, in Watte eingebettet, ein winziges Kristallfläschchen. Es enthielt nur ganz wenig von einer fast wasserhellen Flüssigkeit. Die Zähne schlugen ihr wie im Frost aufeinander. Und dann lauschte sie. War nichts zu hören – schrie da nicht jemand in höchster Not? Nein – nein – nichts – alles blieb still. Die Mauern waren so dick – und die Tür so stark und schalldämpfend gefüllt. Nein – da drang kein Laut heraus – kein Laut.

Sie setzte das Fläschchen vor sich hin auf den Schreibtisch.

„Genug, ein Dutzend Menschen zu töten – übergenug für mich."

Und dann sank sie wie kraftlos in den Sessel vor dem Schreibtisch. Mit matten Händen zog sie die Nadeln aus ihrem Haar. Wie schwarze Schlangen ringelten sich die glatten Flechten über ihre Schultern. Sie faßte sie und sah wie im Haß darauf nieder. „Schwarz und straff – und häßlich. Er liebt das goldene Haar – und sie trug einen Blumenkranz in ihren blonden Locken. Mag sie verderben."

Alles blieb still. Da griff sie hastig nach der Feder und begann zu schreiben, schnell und fließend, ohne abzusetzen. Und als sie fertig war, schüttete sie den Inhalt des Fläschchens in ein Wasserglas.

Mit bebender Hand faßte sie nach der Fotografie des Grafen Harro und sah mit unbeschreiblichem Ausdruck darauf nieder. Sie hob die Hand mit dem Glas und trank es leer in einem Zug.

„Ich liebe dich, Harro – ich liebe dich namenlos, Harro – Harro! Hörst du sie rufen – die blonde Hexe – Harro!"

Sie taumelte empor, das Bild fest an ihre Brust gedrückt. Wieder lauschte sie hinaus. Ein Grauen trat in ihre Augen. „Harro! Harro! Rette sie, rette sie – ich kann nicht mehr. – Vater im Himmel – vergib uns unsere Schuld."

Sie wollte zur Tür, in zu später Reue, aber sie kam nicht mehr so weit. Mit einem Aufstöhnen sank sie tot zu Boden. Das Bild des Grafen Harro hielt sie fest in ihrer Hand. Diese löste sich auch im Tod nicht davon.

Und alles blieb still und ruhig im Schloß. Niemand ahnte, daß ein verbrecherisches Leben verlöscht war, und daß ein schuldloses Geschöpf in Angst und Verzweiflung in einem engen, dunklen Gefängnis gegen die Vernichtung rang.

Harro hatte nach seiner Unterredung mit Beate sein Pferd satteln lassen und war hinaus auf die Felder geritten. Er kam zur Teestunde wieder nach Hause. In der Halle kam ihm sein Töchterchen betrübt entgegen.

„Ach, Papa, endlich bist du wenigstens da. Ich bin so allein."

Er nahm sie auf den Arm und küßte sie.

„Allein, Gilda? Ist denn Fräulein von Ronach nicht bei dir?"

„Nein, Papa. Sie ist fort."

Graf Harro sah sich nach Henriette um.

„Was soll das heißen, Henriette? Wo ist denn Fräulein von Ronach?"

„Wahrscheinlich ist sie nach Dalheim hinüber. Berta hat es mir gesagt."

Harro tröstete sein Töchterchen. Er konnte freilich nicht verstehen, daß Griseldis nicht zugegen war. Was sollte sie denn in Dalheim?

„Schicken Sie mir Berta, Henriette, ich will sie selbst fragen."

Er ging mit Gilda ins Teezimmer, gleich darauf trat Berta ein.

„Was hat Ihnen Fräulein von Ronach aufgetragen, als sie fortging?"

„Ich habe Fräulein von Ronach nicht selbst gesehen, Herr Graf. Das hat mir Komteß Beate gesagt."

„Komteß Beate?"

„Ja. Ich soll dem Herrn Grafen melden, daß Fräulein von Ronach sich bis zum Abend beurlaubt hat, um nach Dalheim hinüberzugehen."

Berta berichtete außerdem, daß sich Komteß Beate niedergelegt habe, weil sie sich sehr krank gefühlt habe und daß sie bis zum nächsten Morgen nicht gestört sein wollte.

Das beunruhigte ihn aber viel weniger, als daß Griseldis nicht da war.

„Es ist gut, Sie können gehen."

Gilda jammerte nach Griseldis, und er hätte am liebsten mit eingestimmt. Es wollte ihm gar nicht gefallen, daß Griseldis nicht da war. Er fühlte, wie leer und inhaltslos sein Leben ohne sie war.

Er zerbrach sich den Kopf, weshalb sie sich entfernt hatte, ohne ihn zu benachrichtigen.

Nach dem Tee übergab er Gilda an Henriette und versuchte zu arbeiten. Aber es hielt ihn nicht am Schreibtisch. Er sprang wieder auf.

Ich werde doch lieber nach Dalheim hinüberreiten, dachte er und ließ sich sein Pferd wieder vorführen.

Voll Unruhe spähte er umher, als er durch den Wald nach Dalheim ritt. Aber Griseldis begegnete ihm nicht.

Er ritt dicht bis an das Dalheimer Herrenhaus heran, wollte es aber nicht betreten. Und endlich sah er zu seiner Erleichterung Baron Dalheim aus dem Portal treten. Da ließ Graf Harro einen Pfiff ertönen, den der Baron kannte. Dieser blieb auch sofort stehen, Harro winkte ihm zu.

„Harro – du. Also endlich hast du dich überwunden und kommst zu uns?"

„Ich kam nicht, um euch zu besuchen. Mich führt

nur der Wunsch hierher, von dir zu erfahren, ob Fräulein von Ronach im Laufe des Nachmittags in Dalheim war.“

Der Baron schüttelte den Kopf.

„Nein, Harro, sie ist nicht hier gewesen. Was sollte sie auch hier?“

„Mir wurde gemeldet, daß sie nach Dalheim gegangen wäre. Es erschien mir sonderbar, da sie sich sonst ohne meine Erlaubnis nicht aus Treuenfels entfernt. Und daß sie zu Fuß den weiten Weg machen würde, da sie doch den Wagen haben konnte, erschien mir auch seltsam. Ich will dir auch ganz offen anvertrauen, wie die Dinge liegen, Fritz. Fräulein von Ronach ist von dem Wunsch und dem Glauben beseelt, meine Unschuld an den Tag zu bringen. Sie scheint irgend etwas vorzuhaben zu diesem Zweck, was sie mir aber nicht anvertrauen will. Ihr Eifer ist rührend, aber sie wird auch nichts ergründen. Das wird dir aber meine unruhige Sorge noch nicht erklären. Deshalb sollst du wissen, daß ich sie liebe, und daß ich nach langen Kämpfen mit mir selbst den Mut faßte, sie um ihre Hand zu bitten. Ich dachte nun, sie sei nach Dalheim gegangen, um dich einem kleinen Verhör zu unterziehen, denn sie ließ sich heute von mir das Geheimfach in meinem Schreibtisch zeigen und fragte mich einiges über den Abend, da ich dir das Giftfläschchen zeigte.“

„Nun verstehe ich dich, Harro. Sie gab Dalheim wohl nur zum Schein als ihr Ziel an.“

„Das scheint mir nun auch so. Und es macht meine Unruhe noch größer. Ich habe das bestimmte, ängstliche Gefühl, als ließe sie sich auf irgendwelche gefahrvollen Dinge ein.“

„Du brauchst dich sicher nicht zu sorgen. Ich glaube, sie weiß ganz genau, was sie will. Und wer weiß, ob es ihr nicht wirklich gelingt, deine Unschuld an den Tag zu bringen. Vielleicht ist sie jetzt längst wieder nach Treuenfels zurückgekehrt."

Der Graf reichte ihm die Hand.

„Nun will ich aber schnell heimreiten."

„Tue das. Und morgen früh komme ich hinüber. Leb wohl bis dahin."

In großer Eile ritt Graf Harro nach Treuenfels zurück.

Zu Hause angelangt, sprang er vom Pferd. Seine erste Frage galt Fräulein von Ronach. Aber niemand hatte sie gesehen.

Nirgends fand er eine Spur von ihr. Die Unruhe in ihm wurde immer stärker.

Und in seiner Sorge eilte er schließlich zu Beate. Gern störte er sie nicht, weil er sich sagte, daß sie jetzt schwere Stunden zu durchleben hatte.

Er klopfte an die Tür zu den Zimmern der Komteß. Beate schien fest zu schlafen. Oder wollte sie ihm nur nicht öffnen, um ihn nicht zu sehen?

So ging er wieder hinunter.

Er traf Berta und befahl ihr, in Fräulein von Ronachs Zimmer nachzusehen, ob sie vielleicht ein Schreiben hinterlassen habe.

Berta eilte in Griseldis' Zimmer und berichtete anschließend dem Grafen: „Fräulein von Ronach kann das Haus nicht in der Absicht verlassen haben, weit fortzugehen, sie hat nicht einmal einen Hut aufgesetzt oder einen Mantel umgenommen. Ihre Sachen sind alle noch da."

Unwillkürlich atmete der Graf auf.

Aber die Erleichterung hielt nicht lange an. Wo war Griseldis?

Er zermarterte sich den Kopf. Und da fiel ihm der Turm ein. War sie vielleicht dort – war ihr da ein Unfall zugestoßen? Sie konnte auf der Treppe gestürzt sein und lag nun vielleicht hilflos und verlassen im Treppenhaus.

Wie er ging und stand, rannte er zum Turm hinüber. Aber er fand die Tür verschlossen. Also war sie nicht im Turm.

So ging er ins Schloß zurück.

Er machte nun die ganze Dienerschaft rebellisch. Die Dunkelheit war inzwischen herabgesunken. Die Diener mußten sich mit Fackeln und Laternen ausrüsten und sollten den Park und den Wald absuchen. Er selbst schloß sich ihnen an. Es war ihm zur Gewißheit geworden, daß Griseldis etwas zugestoßen war, und seine Unruhe steigerte sich bis zur Verzweiflung.

Stundenlang suchte man den Wald nach Griseldis ab, ohne eine Spur von ihr zu finden. Harro kam mit den Dienern kurz vor Mitternacht zurück. Er sah zum Erbarmen blaß und elend aus. Verzweifelt warf er sich in seinem Zimmer auf einen Sessel.

„Wie ein Fluch lastet es auf mir – ich soll nicht glücklich sein“, stöhnte er und barg sein Gesicht in den Händen. „Griseldis, wo bist du, Griseldis, was ist mit dir geschehen?“

Er wußte nicht mehr, was er glauben und fürchten sollte.

Nochmals ging er vor Beates Zimmer. Vielleicht konnte er doch von ihr irgendeinen Anhalt bekommen. Aber auf all sein Klopfen erfolgte keine Antwort.

Als er wieder hinunterkam, schlug es gerade Mitternacht. Und da kam ihm auf der Treppe sein Kammerdiener Grollmann entgegen. Er sah blaß aus.

„Bitte, wollen der Herr Graf einmal mit mir gehen“, sagte er erregt.

„Was gibt es, Grollmann?“ fragte er erschrocken.

Grollmann zuckte die Achseln. „Vielleicht ist es

nur eine Torheit von mir, Herr Graf. – Als wir von der Suche nach Fräulein von Ronach heimkehrten, ging ich mit Heinrich in dessen Zimmer. Wir wollten noch zusammen etwas essen, weil wir heute noch kein Abendbrot hatten. Kaum hatten wir uns niedergesetzt, da vernahmen wir ein Klopfen, ein ganz seltsames Klopfen, immer dreimal hintereinander, dann eine Pause und dann wieder dreimal. Heinrichs Zimmer liegt unten im Erdgeschoß, unter dem Schlafzimmer der hochseligen Gräfin Alice. Und das Klopfen kam entschieden aus der anstoßenden Turmwand. Heinrich und ich gingen nun in den darüberliegenden Raum. Es ist die Silberkammer. Dort hörten wir das Klopfen noch deutlicher. Und nun ist mir der Gedanke gekommen, ob Fräulein von Ronach am Ende gar in den Zimmern der hochseligen Gräfin Alice eingeschlossen ist."

Graf Harro lauschte voll Unruhe seinem Bericht. Nun schüttelte er den Kopf.

„Diese Zimmer sind ja verschlossen, Grollmann."

„Das habe ich mich auch schon gefragt, aber immerhin – man könnte doch einmal nachsehen. Wenn der Herr Graf selbst einmal mit in die Silberkammer kommen wollten, um das Klopfen zu hören."

Graf Harro ging sogleich mit ihm.

Heinrich stand noch lauschend in der Silberkammer.

„Es klopft noch immer", sagte er.

Und da hörte auch der Graf das seltsame Klopfen. Es kam entschieden aus der Wand, die an den Turm stieß. Der Graf legte sein Ohr an die Wand. Da klopfte es wieder, dreimal – eine Pause – und wieder dreimal. Es war ein Klopfen, als wenn man mit einem harten Gegenstand an eine Holzwand klopfte. Unwillkürlich ergriff er in Ermangelung eines andern Gegenstandes einen hölzernen Schemel und klopfte laut, genau in derselben Art, dreimal – Pause – dreimal – an die Wand.

Sogleich ertönte eine Antwort – etwas hastiger und lauter als vorher. Graf Harro und die beiden Diener sahen sich bestürzt an. Dann klopfte der Graf wieder, aber diesmal viermal – Pause – viermal. Und wie ein Echo kam es aus der Wand zurück. Nun klopfte der Graf zweimal – Pause – zweimal – in gleicher Weise gab der Klopfgeist Antwort.

Da richtete sich der Graf empor.

„Heinrich – Sie bleiben hier und geben immerfort diese Signale. Ich gehe mit Grollmann hinauf in die Zimmer der Gräfin. Diesem rätselhaften Klopfen müssen wir auf die Spur kommen“, sagte er blaß und erregt.

Und er eilte hinaus, holte die Schlüssel aus seinem Zimmer, dann öffnete er die Zimmer der Gräfin Alice.

Als Beate Griseldis durch das schnelle Zuwerfen der Tür in den dunklen Hohlraum eingesperrt hatte, schrie diese vor Entsetzen laut auf. Sie wußte sofort, daß dies ein Anschlag auf ihr Leben war. Das hatten ihr die wie im Irrsinn funkelnden Augen der Komteß gesagt. Und sie wußte, daß die starke Tür, die zwischen einer hölzernen und einer eisernen Wand eine schalldämpfende Füllung hatte, von innen nicht geöffnet werden konnte.

Griseldis sagte sich, daß die Komteß sie hier in diesem Hohlraum dem Erstickungstod oder dem Verhungern preisgeben wollte. Sie war stets ein mutiges, unverzagtes Geschöpf gewesen, aber diese Erkenntnis ließ ihr doch das Blut in den Adern gerinnen. Sie schauderte in einer furchtbaren Angst zusammen. Von der Komteß konnte sie keine Gnade erwarten.

Griseldis mußte sich also klarmachen, daß sie vernichtet werden sollte. Sie wußte, daß nur ein Wunder sie retten konnte. Niemand würde ihr Schreien und Jammern hören. Kein Laut drang aus ihrem Gefängnis hinaus, um von ihrer Not Kunde zu geben. Beate würde den Turm abschließen. Dann suchte sie niemand hier. Und drüben befanden sich die ebenfalls verschlossenen Zimmer der Gräfin. Da konnte sie also auch keine Hilfe herbeirufen.

Als sie den ersten furchtbaren Schreck überwunden hatte, zergrübelte sie sich den Kopf nach einem Rettungsweg. Aber nichts wollte ihr einfallen. Sie bekam Kopfweh von allem Denken in dem dunklen, engen Raum.

„Ich muß die Tür zum Wandschrank zu öffnen suchen, daß ich nicht ersticke", dachte sie. Aber leider hatte sie keinen Sessel in den Hohlraum getragen. Und so kam sie nicht bis an das Schloß heran, daß sie es öffnen konnte. So sehr sie sich auch mühte, an der glatten Holzwand emporzuklettern – immer wieder glitt sie herab. Und nun meinte sie schon Atembeklemmungen zu spüren. Zum Glück war der Raum ziemlich hoch, so daß die Luft darin nicht gar zu schnell verbraucht wurde. Aber sie konnte ihre Gedanken nicht sammeln. Sie rief laut um Hilfe – rief den Namen des Geliebten, als müsse ihn das herbeirufen, bis sie ganz heiser wurde. Aber niemand hörte sie. Unheimlich still und dunkel war es um sie her.

Schließlich sank sie, kraftlos vor Angst und Erregung, in sich zusammen. Und da fühlte sie plötzlich ihre Taschenlampe. Ach – Gott sei Dank – so konnte sie doch ihr Elend beleuchten.

Sie drückte auf den Knopf und stellte die Lampe

ein. Da wurde es hell in ihrem Gefängnis. Sie beleuchtete die Wände ringsum und erhob sich wieder, um nochmals zu versuchen, das Schloß der Wandschranktür zu erreichen.

Aber es gelang ihr nicht.

Da sank sie wieder zusammen und schloß die Augen. Das Atmen schien ihr schwerer und schwerer zu werden. Sie dachte an Harro – an Gilda – an Tante Agnes und Mutter Anna, an Sarnows – und an all die freundlichen Stiftsweiblein. Und sie nahm im Geiste Abschied von ihnen und sagte jedem noch etwas Liebes. Dann fiel ihr ein, daß nun vielleicht Harros Unschuld nie an den Tag kommen würde. Das weckte ihre Lebensgeister wieder auf.

Nein – nicht sterben – nicht sterben! Sie war noch so jung, und das Leben war so schön. Man mußte sie doch längst vermißt haben. Forschte man nach ihr?

Und Harro? Wie er angstvoll nach ihr suchen würde. Sie sah sein Antlitz vor sich, bleich und kummervoll. Ach, wie sie ihn liebte, wie es ihre Qual vermehrte, ihm Schmerz bereiten zu müssen. Sie streckte sehnsüchtig die Arme aus und flüsterte zärtliche Worte. Und schwere Tränen rannen über ihr Antlitz.

Sie faltete die Hände im inbrünstigen Gebet.

„Vater im Himmel – dein Wille geschehe. Aber schütze ihn vor schlimmeren Leid, als er schon zu tragen hat. Hilf mir – hilf mir hinaus – in deine liebe Sonne – Vater im Himmel – hilf mir, um seinetwillen."

Und als sie die Hände wieder sinken ließ, berührte sie wieder die Taschenlampe. Sie hatte ein festes metallenes Gehäuse. Und plötzlich kam Griseldis ein Einfall. Wenn sie mit der Lampe an die Holzwand klopfte? Freilich, die Wände des Schlosses waren stark und die des Turmes auch. Aber trotzdem – das Klopfen würde man eher hören als ihr Rufen.

Und sie klopfte mit dem Gehäuse der Lampe an die Holzwand. Es klang hohl und schaurig. Atemlos lauschte sie. Aber die lastende Stille um sie her wurde durch nichts unterbrochen. Sie sprach laut vor sich hin, um nur etwas zu hören. Sie glaubte, taub zu sein, so still war es um sie her.

Wieder klopfte sie an die Holzwand. Wieder lauschte sie vergeblich. Einige Stunden konnten doch wohl schon vorüber sein, seit sie gefangen war.

Wieder klopfte sie und lauschte. Und da es ihr als einzige Möglichkeit erschien, schließlich doch Hilfe herbeizurufen, so klopfte sie in regelmäßigen Zwischenräumen immer wieder. Alle ihre Glieder schmerzten in der unbequemen Lage, in der sie sich befand.

Und als sie schon alle Hoffnungen aufgegeben hatte und nur noch mechanisch ihr Klopfzeichen gab, vernahm sie mit einemmal ein leises Klopfen, genau in ihrem eigenen Tempo. Es war der erste Laut, der in ihr Gefängnis drang.

„Harro!" rief sie, wie neu belebt, als wisse sie, daß von ihm dies erste tröstliche Zeichen kam.

Und nun klopfte sie wieder und lauschte. Ja, da kam wieder Antwort.

„Vater im Himmel! Vater im Himmel!"

Sie gab Zeichen um Zeichen und antwortete immer im gleichen Tempo. Ach, wie tröstlich war dies schwache Geräusch, das in ihren furchtbaren Kerker drang. Wenn es nur um Gottes willen nicht wieder verstummte, wenn die lastende Stille nicht wieder eintrat.

Alle ihre Sinne waren wach. Sie lauschte atemlos. Und wieder und wieder beantwortete sie die Signale, die eine freundliche Hand in die Einsamkeit ihrer

Zelle sandte und sie vor völliger Verzweiflung bewahrte.

Wieder hatte sie einen lauten Hilfeschrei ausgestoßen – da – Vater im Himmel – äfften sie ihre Sinne – da hörte sie eine laute Männerstimme – ganz dicht in ihrer Nähe? War das nicht Harros Stimme? Sie schrie auf, jubelte, jauchzte – den einen Namen, der in ihrer Seele lebte.

„Harro! Harro!"

Und da kam ihr Antwort – von oben – aus dem Zimmer der Gräfin:

„Griseldis!"

Sie lachte und weinte und jauchzte laut seinen Namen.

„Harro!"

Und sie hob sich empor auf die Zehen und klopfte mit der Taschenlampe an die untere Kante der Wandschranktür.

Es klopfte wieder, jetzt ganz dicht und laut. Und sie vernahm des Geliebten Stimme, die in heißer Angst ihren Namen rief.

„Griseldis! Griseldis! Wo bist du?"

„Ach, Harro! Harro! Hörst du mich?"

„Ja, ich höre dich. Aber wo bist du, mein armes, liebes Herz?" rief er, ganz dicht über ihr an der Wand.

Sie holte erst noch einmal tief Atem. Dann rief sie laut:

„Harro! Bist du im Sterbezimmer der Gräfin Alice?"

„Ja, mein Liebling!"

„So tritt ganz nahe an das Nachtschränkchen heran!"

„Da stehe ich schon!"

„Siehst du an der Wand über dem Nachtschränkchen drei runde Perlmutterblättchen?"

„Ja!"

„Drücke fest auf das unterste – ganz fest!"

Harro, der vor Angst und Erregung um Griseldis zitterte, tat, wie sie ihm geheißen. Und da öffnete sich zu seinem Staunen die Wandschranktür.

Griseldis jauchzte und ließ ihre Taschenlampe leuchten. Sie streckte dem Geliebten beide Arme entgegen. Er sah durch die Wandschranktür wie durch ein Fenster zu ihr hinab. Sie sah sein verstörtes, blasses Antlitz über sich. Zitternd faßte er ihre Hände.

„Liebling – Liebling – Herrgott im Himmel, was ist dir geschehen?"

Sie hob das blasse Gesicht zu ihm auf. Aber sie lächelte zu ihm empor. „Nun ist ja alles gut – ich bin gerettet."

„Bist du unverletzt, Griseldis?"

„Ja, gottlob!"

„Aber wie kommst du in das enge, finstere Loch, von dem ich keine Ahnung hatte? Bist du gestürzt?"

„Nein – nicht gestürzt. Wie ich hier gefangen wurde, sollst du später hören. – Jetzt erlöse mich erst – ich möchte hinaus – ich –"

Sie sank plötzlich kraftlos zusammen.

„Griseldis! Griseldis! Wie kann ich dich erlösen? Bis ich hier die Mauern durchbrechen lasse, das dauert mir zu lange!"

„Geh in das Turmzimmer im ersten Stock. Da ist der Wandbehang in dem Delphinrahmen. Ungefähr ein Meter vom Fußboden ist auf der rechten Seite des Rahmens einer von den Delphinleibern mit einem schwarzen Kreuzchen gezeichnet. Diesen Delphin mußt du fest in die Wand drücken, wie du es oben mit dem Perlmutterknopf getan hast. Dann springt eine Tür auf, die ich von innen nicht öffnen kann. Aber bitte – eile dich – ich bin am Ende meiner Kraft. – Laß Beate nicht in meine Nähe – sie will mich töten."

„Griseldis!" rief er außer sich.

„Ja, Lieber! Schütze mich vor ihr und befreie mich. Sie hat mich hier eingesperrt."

„Mein armes Kind! Sei ruhig – ganz ruhig – ich schütze dich. Und gleich bist du frei, ich komme. Sollst auch nicht allein sein, bis ich dich erlöse."

Er wendete sich um. „Grollmann!"

Dieser stand fassungslos im Zimmer.

„Grollmann, komm hierher. Das vergesse ich dir nie, daß du mich hierhergeführt hast. Bleibe hier als Wache stehen, mein guter Grollmann, und laß keinen Menschen hier heran. Ich schließe zur Vorsicht hinter mir die Tür, wenn ich hinausgehe. Und daß du es weißt, mein Alter, Fräulein von Ronach ist meine Braut. An ihr sollte ein ähnliches Verbrechen verübt werden wie an meiner verstorbenen Frau, wie mir scheinen will.

Fasse Mut, meine Griseldis! Grollmann bleibt hier, bis ich bei dir bin!"

Sie neigte matt das Haupt – und lächelte. Ihre Füße hatten den Dienst versagt. Zusammengesunken hockte sie auf dem Boden.

Harro eilte hinaus. Er rief unten die Diener zusammen. Die mußten mit allerhand Werkzeug kommen, denn die Tür zum Turm mußte aufgebrochen werden.

Er befahl ihnen, ihm zu folgen.

„Fräulein von Ronach ist im Turm eingeschlossen", hatte er ihnen zugerufen.

Das Schloß des Turmes ließ sich nicht leicht öffnen. Es war eine gute, alte Arbeit.

Endlich sprang die Tür auf. Der Graf stürmte die Treppe hinauf, riß die Zimmertür auf und trat an den Rahmen des Wandbehangs. Mit einer der Laternen beleuchtete er den Rahmen an der beschriebenen Stelle. Und er fand das kleine schwarze Kreuz auf dem Delphinleib bald.

Fest drückte er ihn in die Wand hinein. Da sprang die Tür auf. Er riß sie vollends weit auf und sah Griseldis zusammengesunken vor seinen Füßen liegen.

„Sie ist ohnmächtig geworden, Herr Graf!“ rief ihm Grollmann von oben zu.

Harro hob Griseldis empor. Auf seinen Armen trug er sie hinaus ins Freie, an seinen bestürzten Leuten vorbei. Er fühlte, die beste Medizin war jetzt frische Luft und dann ein gutes Lager für sie.

Draußen im Freien kam sie auch schnell zu sich und schlug die Augen auf – ihre lieben, klaren Sonnenaugen, die seinem Leben Licht und Wärme gegeben hatten.

„Liebling – o du mein geliebtes Herz – hab’ ich dich wieder? Gott sei gelobt!“ stieß er hervor, sie fest an sein klopfendes Herz pressend.

Sie schmiegte sich selig lächelnd an ihn wie ein müdes Kind. „Ach – nun ist alles gut – alles gut – aber laß Beate nicht in meine Nähe – ich fürchte mich vor ihr.“

„Sie soll es büßen, was sie an dir getan hat.“

Ihre Sinne schwanden wieder. Er trug sie ins Schloß in ein Zimmer neben der großen Halle und legte sie sorgsam auf einen Diwan. Grollmann, der nun auch zur Stelle war, trieb die Leute, die mit hineingedrungen waren, hinaus und ließ nur Berta im Zimmer, damit sie der jungen Braut seines Herrn behilflich war.

Harro ließ schnell starken Wein für Griseldis bringen und flößte ihr mit Bertas Hilfe davon ein. Das belebte sie. Sie vermochte sich aufzurichten. Sie sah die Angst und Sorge des Geliebten. Das gab ihr Mut und Kraft. Sie erhob sich mit seiner Hilfe und ließ sich in einen bequemen Lehnstuhl gleiten. Wohlig schmiegte sie sich hinein.

„Ach – wie schön. Und – nun habe ich Hunger", sagte sie, sich seinetwegen zur Munterkeit zwingend.

Grollmann eilte davon und brachte in wenigen Minuten eine Platte mit appetitlichen, leckeren Schnittchen. Berta hatte Griseldis inzwischen, da sie über Kopfweh klagte, die Zöpfe losgesteckt. Nun aß Griseldis tapfer von den Schnittchen und lächelte dabei zu Graf Harro empor, der unverwandt in ihr blasses Antlitz schaute. Sie trank auf seine Bitte auch noch ein Glas Wein. Und als sie sich so gestärkt hatte, bat sie ihn um eine Unterredung unter vier Augen. Er schickte Grollmann und Berta hinaus.

Griseldis berichtete nun alles, was sie in Erfahrung gebracht hatte. Auch ihren Traum erzählte sie ihm ausführlich und beschrieb ihm genau, wie sie weiter und weiter gekommen war mit ihren Nachforschungen, wie sie Schritt für Schritt weitergegangen war auf dem Wege, der zu seiner völligen Befreiung von jedem Makel führen sollte.

„Ich hätte nun auch gern noch erforscht, wie Beate das Gift aus deinem Schreibtisch entwendete, denn es ist meine feste Überzeugung, daß sie die Mörderin deiner Frau ist, wie sie auch mich töten wollte. Aber nun wage ich mich allein nicht weiter. Nun mußt du selbst zu Ende führen, was ich begonnen habe."

Er war tief erschüttert von allem, was er gehört. Von seinen Empfindungen überwältigt, kniete er vor ihr nieder und nahm sie in seine Arme.

„Das alles hast du für mich getan? Wenn ich je wieder stolz und aufrecht einherschreiten darf, ein freier, von drückendem Bann erlöster Mann – dann danke ich es dir, dir allein. Aber wenn ich daran denke, welchen Preis ich vielleicht dafür hätte zahlen müssen, daß du meine Unschuld an den Tag bringen wolltest ... Was hast du leiden müssen, Griseldis. Wie sind dir die Minuten zur Ewigkeit geworden. Ich zittere noch nachträglich für dich und möchte dich nicht mehr aus meinen Augen lassen."

Er sah ihr tief in die Augen und küßte ihre blassen Lippen. Sie schmiegte sich an ihn, und ihre blauen Augen leuchteten aus ihrem blassen Gesicht.

„Wie gern hätte ich meine Mission selbst zu Ende geführt. Aber meine Kraft reicht nun nicht mehr weiter. Ich habe so große Angst vor Beate, wie noch nie vor einem Menschen. Und auch du mußt vorsichtig sein, Harro, ich bitte dich darum. Aus ihren Augen glühte der Wahnsinn, als sie die Tür meines Gefängnisses zuschleuderte. Sie ist, glaube ich, zu allem fähig in dem wilden Haß ihrer Eifersucht."

„Dieses unselige Geschöpf soll dir keine böse Minute mehr schaffen. Noch heute nacht rechne ich mit ihr ab. Jetzt erst verstehe ich, weshalb sie mir auf all mein Klopfen und Rufen keine Antwort gab. Sie vermochte es doch wohl nicht, mir Auge in Auge gegenüberzustehen. Vieles ist mir nun verständlich, was ich früher nicht ergründen konnte. Jetzt begreife ich selbst nicht mehr, daß ich so gar keinen Verdacht schöpfte. Freilich – wie kann man einer Frau ein solches Verbrechen zutrauen. Griseldis, geh jetzt zur Ruhe – nein, nein – nicht hinauf in dein Zimmer, wo du Beate so nahe bist. Ich bringe dich zu meiner kleinen Gilda. Dort soll dir Henriette ein Lager aufschlagen, und Henriette bewacht euch beide. Grollmann aber steht Schildwache vor der Tür – bis Treuenfels von der verbrecherischen Frau befreit ist."

Sie umschlang ihn ängstlich. „Und du? Was willst du tun?"

Er streichelte ihr Haar und drückte ihre Flechten an seine Lippen.

„Was ich muß, Griseldis. Der Name Treuenfels muß wohl noch einmal vor die Öffentlichkeit geschleift werden, damit meine Unschuld klar bewiesen werden kann. Aber damit sollst du dein armes Köpfchen jetzt nicht mehr quälen. Lege alles beruhigt und vertrauensvoll in meine Hand, mein kleiner, tapfrer Sherlock Holmes. Was jetzt noch zu tun ist – das ist kein Werk für eine Frau. Du sollst jetzt an nichts mehr denken als an unser Glück, das nun, gottlob, ein reines und leuchtendes sein wird. Nun komm, mein Liebling. Kannst du gehen? Hast du schon wieder so viel Kraft? Sonst trage ich dich gern hinauf."

Sie erhob sich langsam und noch etwas unsicher. Noch zitterten ihre Knie ein wenig. Aber sie konnte sich doch schon aufrecht halten und, von ihm liebevoll umschlungen, vorwärtsgehen.

„Ich weiß nun auch, wie es kam, daß Baron Dalheim den Weg wieder nach Treuenfels fand", sagte er.

„Ach – hat er geplaudert?"

Er erzählte ihr, daß er sie in Dalheim gesucht und mit dem Baron gesprochen hatte.

Draußen in der Halle standen die Leute noch aufgeregt beieinander. Grollmann hatte ihnen gesagt, daß Fräulein von Ronach die künftige Herrin des Hauses sein würde.

Das blasse Mädchen mit dem lieblichen Gesicht und den langen goldblonden Flechten war eine rührende Erscheinung. Berta mußte ihnen folgen. Sie sollte Griseldis beim Auskleiden behilflich sein.

„Gute Nacht, Griseldis – heute sprich du mir das Kranzgebet, für dich und mich."

Und sie faßte seine Hand und führte ihn an Gildas Lager.

„Unser süßes Kleines, Harro! Wie wollen wir es lieben."

Da mußte er sie doch umarmen und küssen, trotzdem die Dienerinnen im Zimmer waren. Er konnte nicht anders.

„Nun wird wieder eine bessere Zeit für Schloß Treuenfels kommen“, flüsterte Henriette.

Harro entfernte sich. An der Tür wurde Grollmann aufgestellt. Aber in Schloß Treuenfels kam in dieser Nacht niemand zur Ruhe als Gilda und Griseldis. – Zunächst ging Graf Harro zu Beate hinauf. Ein Diener und eine Dienerin begleiteten ihn auf seinen Befehl.

Wieder klopfte er an die Tür, diesmal sehr laut und energisch. Und als keine Antwort auf seinen Anruf kam, sagte er laut und herrisch:

„Wenn du jetzt nicht sofort öffnest, muß ich gewaltsam bei dir eindringen.“

Aber keine Antwort kam aus dem Zimmer.

Harro hatte es fast erwartet. Nun winkte er den Diener heran und gebot ihm, die Klinke von der Tür abzuschrauben.

So wurde die Tür geöffnet. Harro schaltete das elektrische Licht ein. Und da sah er Beate auf dem Teppich ausgestreckt liegen, die Hand noch immer fest um sein Bild geklammert, das sie an sich gedrückt hielt.

Er beugte sich erschrocken zu ihr herab, sah die bläulichen Lippen und die seltsam geschlossenen Lider. Da wußte er, daß sie sich selbst gerichtet hatte.

Es ist besser so. Eine Gräfin Treuenfels darf nicht durch Henkershand sterben, dachte er.

„Sie ist tot“, sagte er heiser.

Es war, als habe ein unsichtbarer Bote diese Nachricht durch das ganze Schloß getragen. Die Leute kamen alle herauf und drängten sich an der

Tür. Graf Harro hatte ein Schreiben erfaßt, das auf dem Schreibtisch lag.

„An meinen Vetter, den Grafen Harro Treuenfels.“

Er nahm es an sich, dann ging er zur Tür und trieb die Leute fort.

„Hier muß alles bleiben, wie es ist“, sagte er und gebot dem Diener Heinrich, da die Tür nicht zu schließen war, Wache davor zu stehen, damit niemand hineinging.

Nun begab sich Harro nach seinem Arbeitszimmer. Dort telefonierte er, und ließ sich mit dem Polizeipräsidium verbinden.

Dort meldete er das Ableben der Komteß und die näheren Umstände und bat um das Erscheinen einer Kommission. Er bat auch, einen Arzt mit nach Treuenfels zu bringen. Erst als das geschehen war, erbrach er den Brief, den Beate für ihn hinterlassen hatte. Dieser Brief lautete:

„Mein geliebter Harro! Einmal laß Dich so nennen von einer, die Dich glühend, verzehrend und sinnlos geliebt hat. Wenn Du diesen Brief liest, bin ich nicht mehr am Leben – und Toten kann man nichts verbieten.

Du hast mich heute aus Deinem Haus, aus Deiner Nähe gewiesen – weil Du fühltest, daß ich Dich liebe, und Dir meine Liebe lästig war. Da gibt es nun nur noch einen Weg für mich – den in den Tod.

Ich weiß, daß Du Dich in die schöne, blonde Erzieherin verliebt hast. Ihr ist von selbst zugefallen, worum ich mich jahrelang mit verzehrender Sehnsucht bemüht habe. Und deshalb hasse ich sie, mit derselben Inbrunst und Leidenschaft, wie ich Dich liebe – und – wie ich schon Deine Frau gehaßt habe.

Ja – ich habe Alice gehaßt, weil sie Dich quälte mit ihren Launen. Ich hätte vor Dir auf den Knien liegen mögen, und sie tyrannisierte Dich.

Ich weiß, Du willst die blonde Hexe zu Deiner Frau machen. Aber sie soll nicht das Glück genießen, um das ich vergeblich alles gewagt hatte. Sie muß mit mir sterben, ich gönne Dich keiner andern und am wenigsten ihr, weil ich weiß, wie sehr Du sie liebst. Und Du wirst nie erfahren, wie sie starb. Sie wird aus Deinem Leben verschwunden sein wie ein Schemen. Du siehst sie niemals wieder, nicht im Leben und nicht im Tod.

Sie hat mir nachspioniert, die blonde Hexe, um Deine Unschuld an den Tag zu bringen. Durch mich sollst Du Deinen ehrlichen Namen wiedererhalten, wie Du ihn durch mich verloren hast.

Zeige diesen Brief den Gerichten. – Ich bekenne hiermit der Wahrheit gemäß, daß ich die Gräfin Alice Treuenfels ermordet habe. Ich habe das Gift aus dem Fläschchen entwendet, das Graf Harro in einem Geheimfach seines Schreibtisches verborgen hielt. Nachts habe ich mich nach seinem Zimmer geschlichen und habe mir in ein kleines Fläschchen abgefüllt, was ich brauchte.

Durch einen nur mir bekannten, geheimen Wandschrank im Schlafzimmer der Gräfin gelang es mir, ungesehen das Gift in ihr Weinglas zu träufeln, während sie noch im Nebenzimmer saß. Ich las eines Abends, wie oft, in der Familienchronik. Ich fand das Geheimnis des Wandschrankes aufgezeichnet und vernichtete es. Niemand sollte dies Geheimnis nach mir kennenlernen.

Am andern Morgen fand man sie tot. Ich rechnete damit, daß man an einen Selbstmord glaubte, weil doch das Gift erst dann in das Weinglas gekommen sein konnte, als die Gräfin allein war und niemand mehr bei ihr gewesen war. Leider kam es anders. Man klagte Graf Harro an und verhaftete ihn. Ich war außer mir vor Angst und Entsetzen – obwohl ich meine Tat nicht bereuen konnte. Dazu kam, daß mir bei jenem Gang in das Schlafzimmer der Gräfin ein Ring verlorenging, den ich in der Nähe des Tatortes vermutete und nach dem ich doch nicht zu suchen wagte, weil mich das Grauen von dem Ort fernhielt.

Hätte man meinen Vetter verurteilt, so hätte ich mich zu meiner Tat bekannt. Aber da er freigesprochen wurde, wenn auch nur aus Mangel an Beweisen, schwieg ich.

Ich merkte, daß mir Griseldis von Ronach mißtraute, daß sie mir nachspionierte.

Da rang ich verzweifelt mit all den Teufeln in meiner Brust, die mich zu einem neuen Verbrechen drängten. Aber als ich Gewißheit hatte, daß sie um meine Schuld wußte, als ich ebenso gewiß war, daß Graf Harro sie liebte, wollte ich sterben – aber auch sie sollte mit mir hinab ins dunkle Nichts.

Wie ich sie vernichtet habe, braucht niemand zu wissen. Ich ließ sie verschwinden in einem geheimen Gelaß im Schloß, von dem nur ich Kenntnis habe. Dort findet sie ihr Grab.

Das Gift, das ich für mich stahl, und wovon ich Gräfin Alice abgab – reicht noch gut für mich.

Wer unter Euch ist ohne Schuld – betet ein Vaterunser für meine arme Seele. Wer viel liebt – dem soll viel vergeben werden.

Geschrieben am 24. Juli 1913.

Beate Dorothea Klara
Komteß Treuenfels."

Erschüttert legte Harro dies Schreiben aus den Händen. Grauen erfaßte ihn, als er in den Abgrund dieser Frauenseele blickte. Er wagte sich kaum zu freuen, daß nun seine Unschuld klar und zweifellos bewiesen war. Schauer rann über ihn dahin, wenn er daran dachte, was sie Griseldis zugedacht hatte.

Und diese Gedanken töteten jedes Mitleid mit Beate in ihm. Es trieb ihn hinüber vor das Zimmer seiner Tochter, wo Grollmann noch Wache stand. Ob Griseldis schlief? Ob sie die schlimmen Stunden überwunden hatte, ohne Schaden an ihrer Gesundheit zu nehmen?

„Ist alles ruhig da drinnen geblieben, Grollmann?" fragte er.

„Herr Graf können ganz unbesorgt sein. Vor zehn Minuten war Henriette hier draußen und hat mir gesagt, das gnädige Fräulein sei endlich eingeschlafen. Henriette hat ihr dicht neben dem Komteßchen ein Lager bereitet. Sie liegen beide Hand in Hand und schlafen tief und fest."

Da flog ein weiches, glückliches Lächeln um Harros Mund. Er legte seine Hand auf die Schulter des treuen Dieners.

„Grollmann – nun kommt meine Unschuld doch an den Tag. Fräulein von Ronach hat den wahren Mörder meiner Frau gefunden."

„Ich kann mir nun schon alles denken, Herr Graf. Gelobt sei Gott, daß wir das gnädige Fräulein klopfen hörten."

„Ja, Grollmann – und das vergesse ich euch nie, daß ihr das Klopfen nicht einfach überhörtet."

„Das konnte man nicht. Herr Graf haben ja gehört, wie seltsam dringlich dies Klopfen klang."

„Ja – gottlob! Aber du brauchst nun hier nicht mehr Wache zu stehen. Wir werden heute nacht nicht zur Ruhe kommen. Die Herren von der Polizei müssen bald hier sein."

Herr und Diener gingen hinunter in die Halle.

Harro trat vor das Portal. Tief atmete er die laue Sommernachtluft ein. Und seine Augen suchten den Himmel, der im Glanz von Millionen von Sternen funkelte.

Eine halbe Stunde später traf die Polizeikommission mit dem Gerichtsarzt ein.

Die Gerechtigkeit nahm ihren Lauf. Graf Harro legte den Brief vor, den die Komteß zurückgelassen hatte. Die Herren – es waren dieselben, die Graf Harro damals verhaftet hatten – wünschten ihm Glück zur Aufklärung der mysteriösen Angelegenheit.

Als Griseldis am andern Morgen sehr spät erwachte, nach einem erfrischenden, stärkenden Schlummer, stand Henriette vor ihrem Lager und hielt ihr lächelnd einen großen Strauß taufrischer, roter Rosen entgegen.

„Vom Herrn Grafen für das gnädige Fräulein Braut."

Griseldis richtete sich auf und barg ihr erglühendes Antlitz in den kühlen Blumen.

Gilda sollte nichts von all den schrecklichen Dingen erfahren, damit nicht schlimme Eindrücke ihre weiche, junge Seele belasteten. Gilda stellte aber nach Kinderart ein sehr gründliches Verhör mit Griseldis an. Es war nicht leicht, sie zufriedenzustellen. Schnell machten nun Griseldis und Gilda Toilette, und als sie fertig waren – beide in weißen Kleidern – gingen sie hinunter in das Frühstückszimmer.

Hier erwartete sie Harro schon eine ganze Weile. Mit zärtlich leuchtenden Augen trat er ihnen entgegen, küßte Griseldis inbrünstig die Hand und nahm Gilda auf seinen Arm. Er war ein wenig blaß von der unruhigen, durchwachten Nacht. Aber das Glück leuchtete aus seinen Augen.

Gilda auf dem Arm und Griseldis' Hand in der seinen stand er da.

„Herzkind – jetzt wollen wir beide klug sein und Griseldis festhalten, daß sie uns nicht wieder davonläuft wie gestern. Wollen wir?“ fragte er Gilda.

Sie nickte energisch.

„Und weißt du, was wir tun, damit sie ganz sicher und immer bei uns bleibt? Wir bitten sie einfach, daß sie deine liebe Mama wird. Soll sie das?“

Gilda sah erstaunt auf die beiden Menschen.

„Wie kann denn das gemacht werden, Papa?“ fragte sie kindlich.

„Nun – Griseldis wird eben meine Frau, dann ist sie deine Mama.“

Gilda klatschte in die Hände.

„Oh – dann soll sie es ganz schnell sein.“

Und Gilda umschlang Griseldis, und der Graf umfaßte beide zugleich mit seinen Armen.

Da fragte Gilda:

„Wo ist denn Tante Beate? Kommt sie nicht zum Frühstück?“

Griseldis wurde plötzlich sehr bleich und sah ängstlich, in sich zusammenschauernd, nach der Tür.

„Sei ruhig, Griseldis. Beate ist verreist.“

Griseldis sah ihn unruhig an.

„Sie ist fort?“

„Ja, Griseldis – weit fort – wir sprechen darüber.“

Später berichtete er schonend von dem tragischen Ende der Komteß und gab ihr den Brief zu lesen, den sie ihm hinterlassen hatte.

„Ach, Harro – lieber Harro, daß es Menschen gibt, die so unglücklich sind, daß sie schlecht werden müssen! Verzeihe ihr, wie ich es auch tun werde.

Sie hat sich selbst gerichtet und hat gesühnt, was sie getan hat."

„Ich wußte, daß du so sprechen würdest. Da ich dich gesund und unversehrt im Arm halte, wird es mir möglich sein, ihr zu verzeihen."

„Lieber – denke nicht mehr an das, was hinter uns liegt. Gott hat mich gnädig behütet und dich von einem Bann befreit – er sei ihrer armen Seele gnädig."

Gilda kam herangesprungen und wollte auch von den Liebkosungen profitieren. Und ihr Vater und Griseldis führten sie nun an den Händen zwischen sich, und so schritten sie zu dreien, in inniger Liebe verbunden.

Als sie von diesem Spaziergang nach Hause kamen, hielt gerade ein Reiter vor der Freitreppe – Baron Dalheim sprang vom Pferd und kam ihnen entgegen.

„Gottlob – ich brauche nicht zu fragen, ob Sie sich wohlbehalten wieder eingefunden haben, gnädiges Fräulein", sagte er, sie begrüßend, zu Griseldis.

„Du darfst mir Glück wünschen, Fritz – Fräulein von Ronach ist meine Braut. Und ich habe dir viel zu erzählen", erwiderte Harro.

Der Baron küßte Griseldis die Hand.

„Du begleitest mich in mein Zimmer, Fritz. Griseldis, du schreibst wohl inzwischen nach St. Marien?"

„Ja, Harro. Gilda behalte ich bei mir. Gelt, mein Herzkind, du hilfst mir Briefe schreiben?"

Die Herren gingen in Harros Arbeitszimmer.

Dort erzählte er ausführlich, was geschehen war, seit er gestern den Freund verlassen hatte.

Baron Dalheim war tief erschüttert und umarmte den Freund in großer Erregung.

Als dieses Thema erledigt war, sagte Graf Harro:

„Nun habe ich eine große Bitte. Glaubst du, daß

deine liebe, verehrte Mutter die Güte haben würde, meiner Braut und Gilda in Dalheim Aufnahme zu gewähren und sie unter ihren Schutz zu nehmen, bis ich sie heimführen kann?“

„Natürlich wird meine Mutter das herzlich gern tun, zumal sie freudig die Gelegenheit begrüßen wird, ihr Verhalten gegen dich gutzumachen.“

„So will ich nachher gleich selbst mit dir nach Dalheim reiten, um deiner Mutter meine Bitte persönlich vorzutragen. Jetzt brauche ich ja gottlob nicht mehr ängstlich euer Haus zu meiden.“

Nun verabschiedeten sich die beiden Herren von Griseldis. Diese erfuhr, was Harro in Dalheim wollte.

„Werde ich Ihnen und Ihrer Frau Mutter nicht lästig fallen?“ fragte sie den Baron.

„Ahnen Sie nicht, wie glücklich wir sein werden, Harro einen kleinen Dienst zu erweisen, der uns außerdem selbst das größte Vergnügen bereiten wird?“

„Ich komme so schnell wie möglich zurück, Griseldis“, sagte der Graf, sich von Griseldis verabschiedend.

Die Herren ritten davon, und Griseldis beendete ihre Briefe an Mutter Anna und Tante Agnes.

Mutter Anna berichtete sie ausführlich alles, was geschehen war, und bat sie, diesen Brief auch Tante Agnes zu zeigen und den Stiftsdamen daraus zu erzählen, was sie für gut hielt. Vor allen Dingen möge sie ihnen aber ihre Verlobung mitteilen.

Am 20. September wurden Griseldis von Ronach und Graf Harro Treuenfels in aller Stille angetraut. Als Gäste waren anwesend: die Familie Sarnow, der Baron und seine Mutter, Tante Agnes und Mutter Anna.

Sehr viele herzliche Glückwünsche liefen ein. Von allen Seiten suchten die abtrünnigen Freunde und Bekannten Graf Harro zu zeigen, wie sehr sie sich freuten, ihn schuldlos zu wissen. Sie hatten sich alle in diesen Wochen eingefunden und hatten nach Kräften gutzumachen versucht, daß sie sich ferngehalten hatten, als Graf Harros Unschuld noch nicht klar erwiesen war.

Graf Harro und seine junge, schöne Frau lebten so glücklich miteinander, daß Griseldis zu ihrem Gatten sagte:

„Mir könnte bange werden vor der Größe meines Glückes, mein Harro!"

Da zog er sie fest an sich und sah ihr tief hinein in ihre Sonnenaugen.